本书由教育部人文社科基金青年项目“美国大学协会本科 STEM 教育的系统变革研究”（项目编号：20YJC880090）资助出版。

本书为陕西高校青年创新团队——“一带一路”沿线国家教育发展战略研究创新团队和西安外国语大学国际比较教育研究中心的阶段性成果。

西安外国语大学教育学论丛·“师道”（第一辑）

美国大学协会
本科STEM教育系统变革研究

王嘉铭 著

西安交通大学出版社
XI'AN JIAOTONG UNIVERSITY PRESS
国家一级出版社
全国百佳图书出版单位

图书在版编目(CIP)数据

美国大学协会本科 STEM 教育系统变革研究 / 王嘉铭著
. —西安 :西安交通大学出版社，2022.9
ISBN 978-7-5693-2811-0

Ⅰ.①美… Ⅱ.①王… Ⅲ.①高等教育-教育改革-研究-美国 Ⅳ.①G649.712

中国版本图书馆 CIP 数据核字(2022)第 185626 号

书　　名 美国大学协会本科 STEM 教育系统变革研究
MEIGUO DAXUE XIEHUI BENKE STEM JIAOYU XITONG BIANGE YANJIU
著　　者 王嘉铭
责任编辑 王建洪
责任校对 史菲菲
装帧设计 伍　胜

出版发行 西安交通大学出版社
(西安市兴庆南路 1 号　邮政编码 710048)
网　　址 http://www.xjtupress.com
电　　话 (029)82668357　82667874(市场营销中心)
(029)82668315(总编办)
传　　真 (029)82668280
印　　刷 西安五星印刷有限公司

开　　本 700mm×1000mm　1/16　**印张** 12.375　**字数** 239 千字
版次印次 2022 年 9 月第 1 版　2023 年 2 月第 1 次印刷
书　　号 ISBN 978-7-5693-2811-0
定　　价 79.00 元

发现印装质量问题，请与本社市场营销中心联系。
订购热线:(029)82665248　(029)82665249
投稿热线:(029)82665379　QQ:793619240
读者信箱:xj_rwjg@126.com

总 序

百年大计，教育为本；教育大计，教师为本。教育兴则国家兴，教育强则国家强。建设社会主义教育强国是中华民族伟大复兴的基础工程，社会主义现代化建设离不开教育的智力支撑，必须把教育放在优先发展的战略位置。作为从事教育学研究的专业力量，我们有责任通过自身的教育科学研究，助力教育的改革与发展。与此同时，教师强则教育兴。教师是教育发展的第一资源，是国家富强、民族振兴、人民幸福的重要基石。《师说》曰："古之学者必有师。师者，所以传道受业解惑也……道之所存，师之所存也。"教师作为人类文化传承者、创新者，承担着传播知识、传播思想、传播真理的历史使命，肩负着塑造灵魂、塑造生命、塑造人的时代重任。尤其作为教育理论研究与实践探索的深耕者，我们有义务发出自己的学术声音，贡献自己的学术力量，"朝夕不倦，上下求索"，以学术微光，共谋教育之道、为师之道。

依托办学传统与语言学科优势，西安外国语大学教育学一级学科授权点和教育硕士专业学位授权点建设工作始终坚持"教育与语言"深度融合的发展方向，在区域国别的教育与文化、国际教师教育比较、高等教育管理、外语教师专业发展、外语课程与教学等学科领域逐步形成了自己的研究优势。近年来，学院获批了20余项国家级、省部级课题，出版了40余部学术著作，发表了100余篇学术论文。"师道"丛书的策划，既是对过往学科发展的学术总结，也是对未来学科发展的研究展望。我们希望能够通过"师道"论丛系列著作的出版，汇聚最新的研究成果，在不同领域助力教育的些许变革，与学界、业界同仁共同努力办好人民满意的教育。

本辑丛书共四本著作，涵盖了高等教育学、教师教育、课程与教学等二级学科领域，体现了区域国别的"研究特色"与"学术视野"。作为国家级、省部级课题研究的阶段性成果，四本著作能够反映当前相关学术研究的新趋向、新动态，具有一定的学术价值与现实意义。此外，本辑的四本著作也是陕西高校青年创新团队——"一带一路"沿线国家教育发展战略研究创新团队的阶段性成果，汇聚了集体智慧。具体而言：

《美国大学协会本科STEM教育系统变革研究》以美国大学协会(AAU)本科

STEM教育系统变革为基本研究内容，从高等教育组织变革的视角描述和分析了美国精英研究型大学联盟在本科STEM教学中的人才培养变革情况，具体为：一是在高等教育组织场域层面的宏观政策变化；二是在大学联盟层面的组织系统变革的举措；三是在试点案例院校中具体实施的系统变革。全书旨在探究美国研究型大学人才培养模式和教学模式变革的基本逻辑、改革经验与实施变革的深层次原因，并为我国高等教育的人才培养提供一定的借鉴思路和启示。

《大学教学范式及其当代转换研究》基于库恩的范式定义，结合社会科学研究中对范式理论的发展性应用以及大学教学实践持续变革的特点，确定了大学教学范式转换的标准，对大学教学范式及其转换进行了历史性回顾和阶段性概括，并以中美大学教学范式为例，结合中美大学教学政策，对中美大学教学范式及其转换进行剖析，进一步对当代大学教学范式转换的路径选择与实践样态进行了研判。

《教师数字素养的测评研究——模型构建与实证探析》通过对当前教育教学中的"素养转向"趋势和数字素养重要性的分析，尝试建构教师数字素养的创新性培养模式。研究包括四方面主要内容：对数字化挑战下教师数字素养进行理论探析、概念界定以及相关研究回溯；从教师内部素养结构与外部胜任力角度，建构"内—外"两维度的理论模型；建构教师数字素养"内—外"两维度协同发展的教师数字素养培养创新模式；利用实证手段，对教师数字素养的理论模型与培养模式的有效性进行测评。

《公共财政视域下的区域高等教育发展研究》基于中国高等教育面临财政性经费持续增长的经济环境与区域高等教育非均衡发展的客观现实，从公共财政支出的视域，运用差异分析和效用函数分析法，立足我国高等教育经费来源结构与支出结构的区域差异，与经合组织的国家进行比较，深入剖析我国区域高等教育经费结构存在的问题，进而探寻促进高等教育均衡化的发展策略。

事实上，科学研究作为高等教育的重要功能之一，也是推动教育高质量发展的重要基础。只有坚持学术科研与教学改革并驾齐驱，协同发力，以科研驱动教学，以教学支持科研，如此才可以形成更好的学术研究成果，才能更好地服务于教育的改革与发展。希冀今后在学科建设与学术研究中，在"师道"论丛的结集出版中，能够遵循师道使命，延续师道学统，不忘初心，砥砺前行，产出更多衔接国际化学术前沿与中国化本土教育的丰硕成果，不断推动我校教育学学科和教育硕士专业学位教育的高质量发展。

英语师范学院·教育学院院长

孙二军

序

STEM 教育的深层危机:美国精英研究型大学的变革回应

六十多年前,苏联发射了第一颗绕地球轨道运行的人造卫星斯普特尼克 1 号(Sputnik 1),这让美国和西方国家担心在技术上被超越。人造卫星的发射引发了冷战和太空军备竞赛。著名的美国国防部高级研究计划局就此诞生,间接刺激了互联网和 GPS 以及其他高科技产品的研发和应用。

今天,从社交媒体到 3D 打印、生物技术和人工智能,全球科技竞争日趋激烈,而真正的竞争在于熟练的研究人员和技术人员,以及能支撑人才竞争的高等教育 STEM 人才培养体系。从这个意义上说,美国面临人才短缺的危机:在基础教育领域,由于美国数学和科学教育的质量不佳,学生整体 STEM 学科素养堪忧,这直接导致美国学生对理工科专业的选择意愿不高,也导致美国 STEM 学科人才供给不足。在高等教育领域,尽管美国高等教育体系依然享有很高的自由灵活性和创造性,但美国大学的一些 STEM 院系完全依赖美国的亚裔学生,以至于没有他们就无法运作。美国大学三分之一的 STEM 领域博士学位被授予非美国人,除亚裔学生外,少数族裔和女性在 STEM 相关领域获得学历的比例远低于其他族裔。这些问题不仅导致美国科技贸易和高科技产品的贸易逆差加剧,也导致美国基础教育缺乏优质的科学教育教师,在至关重要的劳动力市场,STEM 人才更是短缺。因此,美国的 STEM 教育问题已经超越教育问题本身,是关乎其国家经济发展和科技竞争的重大战略性问题。

美国精英研究型大学对 STEM 教育的回应是提出基于复杂系统理论的组织变革。组织理论认为大学变革是大学对外部环境变化做出的积极反应。第一,大学变革是高等教育院校研究的基本问题。院校组织管理研究是理论与实践研究的中介,透过院校在解决 STEM 人才培养问题过程中的变革实践,能够分析院校变革的策略和选择。第二，大学变革的驱动力来自外部环境变迁。美国高等教育高度的国际化、市场化和多样的资源配置模式是推动大学组织变革的外部力量。其中，STEM教育的变革强调研究型大学重视人才培养，在科教融合的传统大学理念指引下，强调大学尊重教学学术的制度逻辑，这充分印证了大学是遗传与环境的产物。第三，大学变革取决于关键的行动者。美国高等教育领域的STEM教育变革是围绕大学行会作为关键行动者展开实施的，美国大学协会是北美65所精英研究型大学的行会，这一组织变革关键行动者的加入使STEM教育系统变革更具复杂性，对高等教育体系更具指向性。第四，大学变革主要表现为大学组织结构的调整。传统的大学组织是基于学术信念和声誉维系的行会，大学的现代化将科层管理的绩效模式引入，容易导致学术逻辑与管理逻辑的对立冲突，因此大学组织变革的关键在于如何有效化解学术权力与行政权力在大学治理结构中的矛盾。

王嘉铭博士的研究是基于组织系统理论对大学变革的假设，从美国大学协会及其试点的研究型大学STEM人才培养的设计理念与变革实践出发，深入研究大学的组织发展与创新特征，并试图从高等教育制度逻辑、关键行动者方案、院校变革的模式与策略等三个层面分析美国如何解决高等教育STEM人才培养的实际问题。这一研究从三个方面进行了分析和探讨：一是制度逻辑的变革受到政府、社会和市场三重逻辑的共同影响和制约，在高等教育组织内部主要表现为强调教学学术与管理绩效主义的对立统一的关系，因此只有尽量消解二者的对立才能充分推动变革顺利开展。二是美国大学协会作为系统变革方案的提出者和倡导者，在发挥引领作用、构建学术网络、游说外部利益相关者的变革实施中发挥着重要和积极作用，扮演承上启下的学术行会组织者角色。三是试点院校在实践STEM教育变革中，因地制宜地进行自上而下和自下而上的组织变革，采取去制度化、制度化和结构化的持续变革模式，在课程与教学、教师专业发展、制度环境和文化愿景四个层面进行具体策略干预，在提高STEM学生参与度和提升学业质量方面取得了一定效果。应该说，本研究关注的美国研究型大学和美国大学协会所开展的STEM教育系统变革，为深入理解当前美国高等教育人才培养变革的理念和趋势提供了很翔实的参考资料，也为从质性的话语分析和文本分析等角度分析组织变革提供了新的方法论视角。

中国的理工科教育在基础教育阶段培养了大批数理基础扎实的优秀人才，然而本科阶段的理工科教育在人才选拔和培养中大多还延续了应试教育和单纯的知识传授方式，这不仅会影响学生认知能力和创新能力的提升，也不利于激发理工科学生长久的专业学习兴趣。当前，中国高等教育面临为中华民族伟大复兴培养卓越人才的时代命题，以新工科教育为代表的教育变革是对这一命题的必然回应。新工科教育面临教育理念、教学方式、教学关系、协同育人、教育供给方式、教育参与方式的新挑战与全面变革，也需要借鉴世界上其他国家高等教育改革创新的新思路，为中国教育改革提供有益的借鉴和经验。

中国人民大学二级教授，评价研究中心主任，

教育部长江学者特聘教授

前言

21世纪以来，伴随着互联网和信息技术的快速发展，以人工智能、新材料、生命科学为代表的高新技术日益成为影响国计民生的重要科学和产业领域。世界各国都将这些科学技术领域视为战略性发展目标，大力培养具备相关专业知识与技能的跨学科人才。美国政府更是率先将与传统工科人才培养相关的基础学科命名为STEM教育（主要涵盖科学、技术、工程、数学和计算机科学等理工学科），通过发布指导STEM教育发展和变革的政策，运用国家宏观手段推动K-12基础教育和高等教育的利益相关者实施一系列变革举措，旨在弥补美国STEM教育中存在的不足，继续保持其超级大国在政治、经济和军事方面的领先地位。

高等教育的人才培养质量始终是困扰高等教育发展的难题。美国面临的问题也尤为严峻，一是由于美国总体上STEM人才培养数量不足，导致高科技人才供给不足和科技贸易下滑；二是美国STEM人才培养的种族差异分布不均，导致教育公平失衡；三是美国STEM人才培养缺乏基础教育的支撑，高校STEM人才培养质量堪忧；四是美国高校STEM人才培养的意愿不强，保留率、毕业率长期低迷。由于这些问题根深蒂固，导致单从课程与教学方面着手进行STEM教育变革难以见效，政界、学界普遍认为开展本科STEM教育的系统变革势在必行。因此，美国的精英研究型大学都积极响应和尝试进行针对STEM人才培养的一系列组织系统变革。

大学组织变革具有组织复杂系统、制度变迁和组织转型发展的多重特征。复杂系统理论关注大学组织系统的复杂性，强调系统变革是整体性变革，也是非因果预期、非均衡对称和复杂多变的变革。制度变迁理论认为变革是组织外部场域制度逻辑变迁诱发的结果，变革是制度创新和传播的制度化过程。组织发展理论主张系统变革是组织的深层转型变革，具有持续性组织文化变革模式的特征，强调组织变革的系统性策略。基于这些理论视角，本研究从场域制度逻辑、变革行动者、院校变革模式和变革策略四个方面对以美国大学协会为代表的美国精英研究型大学的本科 STEM 教育系统变革开展具体研究。

首先，在美国联邦政府的大力推动下，国家科学基金会、国家科学与技术委员会，以及联盟院校和其他大学联盟之间积极开展系统变革行动，共同建构致力于解决本科 STEM 教育质量问题的组织场域。美国大学协会作为北美和世界高水平研究型大学的联盟和代表，遵循场域变革的制度逻辑，推出美国大学协会本科 STEM 教育变革计划，旨在利用其学术影响推动研究型大学重视本科 STEM 教育。为此，变革计划以推动教师开展循证教学为核心目标，通过支持教师专业发展和颁布教学激励机制塑造以研究性教学为内涵的教学学术文化，并推动系统变革深入持续发展。

其次，自 2011 年以来，美国大学协会选定包括布朗大学、密歇根州立大学、亚利桑那大学、加利福尼亚大学戴维斯分校、科罗拉多大学博尔德分校、宾夕法尼亚大学、北卡罗来纳大学教堂山分校、圣路易斯华盛顿大学在内的 8 所院校开展变革试点。试点院校采取院校系统变革的协同模式：一是建立 STEM 教育变革的职能部门，形成教、学、研一体化发展的组织领导体系；二是坚持变革的领导力量始终以教师和学术共同体为基础，开展权变的变革；三是以循证教学文化持续推动组织变革，支持教师专业发展和肯定 STEM 教学业绩；四是鼓励院校广泛运用循证教学的方法，不断改善信息化教学的条件。

再次，科罗拉多大学博尔德分校的变革具有典型示范效应。该校基于前期开展的科学教育计划的经验，提出 STEM 教育转型行动研究项目，将变革重点聚焦于院系层面，通过设立基于院系的变革行动小组，以及确定院系具体的变革目标，实施课程与教学、质量评价和全纳教育等诸多变革实践，从而形成系统性变革的策略，即专家治学的领导核心、系统变革的院系衔接、外部资源利用的最大化、学习型组织建构、教学学术文化塑造等，这些策略有助于提高院校的系统变革能力。另一所具有典型性的院校是亚利桑那大学，该大学侧重通过教师彼此支持的教学共同体建设，以及改善教学物理空间对主动学习的支持条件等举措，促进教师开展循证教学实践，进而逐渐形成教学学术文化的变革。

基于上述研究，笔者认为美国研究型大学的本科 STEM 教育系统变革经过一段时间的实施，在 STEM 人才培养的数量和质量上已经取得一定阶段性成效。美国研究型大学的本科 STEM 教育系统变革具有强烈的场域制度逻辑干预特征，由联邦政府、院校协会和研究型大学共同构成行动者网络推动系统变革。其中，在教学层面强调以“循证”为内涵的技术变革，通过对教学的研究和数据分析，旨在改变授课的单一互动方式，为教学提供更多决策参考。在管理层面强调组织结构、教师发展与绩效奖励之间形成内在关联，从教学行为方面影响教师的个体教学信念和认知的改变，通过设立专门负责STEM教育变革的机构，鼓励教师专业发展，改变教学绩效在职称晋升中的比重等具体措施实施变革。在文化上从强调科研学术至上到认可教学学术的合法性，从而平衡科教融合的关系。循证教学文化的变化、教师学习共同体的文化建构以及组织文化情景的变革都是组织文化变迁的具体化。因此，美国研究型大学的本科STEM教育变革也为我国新工科建设提供了几点启示：一是注重教学方式和方法的改革，科学评估改革的成效；二是激发院校活力，关注基层变革领导力提升；三是重视教学学术的制度建设，改变大学的组织文化；四是依托行业协会或大学联盟开展人才培养模式变革，搭建变革的合作网络。

由于作者水平所限，书中难免存在一些不足之处，恳请各位专家、读者批评指正。

王嘉铭

2022年8月

目　录

第1章 绪论：美国STEM教育系统变革研究概述

1.1 问题的提出

2018年，《国务院关于全面加强基础科学研究的若干意见》明确指出："但与建设世界科技强国的要求相比，我国基础科学研究短板依然突出，数学等基础学科仍是最薄弱的环节，重大原创性成果缺乏，基础研究投入不足、结构不合理，顶尖人才和团队匮乏，评价激励制度亟待完善，企业重视不够，全社会支持基础研究的环境需要进一步优化。"[1]为此，提升基础学科的人才培养质量，构建适应创新驱动发展的高水平人才培养体系是实现基础研究突破的重要条件。联合国教科文组织将基础学科分为数学、物理、化学、生物学、天文学、地球科学和逻辑学等七大类。从学科的分布看，这些学科与美国提出的STEM①教育的学科领域十分接近。所谓STEM教育起初包括物理和自然科学、科技、工程和数学等相关学科的教育，随后又涵盖环境科学教育和环境管理、计算机科学教育等学科内容。

美国对STEM教育研究的重视在于其科技发展面临日趋严峻的国际竞争，主要表现在以下几个方面：其一是基础教育质量不佳，学生STEM学科素养堪忧。其中2015年的PISA②Test报告指出，在数学素养方面，2015年美国学生的平均分(470分)低于2009年的平均分(487分)和2012年的平均分(481分)；在科学素养方面，美国学生的表现低于12个OECD③国家。其二是美国本国STEM人才培养不足，研发投入下降。在"知识资本"和"人力资本"方面，相较于2005年之前的40年，政府对研发(R&D)投入的资助减少了40%，在美国获得博士学位的工程师中有近三分之二并非美国公民。其三是科技贸易和高科技产品的贸易逆差加剧。美国教育部在《回应变革世界之挑战：为21世纪而加强教育》的报告中指出："美国进口的高科技产品的数量远远超过出口，美国已经成为高科技产品的净进口国。"[2]

---

① 指科学、技术、工程和数学，是science，technology，engineering，mathematics的缩写。

② 指国际学生评估项目，是programme for international student assessment的简称。

③ 指经济合作与发展组织，是Organization for Economic Co-operation and Development的缩写。

自奥巴马执政以来，美国联邦政府不断强调STEM教育的重要性，包括总统科学和技术顾问委员会、国家科学技术委员会STEM教育委员会、白宫科技政策办公室、国家科学基金会等政府机构在内的美国主要科技政策制定部门，先后发布《绘制成功之路：美国STEM教育战略》《联邦政府STEM教育五年战略计划》《融入卓越：培养100万大学STEM毕业生》《准备与激励：为了美国未来的K-12科学、技术、工程和数学教育》《科学、技术、工程、数学（STEM）教育投资：进展报告》等数份规划与报告，旨在为未来美国的科学技术教育进行顶层的制度设计，其核心目标就是要提升美国科技竞争的综合国力，促进科学教育的公平和质量发展。对于高等教育而言，STEM教育的最大问题是本科生的保留率过低，而导致保留率低迷的主要原因是本科前两年的STEM学科教学不能吸引学生，导致60%本应选择STEM学科专业的学生过早放弃。

为此，美国联邦政府明确提出在未来10年培养100万具有STEM学科背景的大学本科毕业生，特别是少数族裔和弱势群体的学生也将受到特别关注。以美国大学协会（Association of American Universities，AAU）①为代表的高等教育机构和院校也做出积极响应，在加强STEM＋的基础学科教育领域进行了诸多改革性实践。其主要的改革动向：一是为基础教育培养合格的具有科学学科素养的师资，二是为国家的科技创新和劳动力市场源源不断地输出高端人力资本。

当前，中美高等教育的竞争日趋激烈，如果说世界一流大学的建设需要产出世界一流的学术研究成果，那么支撑一流学术研究的一定是高水平的人才培养。无论中美，都面临如何使本国一流的研究型大学专注于人才培养的难题，因为只有真正将科教融合的高等教育理念制度化，形成对教学和教学学术的客观评价，才有可能解决知识生产与传播中出现的教学"漂移"问题。因此，美国开展的本科STEM教育系统变革是对本科人才培养质量和院校教学改革的一次新的尝试，这种尝试借助国家、协会和院校的多重力量重新定义教学变革，这项变革将循证教学学术与研究型大学的组织文化变迁紧密联系，是对以教学和课程为主要命题的教学改革的创新。因此，本研究将试图对美国大学协会（AAU）本科STEM教育系统变革计划的内涵及其变革实施过程进行全面深入的研究，主要探讨美国大学协会本科STEM教育系统变革因何而变，变什么，如何变，以及对我国本科开展STEM教育或新工科教育改革可以提供哪些借鉴和启示。

---

① 美国大学协会（也译为美国大学理事会），由美国63所世界一流研究型大学和加拿大2所大学组成，联盟院校每年授予美国17%的本科学位、22%的硕士学位和52%的博士学位（其中58%是科学和工程学位），提供全美65%的博士后岗位。

1.2　研究的意义

中美贸易战升温凸显高端装备制造业对国家整体竞争力的战略影响,也凸显以理工科等基础学科为核心要素的新工科和 STEM 学科在国家整体科学技术创新中的重要性。美国大学协会(AAU)于 2011 年起在 8 所试点院校(布朗大学、密歇根州立大学、亚利桑那大学、加利福尼亚大学戴维斯分校、科罗拉多大学博尔德分校、宾夕法尼亚大学、北卡罗来纳大学教堂山分校、圣路易斯华盛顿大学)实施本科 STEM 教育系统变革,旨在通过大学组织内部与外部在教学、支持和文化三个方面的系统优化提升 STEM 人才培养的质量。为此,需要从战略高度对美国高等教育 STEM 人才培养变革的设计理念、实施过程与评价反馈措施进行研究,并深入探讨在大学组织系统变革中的组织转型与制度创新特征,为我国研究型大学开展类似的 STEM 人才培养改革提供借鉴思路与应对策略。

1.2.1　理论意义

系统变革研究为解释院校组织的变革实施提供新的视角、方法和论据。院校改革研究聚焦组织变革,即将组织看作是一个开放系统,在外界制度环境的压力下,变革行动者通过教师专业发展、学习型组织的建构,以及关键性问题的反馈和解决,促进组织发展与转型的过程。一般对大学组织变革的研究更多是基于制度理论的分析,并运用制度变迁和制度的合法化解释变革的动因。然而,由于大学组织的复杂性和离散性,对组织文化变迁、学习型组织建构和组织系统变革的研究相对不足。为此,亟须从复杂系统理论、组织变革理论和制度变迁理论的多维视角对大学组织场域的整体变革或转型进行深入研究,这将有助于升华对组织间互动变革过程的理解,丰富组织分析、文化分析和制度分析的研究方法和案例,也可为研究型大学的组织变革提供可信的实证数据支撑。

1.2.2　现实意义

系统变革研究为基础学科和新工科创新跨学科人才培养的改革提供借鉴方案。美国大学协会是北美精英研究型大学的联盟,其开展 STEM 教育的系统变革在一定程度上代表美国政府的战略选择和高等教育未来的发展方向。借鉴其院校变革的经验有助于深化从院校组织的视角对统筹优化创新人才培养模式的认识,借鉴美国经验探索符合我国发展需要的院校与行业协会合作的跨组织改革创新机制,并进一步解决 STEM 或新工科人才培养中涉及的制度创新与技术创新的瓶颈问题,对从整体上完善我国 STEM+跨学科人才培养的路径、模式或标准具有重要的现实意义。

1.3 概念界定

本研究主要围绕美国大学协会(AAU)本科 STEM 教育系统变革展开探索，研究中涉及对“本科 STEM 教育变革”以及“STEM 教育的院校系统变革”等相关概念进行研究和探讨。尽管学界对相关概念尚无准确的、一致性的界定，但鉴于后续研究内容和研究范围限定的需要，本研究对相关概念进行如下解释。

1.3.1 本科 STEM 教育变革

本科 STEM 教育变革是奥巴马政府执政以来重要的教育改革战略之一，特朗普政府也基本延续其变革的方向，变革目标不仅涉及教育，更涉及社会公平、经济发展和国家安全等多个领域。本科 STEM 教育变革具有以下四个显著特征：

1. 本科 STEM 教育变革是政府主导的计划变革

联邦政府通过政府文件和法律的形式明确 STEM 教育的内涵和范围，为相关教育和项目提供资助。2011 年，美国 STEM 教育委员会和国家科学技术委员会(National Science and Technology Council，NSTC)共同发布了一份关于 STEM 教育的投资调研报告，其中将 STEM 教育明确为：“STEM 教育包括涉及物理和自然科学、科技、工程和数学等相关学科，及其主题热点研究在内的正式与非正式的教育(包括环境科学教育和环境管理)。”[3]美国国会通过《STEM 教育法(2015)》，以立法形式确认 STEM 教育专指“科学、技术、工程、数学等学科的教育，以及计算机科学的教育”[4]。2013 年和 2018 年，联邦政府两次发布《联邦政府 STEM 教育五年战略计划》，为 STEM 教育变革的长期发展做出战略引导，2013 年发布的《STEM 教育投资备忘录》明确与 STEM 相关的财政投入约为每年 30 亿美元，用于资助 STEM 相关教育活动和项目，包括推动本科 STEM 教育变革和院校系统变革成为本科教育变革的重要内容。总之，联邦政府为 STEM 教育变革提供政策、法律和资金的保证，极大地营造了有利于变革的外部环境。

2. STEM 教育变革将教学改善和提高学业成就作为重要目标

联邦政府通过各种举措强化 STEM 教育战略。在基础教育阶段，美国国家研究委员会(National Research Council，NRC)颁布《下一代科学标准：为了美国，赋予美国》等指导各州开展 STEM 科学教育的报告，旨在强化科学教育的核心素养。在高等教育领域，2012 年，总统科学与技术顾问委员会执行办公室发布《融入卓越：培养 100 万大学 STEM 毕业生》的报告，强调改善本科一、二年级的 STEM 教育，提供卓越的培养环境，拓宽 STEM 教育的路径选择[5]。《联邦政府 STEM 教育五年战略计划》也将改善 K-12 科学教育和本科 STEM 教育作为优先发展领域，计划培养 10 万名在基础教育领域从事科学教育的优秀师资，并通过研究性学习改善本科生的 STEM 学习体验。NRC 于 2014 年发布《接近学生：研究表明什么是有效的本科理工科教育》报告，该报告指出循证教学对改善科学学科的教学具有巨大的潜力，并列举教师在实践中应用的循证教学实践案例论证如何设计和实施循证教学。

3. STEM 教育变革关注少数族裔和弱势群体的教育公平

由于少数族裔（非洲裔、拉美裔、印第安人后裔）以及女性在接受 STEM 教育中的比例偏低，长期处于被忽视状态，导致产生少数族裔和女性受教育机会不公现象。为增加 STEM 的受教育人口，少数族裔和女性是提升的重要增长点。为此，美国 2013 年的 STEM 教育五年规划提出将联邦经费的 10%用于专门资助少数族裔的高校[6]，2018 年的 STEM 教育五年规划将建立少数族裔参与 STEM 教育的变化和评估机制作为确保 STEM 教育多样性的重要参照。由此可见，STEM 教育改革的核心价值是兼顾质量与公平的发展。促进人的科学素养的提升是当前美国教育改革的最大公共利益，正是通过学校教育这一途径，代表性不足的弱势群体作为接受教育的重要对象，其对参与 STEM 教育的机会公平和教育结果公平的追求才有可能实现，因此教育促进社会民主发展和维护公平正义的价值本真才得以体现。

4. STEM 教育变革旨在促进大学生就业，为支撑美国未来经济发展提供充足的人才储备

STEM 教育不仅需要为毕业生提供基本的专业知识和研究专长，还应为毕业生提供相关的 STEM 职业技能培训和从业资格证书，帮助其在毕业后应对多样的职业选择。为此，美国联邦政府将与未来国家利益紧密相关的人工智能、空间安全、量子信息技术、高端装备制造等领域纳入 STEM 重点发展的领域，并通过发布毕业生就业报告引导学生选择 STEM 专业。2018 年，美国国会又一致性通过《加强 21 世纪职业与技术教育法案》，该法案旨在进一步强化培养具有 STEM 学科背景的实用技能型人才，这也是特朗普执政以来通过的第一部重大的教育法案，足见 STEM 教育对提升就业的重要性。

因此，美国 STEM 教育已经由传统上的学科定义演变为贯穿 K-12 和高等教育阶段的一系列改革举措，包括提高学生对科学学习的兴趣和科学学科的核心素养，重点照顾少数族裔和女性等弱势群体使之有机会参与本科 STEM 教育，期望未来为美国提供数以百万计的合格的具有 STEM 背景的大学毕业生和优秀的中小学科学教育师资等。本科 STEM 教育作为 STEM 教育国家战略的重要组成，对拓宽就业渠道和促进经济发展、维护美国的国家安全也起到了积极作用。

1.3.2 STEM 教育的院校系统变革

系统变革是组织变革的一个概念，其核心假设是组织的开放性必然导致组织环境的适应性变革，为应对适应性变革，需要组织的系统与子系统相互协调，从而维持组织平衡。在教育领域，著名的变革研究学者富兰(Fullan)认为，变革需要整合自上而下与自下而上的行动，他认为学校变革的“核心使命”是实现系统变革，包括：动机、结果导向的能力建设、在情境中学习实施改革、超越学校情景的变革能力、反思行动、三层参与、持久性和灵活性等要素[7]。奥斯丁(Austin)针对本科STEM 教学变革的局限性，认为教师教学行为的选择受院系、学科、院校和外部环境的多重要素影响，包括组织领导、工作安排、专业发展和激励机制等因素[8]。达菲和瑞格鲁斯(Duffy、Reigeluth)认为系统变革所指的全面转变应至少满足以下条件[9]：通过改变院校的行为、观念、产出和流程，改变组织的文化；全面深刻地影响组织及其成员的行为和认知；主动作为(具有变革的意向)；与时间同步的持续性变革；创建基于理想目标持续改进的系统；通过对现有系统的显著改进实现全新的范式。

综上所述，教育的系统变革强调超越课程与教学单一层面的改革，不局限在学校范围内的小修小补，而是着眼于大规模、全面、深刻的组织变革。美国研究型大学本科 STEM 教育的系统变革具有以下三个显著特征。

(1)基于规模效应的持续变革。在美国高等教育的院校系统中开展本科 STEM 教育变革，特别需要从实践中总结可复制、可推广的实践经验，为其他研究型大学开展变革提供借鉴参考。因此，系统变革特别针对本科一、二年级的大班额(75 人以上)STEM 入门课程的授课进行一系列基于技术和管理的变革。其中，变革特别注重基于规模效应的改进提高，规模效应被定义为三个要素，即系统变革的程度、广度和可持续性[10]。其中，变革的程度指课堂教学创新产生的实际效果，对教师的教和学生的学，以及教师的教学理念都产生深刻影响；变革的广度指创新在系统中的传播和认同的程度；变革的可持续性是建立在前两种要素转变基础上的组织文化认同的变迁，是组织成员的观念、行为在组织愿景、组织发展变化中长期变化的结果。

(2)基于循证教学的文化转变。系统变革着眼于重构研究型大学重科研、轻教学的学术文化，强调建构基于循证教学的教学学术文化。所谓循证教学(evidence-based approach)，是指教师运用实证方式检验教学的有效性，并产生实际教学效果的教学方法。这一概念一是强调教学方法的可验证性，二是强调学习成果通过数据收集可以评估，从而在教和学两方面对学生的学习进步提供科学依据和事实判断。因此，循证教学并不特指某一具体的教学方法，而是指能通过大规模科学的验证和教学学术研究论证教学有效性的方法论集合。这种教学是基于对传统授课教学的批判而产生的,具体表现在两方面:一是其本质上反对教师凭个体经验单纯讲授课程;二是其不是单纯强调教师的教,同时也强调学生主动的学。这种学习也被称为能动学习(active learning),即通过积极参与、相互合作、批判反思和实际操作学习STEM学科的基本概念和原理的学习过程。显然,要实现这样的教学学术文化转变,必须通过围绕循证教学的内容开展教师专业发展和信息化建设,强调尊重教学学术的价值与形成与之相配套的制度激励。其最终目标是从大学组织系统的高度形成组织文化的变革,包括成员间内隐的思想观念、价值判断和组织核心信仰与外显的行为规范、组织架构以及工作实践的转变和衔接。

(3)基于组织生态的转型变革。组织转型是指组织的目标、战略和愿景发生深刻的变化。系统变革是大学组织及其组织环境之间的整体转型,转型的关键是外部制度环境与组织运行内在逻辑的协调适应。首先是研究型大学STEM教育变革形成的场域及其制度逻辑对以科研学术为中心的价值观提出挑战,进而形成组织联盟的外部制度压力,促使以AAU为代表的精英研究型大学联盟推动院校系统变革。其次是AAU通过变革方案的设计、实施与评价建构基于组织种群的变革网络,有效利用其关键行动者身份传播和影响变革进程。再次是院校变革通过实施因地制宜的模式与策略,依托STEM院系和STEM专门机构开展院校变革,尝试在技术(教学)、资源(资金)、管理(机制)、人力(教师)发展的不同方面实施具体变革行动。因此,STEM教育的院校系统变革是涉及院系组织、院校群落和高等教育组织场域三个层次,在组织外部环境与组织制度变迁的相互适应中,试图强化研究型大学科教融合关系的组织生态系统变革。

1.4 研究背景

1.4.1 美国本科STEM教育的现状与问题

STEM教育的院校系统变革旨在增加美国STEM人才供应,储备优质科学学科教师,从而实现STEM人才培养与促进就业的高等教育国家战略。高等教育阶段本科一、二年级的教育质量事关大学生的专业选择和保留率,是提升STEM教育质量的关键阶段,直接影响其他战略目标的实施。当前,美国本科STEM教育的整体表现欠佳,面临着一些突出的问题,具体表现在以下四个方面。

1. 本科STEM人才供给不足,STEM学科的就读率、保留率和毕业率持续低迷

美国STEM人才总体供应不足。其一是与其他非STEM专业相比,在两年制和四年制高校中学习STEM专业的学生人数比例较低,其中在四年制高校中就读非 STEM 专业的学生人数约是 STEM 专业学生人数的 3 倍[11]。其二是美国大学 STEM 专业的整体毕业率低于 40%，而且毕业年限更长，一般需要 5 年时间[12]。其三是高学历的 STEM 人才中，有接近 1/3 是非美国籍公民。这些问题都导致美国政府对 STEM 人才数量供给不足的担忧。

2. 本科院校 STEM 人才培养的路径单一，难以应对人口趋势的变化和社会发展的要求

由于越来越多的两年制社区大学参与到 STEM 人才培养体系之中，故传统上主要依托四年制本科高校完成 STEM 人才培养的体系难以应对人才培养需求的新变化。数据显示，在获得 STEM 学士学位的毕业生中，有近一半的学生有曾就读于社区大学的经历。在大学生人群中，白人的比重由 1990 年的 77% 下降到 2012 年的 57%，而黑人和西班牙人后裔的学生群体则显著上升，分别提高 3% 和 10%[13]。人口结构的变化使社区大学接受高等教育适龄人口的比重增加，这不仅为追求 STEM 学位的学生提供了转学的机会，也为弱势群体和逆向转学的学生提供了副学士学位和职业技能证书，因此政府要更加关注不同院校在满足 STEM 人才供给中发挥的作用。

3. 本科 STEM 的教学变革研究零散，对院校系统变革的关注明显不足

现有的关于 STEM 教育的研究，对本科 STEM 教学的关注较多，但缺少对院校系统变革和高等教育体系中不同院校和不同层次的相关变革的研究。其中，明显的不足之处表现在四个方面：其一是研究集中于小规模的、短期性的个体研究，缺少持续性和系统性的研究；其二是变革研究关注的层次单一，尚未关注院系、高校、学科协会、政府和企业等不同利益相关者之间的关系；其三是过多关注于学科教学和课程方面的变革，没有涉及与学生进步相关的变量研究；其四是片面关注本科层次的研究，忽略对研究生及整体高等教育体系的研究。

4. 本科 STEM 教育缺少质量标准，尤其缺乏基于数据支撑的有效评价体系

大量的研究表明，本科前两年的 STEM 教育经历对是否选择后续专业具有重大影响，然而在缺乏有效的评价量表和可靠数据支持的情况下，判断学生具体的 STEM 教育经历和学习成就是十分困难的。同时，如果对本科 STEM 教育的评价只停留在对保留率和毕业率的审核上，那么对提高学生参与学习的体验就无从谈起，更无法跟踪诸如学生的目标设定、转学的原因、求学的进程以及成就的获得等具体信息，显然，这些数据对 STEM 教育的质量改进至关重要。

由于上述问题的原因，要实现改变本科 STEM 人才培养的战略目标并不容易，因此需要以美国多样化的高等教育体系为背景，开展院校系统变革的广泛实践。

1.4.2 本科 STEM 教育联盟的建立

为响应美国政府的 STEM 教育战略,解决困扰本科 STEM 教育的问题,本科 STEM 教育变革联盟(Coalition for Reform of Undergraduate STEM Education, CRUSE)于 2013 年成立。该联盟由美国科学促进会(American Association for the Advancement of Science,AAAS)、美国大学协会(AAU)、美国学院与大学联合会(Association of American Colleges & Universities,AAC&U)、美国公立及赠地大学协会(Association of Public and Land-Grant Universities,APLU)以及美国国家研究委员会(National Research Council,NRC)共同组成,其致力于提升 STEM 教育体验和建立本科 STEM 教育质量的全国性战略联盟。AAU、AAC&U、APLU 三大院校联合会都先后发布了旨在促进本科 STEM 教育系统变革的行动方案。

1. 美国大学协会(AAU)的本科 STEM 教育计划

美国大学协会及其成员院校普遍是美国高等教育系统顶端的精英研究型大学,此类院校的人才培养模式变革在很大程度上将引领其他院校的 STEM 教育变革。美国大学协会于 2011 年推出本科 STEM 教育计划(AAU Undergraduate STEM Initiative),"美国大学协会的目标是强化联盟院校的组织文化,充分重视 STEM 教学。为此,需要激励和支持教师运用循证教学和促进学生有效参与的方式,指导学生进行 STEM 内容的学习"。在此背景下,美国大学协会试图为联盟的研究型大学搭建合作与沟通平台,通过提供工具和资源、建立激励机制,实现以能动学习、证据支持、以学生为中心和可持续发展为主要特征的教学质量的提升。其总体计划可以概括为以下五个具体目标:①重视大学本科一、二年级的 STEM 教育,建立有效的分析框架,以评估和提高 STEM 教学和学习的质量。②支持 AAU 的 STEM 计划在联盟的试点院校实施,并建立一个更广泛的 AAU 大学网络,致力于实施 STEM 教学和学习变革。③探索适用于高校和院系的培训、认可和奖励的方式,以此激励那些期望提高 STEM 教学质量和有效性的教师。④与联邦研究机构合作,开发用以认可、奖励和促进大学生学习改进的方法。⑤开发有效的途径,分享关于积极有效的本科 STEM 专业的教育方式、手段和教学信息[14]。为实现上述目标,美国大学协会研制了《本科 STEM 教学与学习的系统性变革框架》,该框架分为教学、辅助支持、文化变革三个层面。其中,教学是系统变革的核心,即通过吸引学生参与教学实践引导和激发学生主动学习,支持强调并通过教师专业发展和教学硬件设施的改善提供人力和物力准备,而文化侧重在组织层面以制度化措施和愿景的建构实现组织价值观的重塑。

2. 美国学院与大学联合会(AAC&U)的"万花筒项目"

2012 年以来,美国学院与大学联合会致力于通过新的"万花筒项目"开展基于院校的系统变革，该方案将评估学生就读经验的大学数据作为变革需要解决问题的依据，如学生体验、转学率、保留率和完成率等[15]，并通过建立相应的指标体系和评价量表开展系统变革。这样不仅可以尽可能地确保变革的针对性和差异性，也更有利于测量变革的绩效和发现新问题，并将大学组织的系统变革转变为组织的学习过程，使大学具备不断自我变革的能力。鉴于系统变革是一个领导决策、评估准备和方案实施的流动变化的过程，因此方案被设计为五个阶段：①支持院校团队建立校本愿景；②识别组织变革面临的机遇与挑战；③战略选择与决策；④方案实施与效果评估；⑤结果反馈与传播。整体上看，美国学院与大学联合会涵盖经认证的公立和私立学院、社区学院、研究型大学以及各种类型和规模的综合型大学在内的 1300 所学校，因此其系统变革方案具有明显的战略规划性，能够为不同类型的院校开展个性化和多样化的变革提供灵活的实践指导。

3. 美国公立及赠地大学协会(APLU)的 STEM 教育中心网络项目

美国公立及赠地大学协会自 2015 年起推出 STEM 教育中心网络项目(STEM education centers network)，主要通过建立独立的 STEM 学科中心施加对系统变革的影响。一方面中心为组织内部的纵向学科整合提供组织架构，另一方面中心也作为网络终端将不同的院校和校外资源联系起来。通过 STEM 教育中心网络的建构，使教育中心成为校园内变革的行动者集群，满足扩大变革规模和维持教育变革的需求[16]。STEM 教育中心网络的目标包括：①通过磋商会议、研讨会、沟通交流、员工互动和在线平台为教育中心搭建学习、研究和项目开发的网络。②展示、支持和理解 STEM 教育中心的工作，即通过案例研究、影响因素研究和职能转变服务本科 STEM 教育。③教育中心作为 STEM 教育的提供者和加速器，为相关研究中心、政策制定者、资助者、管理者和公众提供全国性的在线交流平台，配备 STEM 教育专家目录、示范中心和院校变革实例。④通过建立行动者联盟共同参与基于项目基金资助的合作研究和解决项目实施中的实际问题。⑤致力于合作推动院校和国家政策的改进，通过框架引导、参与对话和政策声明的协调沟通方式强化本科 STEM 教育。

美国公立及赠地大学协会的成员主要包括州立大学系统的公立高校，以及传统上的专门针对黑人和西班牙人后裔的学院和大学。由于不同院校在 STEM 教育中心的发展目标和组织架构上存在差异，故建立 STEM 教育中心网络可以为院校间的沟通与交流搭建良好的合作平台，服务基于校本的本科教学、教师发展和信息共享，并最终促进学科教学和系统变革的实践。

1.4.3 系统变革研究的可行性分析

我国对 STEM 教育的研究主题涉猎十分宽泛，涉及 STEM 教育的理念与政策介绍、课程与教学实施、师资发展、教育技术运用以及教材与评价研究等内容。

但是，多数研究关注中小学（K-12）阶段对 STEM 理念与实践的比较与借鉴，对高等教育的研究主要探讨如何结合 STEM 教育理念实现创客人才的培养，也有学者开始探索通过实证研究，调研在我国工科类院校开展 STEM 人才培养的可行性[17-19]。但是，总体上，我国对高等教育开展 STEM 教育的研究十分有限，现有文献以对国外宏观政策和微观案例的介绍、述评、描述性的研究居多，缺少对培养 STEM 人才的组织变革模式、策略以及行动者逻辑的实证研究。

美国传统上将本科 STEM 人才培养视为教学的技术性问题，但是由于以教学变革为中心的尝试均告失败，美国学界和智库提出以整合院校资源与院系子系统共同参与的系统变革方式改善本科 STEM 教育的人才培养质量。相关研究聚焦在三个方面：一是以院校为研究对象，关注院校和院系系统变革的实施政策、策略与互动关系的研究。基于院校实施的本科 STEM 教育改革计划或行动方案，探讨在课程与教学、教师发展、院系支持和外部环境变化中如何实施有效干预。二是以教师为研究对象，关注教师发展与教学评价的研究。围绕如何促进循证教学方法的传播，提升参与变革的动机，以及运用信息化工具和同行评价对教学实践进行跟踪评估。三是以学生学习成果为研究对象，探讨实现能动学习的方式和如何利用评估工具对学习成果进行检验。从现有文献分析，对院校系统变革或不同院校间协作变革的研究存在明显不足，主要表现在以下四个方面：一是研究集中于小范围的、短期性的院校个案研究，缺少持续性和综合性的宏观层面变革研究；二是对相关变革研究关注的层次单一，尚未体现院系、高校、学科协会、政府和企业等不同利益相关者之间的联系；三是过多关注学科教学方法和课程改革，对涉及与学生学习进步相关的变量研究还不深入；四是片面强调关注本科层次的研究，忽略对研究生及整体高等教育体系 STEM 教育衔接的研究。考虑到系统变革是一个持续创新的过程，后续研究有待进一步深化对中观层次组织层面变革的分析。

作为 CRUSE 联盟成员之一，美国大学协会 STEM 教育系统变革方案备受瞩目，其不仅影响试点院校的变革行动，也影响北美高等教育组织场域中的制度逻辑变迁。AAU 对系统变革的初步评估报告表明，试点院校对系统变革持积极态度，因为变革降低了学生退学率，提高了学生对 STEM 入门课程的参与度，并缩小了代表性不足的少数族裔、女性学生的学业成就差距。

系统变革为大规模、持续性、深层次组织系统变革提供了有益的尝试，具体而言：①系统变革强调民主参与，即教学系统、管理系统和治理系统共同参与变革讨论和实施。②系统变革强化组织共同体，以美国大学协会为网络中心，并形成以 STEM 教育院校系统变革为主题的院校行动网络，通过分享、传播变革的经验，不断发现问题和推动变革深入开展。③系统变革强调数据驱动，运用循证教学的方法开展 STEM 教学，收集学生的学习成果数据，为变革提供决策参考。④系统变革强化教学文化，突出教学学术的重要性，通过制度化过程重塑以研究性教学为核心的组织文化。

顺应实践的发展，系统变革正由阶段性变革向持续性变革深入，更需要行动者反思系统变革能否实现整体大于部分之和的最初假设。从变革的过程分析，大学组织是松散耦合的复杂系统，也是与外界制度环境进行资源交换的开放系统，如何实现制度环境与组织场域的逻辑变迁；如何充分发挥 AAU 关键行动者的角色，建构合作网络；如何通过整合院校文化实现对教学学术的意义建构；如何通过自组织和他组织方式转变教师的教学信念与态度，持续改进 STEM 教学，这些都是需要进一步探讨的问题。从变革的结果分析，学生学习成果的改进与教师教学方式的改变是衡量系统变革成效的重要参照。总之，尽管相关研究开始关注院校行动与变革进程的互动关系，但结合组织变革理论、制度理论，以及组织发展理论的多维度视角探讨和解释系统变革的实证研究还十分有限，需要深入分析系统变革持续变化的内在机理与变革成果。

1.5 研究思路与方法

1.5.1 目标与内容

基于复杂系统理论、组织理论、制度理论的视角，本研究试图透视美国大学协会主导的系统变革在组织发展、技术创新与制度创新上的特征，试图分析和解释系统变革的组织机理和变革条件，并为我国基础学科和新工科人才培养提供变革经验和启示。本书具体研究内容包括以下三项：

(1)关于系统变革“变什么”的研究。组织系统变革是一个诱致性和强制性变迁互构的动态过程，STEM 教育的系统变革主张科研学术向教学学术的理性回归，强调在一定程度上改变研究型大学重科研、轻教学的传统，将重视本科 STEM 人才培养和重塑科教融合的价值作为变革的核心信仰。为此，需要研究组织外部制度环境变化对组织场域制度逻辑的转换和影响，美国大学协会在教师发展、院校支持和文化转型中的变革目标、内容与评价方案，以及美国大学协会、院校和院校子系统在变革中形成的共同愿景和角色认同等。

(2)关于系统变革“怎么变”的研究。系统变革的核心假设是变革不是孤立的线性变化，而是场域中网络建构、集体行动、个体选择的互动和参与，需要大学组织的生产系统(技术层)、管理系统(管理层)和制度系统(环境层)的整体优化。美国大学协会的成员院校如何利用院校网络实施有效的传播变革策略，院校组织如何与院系探索变革的模式和路径，院系的课程与教学变革如何结合组织变革方式，以及如何利用自组织的学习方式转变教师的教学理念和行为等问题都需要深入研究。

(3)关于系统变革的经验与启示的研究。系统变革的组织创新尝试在促进 STEM 人才培养质量提高和推动组织发展中产生哪些积极和消极的影响,需要从三个维度进行检验。一是美国研究型大学的系统变革试图以行业协会+院校种群的方式推动中观组织种群层面的变革,其主张在研究型大学重视教学学术的文化转型中是否能得到认同有待检验。二是系统变革对 STEM 学习的提升和循证教学方式的应用是否能取得预期成效有待检验。三是系统变革对我国人才培养模式和院校综合改革产生何种影响和启发有待发现和探讨。

本研究主要分为宏观、中观、微观三个研究层次:宏观的组织场域研究对美国高等教育变革的外部环境与场域制度逻辑进行深入分析。组织种群系统的研究主要以美国大学协会及其成员院校为研究对象,从中观层次探索美国大学协会在系统变革中的变革内容、变革成效和发挥的作用。组织系统及其子系统的分析旨在探索院校转型中的具体发展模式和行动策略,包括不同的院校行动者、主要的变革方案、组织转型中各种实施策略等(见图 1-1)。

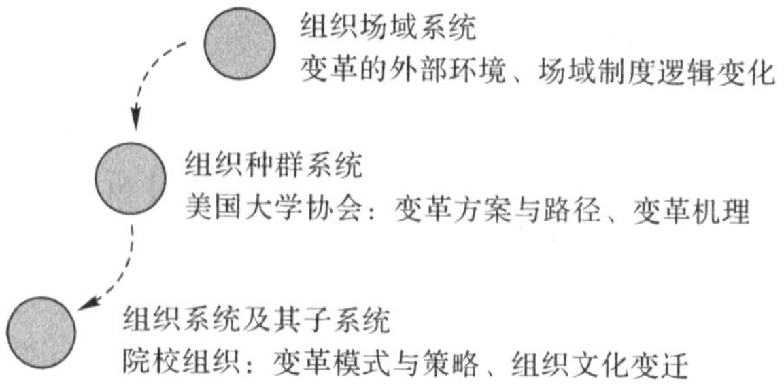

图 1-1　本科 STEM 教育系统变革研究的基本分析思路

本研究具体的章节分布如下:

第 1 章　"绪论:美国 STEM 教育系统变革研究概述"对研究背景进行了整体分析且对核心概念进行界定,并对研究的总体方案和基本思路进行描述和解释。

第 2 章　"文献综述:美国本科 STEM 教育系统变革的演进"重点分析 STEM 教育的理念,美国 STEM 教育变革的历史演变,以及对当前本科 STEM 教育系统变革的文献进行述评。

第 3 章　"理论框架:复杂系统、制度变迁与组织发展的共变"主要探讨不同理论视角对教育系统变革的解释,并建构共变的分析框架。

第 4 章　"组织场域变革:系统变革的制度逻辑分析"从组织变革的问题域视角分析以语言为变量特征的制度逻辑的演变。由于制度逻辑是制度环境变化的载体,其客观上反映了制度环境变化对组织种群和组织系统的深刻影响。

第 5 章　"关键行动者:美国大学协会系统变革方案的设计、实施与评估"旨在通过文献梳理,分析美国大学协会(AAU)作为变革的关键行动者在方案制定、计划实施、评价反馈中发挥的作用，并进一步总结变革的内涵特征。

第6章 “系统变革的过程：8所试点院校的变革实践”从分析8所试点院校的变革行动入手，通过对结构、权力、象征和参与者四个变量的分析，在文本分析质性研究的基础上归纳STEM教育系统变革的基本模式。

第7章 “系统变革的案例：科罗拉多大学的实践”通过对一所公立研究型大学——科罗拉多大学系统变革的描述，例证了该校在校院两级层面上开展的变革举措，在深入案例分析的基础上进一步归纳了系统变革的具体实施策略。

第8章 “系统变革的案例：亚利桑那大学的实践”通过对该校在系统变革实施中的主要变革举措进行分析，归纳总结基于AAU本科STEM教育系统变革方案的具体院校策略。

第9章 “系统变革：组织转型变革的经验与反思”论证本科STEM教育的整体效果，并对5个研究问题进行回答，探讨通过组织文化推动组织变革的可行性及其对我国人才培养模式变革的启示。

1.5.2 主要研究方法

系统变革正由阶段性变革向持续性变革深入，更需要行动者反思系统变革能否实现整体大于部分之和的最初假设。从变革的过程分析，大学组织是松散耦合的复杂系统，也是与外界制度环境进行资源交换的开放系统，如何实现制度环境与组织场域的逻辑变迁；如何充分发挥AAU关键行动者的角色，建构合作网络；如何通过整合院校文化实现对教学学术的意义建构；如何通过自组织和他组织方式转变教师的教学信念与态度，持续改进STEM教学，这些都是需要进一步探讨的问题。从变革的结果分析，学生学习成果的改进与教师教学方式的改变是衡量系统变革成效的重要参照。总之，尽管相关研究开始关注院校行动与变革进程的互动关系，但结合组织变革理论和制度理论的多维度视角探讨和解释系统变革的实证研究还十分有限，需要后续研究深入探讨系统变革持续变化的内在机理与变革成果。本研究通过组织理论与制度理论建构研究框架，以组织场域、组织系统和子系统为分析层次，以变革的计划设计与实施为分析维度，对系统变革开展文献研究、内容分析、比较研究和案例研究，客观描述变革制度逻辑、行动主体和组织变革模式的互动建构，分析变革的创新思维与内在机理，反思变革的经验与启示。

具体而言，本研究拟采用以下几种研究方法开展研究。

(1)文献计量研究：对美国STEM教育和系统变革的主题文献进行文献计量的内容分析研究，运用Citespace软件对关键文献进行图谱可视化分析，并在归纳的基础上分析美国STEM教育的整体发展脉络及其本质特征。

(2)话语分析研究：对与STEM教育系统变革相关的政策文本、设计方案、研究报告、网站素材、新闻报道等文本信息进行基于语料库的话语分析，发现系统变革中组织外部环境的制度逻辑、变革框架、组织关系变化，为进一步探讨变革的理念、内涵、路径提供实证依据。

(3)院校比较研究：通过资料收集和质性文本分析，对 8 所试点院校的变革过程进行描述—解释—并置—比较，在归纳总结的基础上，提出变革模式与策略的理想类型建构，并对变革过程的合理性和适切性进行归因解释。

(4)典型个案研究：基于对试点院校和美国大学协会的个案研究，通过访谈和资料收集，利用文本、视频和图片等信息提炼系统变革过程中典型个案的本土概念，从微观视角描述和诠释行业协会以及系统变革对组织网络和教师个体的影响。

1.5.3　研究的创新点

本研究的创新点如下：

1. 探讨本科 STEM 教育系统变革的新战略和新模式

美国开展 STEM 教育系统变革具有其自身社会经济发展的迫切性，直接反映了美国高等教育理工科和跨学科人才培养数量不足和质量不高的现状。目前，我国在新工科人才培养和卓越计划人才培养模式改革中依然侧重课程、教学、教师等微观系统变革，对组织场域中观层次的系统变革重视不足。考虑到美国系统变革与我国理工科或基础学科人才培养具有战略竞争性，深入研究美国高等教育的政策与精英研究型大学的人才培养变革，对提升我国一流本科人才培养的质量具有重大实践价值。

2. 创新 STEM 教育系统变革研究的理论视角

系统变革并不否认 STEM 课程设计与教学实践的技术理性，但系统变革更强调在管理系统、治理系统与技术系统之间形成有效的衔接配合，使系统优势最大化。因此，研究的重点不应局限于循证教学实践或课程设置本身，而应聚焦组织场域(包括美国大学协会、研究型大学和院系子系统)在教育理念、制度设计、变革传播与实施、组织发展和评估反馈过程中的模式、策略和结果。然而，由于系统变革对大学组织而言是一种创新实践，因此需要借鉴组织理论和制度理论的整合研究思路，为 STEM 教育变革的实践提供理论解释。

3. 丰富 STEM 教育系统变革的实证研究

大学是松散耦合的复杂组织系统，具有非线性和非中心性的特点。因此，开展实证研究的难点是要考虑分析的具体变量，以及考虑数据的可获得性和互证性。在充分论证的基础上，本研究提出以组织场域理论划分基于种群、院校、子系统的三级分析层次，根据变革的互动性划分关注结果的研究和关注过程的研究，并主要采取质性研究的方法分析非介入性的文本数据，这有助于丰富以院校和行会组织为基本研究对象的大学组织变革研究。

综上所述，本研究试图在全面回顾美国当前高等教育本科 STEM 教育系统变革的基础上，深入分析和回答系统变革变什么和怎么变的基本问题，即厘清美国当前本科 STEM 教育的现状与问题，从宏观国家背景和战略到微观院校组织策略，将组织变革的外部环境变化、关键行动者作用、院校变革举措与具体院校案例相结合，并以此为支点，为深入研究和探讨我国高等教育人才培养的新变化和新观点提供一些思路和借鉴。

第2章 文献综述：美国本科 STEM 教育系统变革的演进

STEM 教育作为一股科学教育的浪潮，从美国兴起至今已经历 30 多年时间。STEM 教育在美国兴起主要有两点原因，一是美国科学教育人才培养的数量不足和质量不高，导致美国中小学生科学素养偏低，直接影响高等教育理工科等基础学科的人才供给。二是美国科技贸易和高科技产品的贸易逆差加剧，自 2002 年以来，美国已经成为高科技产品的净进口国，日益增长的高科技贸易逆差促使美国政府重新考虑科技和教育战略。

作为美国国家战略和重要的教育改革方向，我们在借鉴 STEM 教育的概念时不仅需要从宏观角度梳理美国教育政策的走向，更需要深入挖掘和分析当前该领域研究的发展趋势，从而超越对美国 STEM 教育理念的理解。

2.1 何谓 STEM 教育

STEM 教育最早出现于 20 世纪 90 年代末美国国家科学委员会的报告中，起初被命名为 SMET，即科学、数学、工程和技术教育(SMET)，后来又演变为 STEM 教育。随着美国政府意识到 STEM 人才对未来经济、教育和政治的重要性，在大量政策和资金的推动下，STEM 教育以及相关研究也逐渐兴起。对于什么是 STEM 教育，目前学界尚无统一的界定，但一般存在三种不同的认识。

2.1.1 学科概念说

美国联邦政府的官方文件将 STEM 教育规定为："STEM 教育包括涉及物理和自然科学、科技、工程和数学等相关学科，及其主题、热点研究在内的正式与非正式的教育(包括环境科学教育和环境管理)。"[20]《STEM 教育法(2015)》以立法形式规定 STEM 学科专指科学、技术、工程、数学、计算机科学与教育。随着 STEM 教育的深入，杨克曼(Yakman)教授提出基于 STEM+的 STEAM 教育，他认为传统上的 S-T-E-M 教育是科学、技术、工程和数学教育的独立"竖井"领域，而每一个科学学科都在各自的标准中正式包含了其他学科的元素。新的趋势是将 STEM 融合为一体。当各学科有目的地整合，就包括教学实践的融合。教学中，或是以一个单一学科为主体，或是所有可能的学科都基于某一单独学科混合，比如将数学作为混合其他学科的基础[21]。虽然这种学科组合的概念便于清晰地界定学科范围，但也容易使人产生学科简单叠加的困惑，甚至使人质疑人文学科的加入或许是出于平衡学科的考虑，与 STEM 科学教育本身的关系并不大。

2.1.2 科学素养说

对美国而言，STEM 教育改革的核心就是要提高美国学生科学教育的学科素养和具备 21 世纪职业发展的技能，创建具备 STEM 情景的美国公民社会。因此，也有学者认为 STEM 的核心依然是能力与技能。拜比（Bybee）教授指出，STEM 教育的核心即是每一个个体学习者的科学素养，具体包括：

（1）识别生活中的问题和对应的知识、态度和技能，解释自然和设计的世界，并就 STEM 相关问题得出基于证据的结论；

（2）理解 STEM 学科的特征；

（3）了解 STEM 学科如何塑造我们的物质、知识和文化环境；

（4）作为建设性、关注性和反思性的公民，具备参与 STEM 相关问题以及科学、技术、工程和数学的思想[22]。

STEM 教育也应该进一步在改革实践中塑造 21 世纪学习者的职业技能，包括适应和应变的技能、沟通与交流的技能、非常规问题解决的技能、自我约束与发展的技能，以及系统性思维的技能[23]。

这些观点明确了 STEM 教育的目的和使命，即从培养具备科学素质的人的角度描绘其应该实现的目标，但是如何将目标转化为行动，仍有待于将 STEM 教育的核心任务由陈述性知识向程序性知识转化。

2.1.3 学科教学说

学界对于特定术语的界定一般需要建构在超越字面含义的深层结构之中。国内外学者围绕 STEM 的概念和内涵也进行了广泛深入的探讨。其中，桑德斯（Sanders）和布雷纳（Breiner）等认为，从广义上讲，STEM 是为美国的全球竞争提供优秀的学生、教师以及劳动力的教育政策，其具体指向有目的性的、整合不同学科的、解决现实生活问题的教育[24-25]。赵呈领等学者指出，STEM 教育旨在将多学科交叉融合，以培养学生的跨学科思维，其核心理念主要表现为八个要素，即教学以项目或问题为导向，强调在做中学和学科知识整合，主张自主学习与合作探究的学习方式，以学生为中心，围绕 STEM 学科知识，强化核心素养的重要性，注重依托现代信息技术，尊重个性、多元和情景化学习环境的创设等[26]。余胜泉、董宏建等学者认为 STEM 教育的理念绝非学科概念的叠加，而是综合运用相关学科知识，解决实际情景的问题，并实现培养创新能力和实践能力的目的[27-28]。与 STEM 类似，“STEAM 教育注重以下教学方式：基于项目的学习、基于问题的学习，通过师生合作或学生合作，达成对具体项目的完成”[29]。显然，这些观点比前述概念更接近实践中的 STEM

教育，强调如何结合学科特点开展课程与教学实践，并最终提高科学素养，但是，其强调教育实践方式的特征并不能完全代表 STEM 教育的特征。

综上所述，官方和学界对 STEM 教育的界定都有一定的合理性。其一是根据 STEM 或 STEAM 的字面含义，依据学科特征和学科属性对 STEM 教育进行定义，此类定义具有规定性和约束力，具有很强的操作性，可以根据学科属性直接判断 STEM 教育的性质和特征，便于对其进行资助和管理，对公众也具有号召和宣传的作用。其二是强调以实践能力与科学素养为目标，将 STEM 教育看作一种教育融合的方式，强调以学生为中心，学科、知识、学习、实践相互融合，并期望在尊重科学教育的情景化和差异性的同时，最大限度调动学生对 STEM 学科学习的积极性、主动性和创造性。然而，教育实践都是基于与之对应的教育环境和要素展开的，即在一定教育情境下开展的教师与学生、教学内容与学习方式的互动。当前对 STEM 教育的研究仅是从教学内容和学习方式的角度对 STEM 教育进行定义，未能揭示 STEM 教育变革与其他类型的教育或教育变革的本质差异，更无法解读各要素之间的内在联系，因此需要进一步探讨和深入理解 STEM 教育变革的本质特征。

2.2　STEM 教育的文献分析

运用知识网络的文献计量研究法，从 STEM 研究主题的关键词共现、关联语境，以及聚类等关系着手，在发现文献规律和相似性的基础上，可以深入分析 STEM 教育的内在知识网络。本书以 Web of Science 数据库核心集为来源，根据 STEM 教育研究的历史关键词变化，通过反复修正检索的关键词，最终确定以正则表达 TS=(" STEM Education* " OR "STEAM Education* "OR SMET* SAME Education*)OR TS=("Science Technology Engineering Mathematics")进行文献检索。1975—2018 年，共有包括文件报告、期刊论文、会议论文和书评等在内的文献资料 1675 篇。

2.2.1　关键词共现分析

关键词作为学科专业的术语，具有较高的信度，当不同作者使用共同的术语进行学术标引时，即构成该领域的知识网络。将阈值设定为 Top=50，排除检索词“STEM education(STEM)”以及学科名词“mathematics、engineering”等造成的干扰，以中心性、突现度等指标对关键词进行筛选，并最终确定 10 个词为 STEM 教育的关键词(见表 2-1)。一方面，关键词的演变反映 STEM 教育研究随时间变化的趋势，其中 2010 年之前主要侧重 STEM 课程改革、学科兴趣的激发和学习效能的提高，之后研究重心逐渐多元化，性别差异和计算思维的研究成为新的热点。另一方面，从 ability 和 curriculum 具有较高的中心性判断，其在整体的研究网络中是重要的知识节点，这与 STEM 教育一直聚焦于课程改革与能力开发的特征基本一致。但是，关键词识别的缺陷在于其仅反馈单一知识节点的信息，在缺少语境和聚类信息辅助的情况下，往往对主题细节的把握模糊不清，因此需要进一步分析整体研究网络的结构。

表 2-1 美国 STEM 教育研究的关键词分析(1999—2018 年)

序号	突现度	共现频次	中心性	年份	关键词
1		10	0.58	2012	ability
2		25	0.46	2009	curriculum
3		25	0.28	2009	motivation
4	3.20	45	0.25	2012	gender/gender difference
5	4.77	17	0.24	2015	computational thinking
6		21	0.23	2009	self efficacy
7		19	0.20	2012	engagement
8		25	0.18	2011	experience
9		15	0.18	2012	instruction
10		13	0.12	2011	assessment

2.2.2 关联语境分析

借助概念树分析(concept trees analysis)对文献摘要中出现的名词或名词短语进行归集，可以词频规律反馈关键词与语境间集中或离散的趋势，该方法为进一步发现关键词在 STEM 教育研究中具体的应用趋势提供了依据。由于概念树是基于名词出现频次聚集的数量进行的概念归结，本研究选取教师(teacher)，学生(learner)，教学(instruction)，学习(learning)，能力、技能、思维(ability、skill、thinking)等与(教学)教育要素直接相关的概念进行分析(见表 2-2)。

表 2-2 STEM 教育核心概念的关联语境分析

核心概念	主要语境关联词
teacher	pre-service, expertise and resources, primary school
learner	non-traditional(female&minority), blind
instruction	active, supplementary(peer-based)
learning	active, problem-based, engineering-based, inquiry-based, game-based, project-based, collaborative, experiential, hands-on
ability、skill、thinking	spatial, technical, critical, creative, computational

例如,ability 作为教育的主要关键词,其在摘要文本语境中与 spatial 有高度的关联性(频次关联最高)(见图 2-1),而与其他词语的关联性则不显著。进一步分析摘要中的语境文本发现,不少研究都指出空间想象力(spatial ability)是与 STEM 教育具有直接相关性的能力之一。

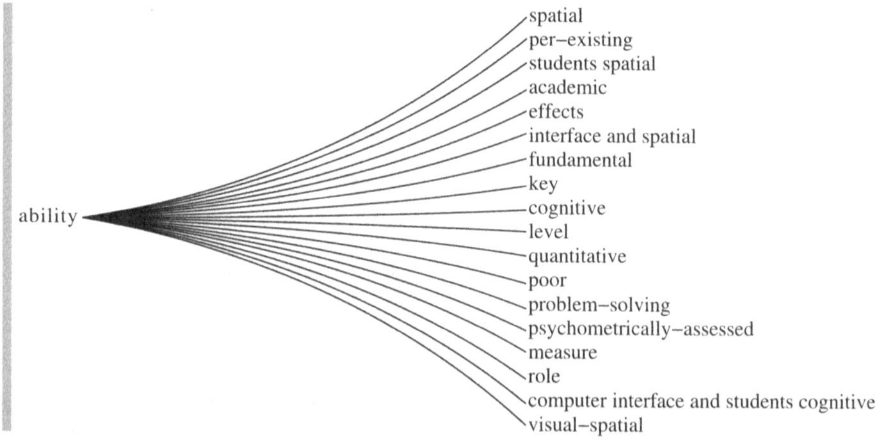

图 2-1　关键词 ability 的概念树结构图

通过对核心概念的进一步归纳,根据与 STEM 教育关联紧密的教育要素划分研究内容后发现,STEM 教育研究呈现出一些区别于其他教育类型的显著特征:

(1)教育者要素信息——关注 STEM 教师的职前培养,STEM 专业的知识与教学资源应用,以及小学教师群体成长等内容。

(2)受教育者要素信息——关注女性、少数族裔和弱势群体等受教育对象的 STEM 学习。

(3)教育内容与方式的要素信息——关注与科学教育紧密联系的空间思维、批判性思维、创造性思维和计算思维能力的培养,尤其注重将空间想象力与计算分析能力相结合。在教育方式上,STEM 教育明显更侧重以学习者为中心的教学方式,包括能动学习,以及基于问题、基于探究、基于游戏、基于项目、基于实践、基于同伴等多样的互动学习方式被大量采用。

2.3　聚类分析

聚类分析的好处是可以对文献整体的结构进行考察,其是通过软件的潜语义索引(latent semantic indexing,LSI)、对数似然率(log likelihood ratio,LLR)算法以及交互信息(mutual information,MI)算法,从施引文献的题目、关键词和摘要中提取名词性术语的方式对聚类进行命名,并结合网络模块评价指标 Modularity(Q)和聚类同质性参照指标 Silhouette(S)验证聚类效果的一种分析手段[30]。本书对 Top=100 的关键词进行聚类后发现,当整体聚类网络中 $Q=0.7811$,$S=0.5136$ 时,形成较稳定的聚类结构(见表 2-3)。

表 2-3 美国 STEM 教育研究关键词聚类网络及其特征描述

聚类编号	关键词容量	S 值	聚类名称(LLR)
0	33	0.740	intelligent tutoring(16.14,1.0E-4)
1	25	0.725	educational policy(28.44,1.0E-4)
2	24	0.894	active learning(35.54,1.0E-4)
3	24	0.843	career development(18.03,1.0E-4)
4	23	0.847	instructional change(24.83,1.0E-4)
5	20	0.896	hands-on learning(47.46,1.0E-4)
6	18	0.974	under-represented groups(59.08,1.0E-4)
7	17	0.942	programming(42.01,1.0E-4)
8	16	0.850	robotics(17.84,1.0E-4)
9	15	0.860	collaborative learning(18.52,1.0E-4)

聚类结果表明,除教育政策研究不属于教育要素的研究范畴,其他子类都与 STEM 教育的要素具有内在关联。其中,对 STEM 教育对象的研究重点涉及 STEM 教师和少数族裔。

另一些主题则主要反映 STEM 教育的内容与方式。其中,机器人学(robotics)和编程(programming)都是当前 STEM 教育发展中热门的学科子领域,涉及工程设计、建模、空间想象力、计算思维等多方面的内容。从教育的方式看,STEM 教育主要强调三种特色鲜明的学习形态,即能动学习、实践学习和合作学习。

能动学习(active learning)是一种基于排除听讲和记笔记以外的积极主动的学习和思维过程。所谓积极调动学生,即使用科学实证的、有效的课堂教学方法提高学生对信息的记忆力,培养批判性思维能力,激发学生对 STEM 学科更积极的态度,并提高学生 STEM 专业的就读率[31]。

实践学习(hands-on learning)是通过在做中学的反思来学习,而反思性元素反过来又为深入学习创造条件。实践性学习源于体验学习的教育理念,倡导通过参与活动激发兴趣,加深印象,并在解决现实问题的过程中培养批判性思维[32]。

合作学习(collaborative learning)一般具有两项标准,其一是多人合作完成任务,其二是成员间有目的的分享和有效的活动参与[33]。STEM 教育广泛地采用基于问题的学习、小组学习、跨学科合作的学习，以及游戏学习等方式，其中基于计算机和其他科技手段搭建的智能化教学系统是类似于仿真和建模的信息化教学平台，这类学习支持系统允许用户通过合作分享教学内容、参与讨论和在线答疑等方式开展在线学习，被广泛应用于促进中学和大学的数学和计算机教学中。

上述分析表明 STEM 教育研究本身非常偏重教育内容与方式的研究，这些研究都是教学变革研究(instructional change)的一部分，而对于组织变革的研究，以及涉及个人的信念、长远的规划和改革的策略等内容的探讨则十分薄弱。

2.4　STEM 教育变革的发展历程

1. STEM 教育的初创期(20 世纪 80 年代至 2000 年)

初创期对 STEM 教育的概念理解还比较模糊，许多初期的探索都由行业协会和非政府机构自发组织，主要围绕大学的科学和工程教育展开学科教学研究，旨在通过改进教学促进学生学习和提高学习动机。其中，美国国家科学委员会(National Science Board，NSB)于 1986 年正式提出一项报告，该报告开创性地提出应加强大学本科的 STEM 教育，并直接推动国家科学基金会(National Science Foundation，NSF)于 20 世纪 90 年代开始支持早期的"SMET"[①]教育和"万花筒项目"(Project Kaleidoscope，PKAL)，该项目旨在促进美国高等教育中 STEM 领域的学科教学和交流。20 世纪 90 年代中后期，国家研究委员会(National Research Council，NRC)和国家科学基金会(NSF)先后发布三大报告，即《从分析到行动》《规划未来》和《转变本科教育中的科学、数学、工程与技术》，其核心思想是将 STEM 教育从大学阶段向中小学阶段延伸，推动中小学教育的持续变革，进而为改变美国的科学教育现状提供持续稳定的人才基础。由此，人们将 STEM 教育改革的关注点由大学向中小学拓展。

2. STEM 教育的孕育期(2001—2009 年)

STEM 教育开始受到重视，官方和智库也愈加意识到加强 STEM 相关领域的教育对美国国家竞争力的重要性。随着教育界开始注意 K-12 教育与中学后教育在 STEM 学科上的系统衔接问题，联邦政府强化基础阶段人才培养质量的政策导向愈发明显。为了强化数学和科学学科，乔治・沃克・布什签署《不让一个孩子落后法案》(*No Child Left Behind Act*，NCLB)，通过减少校外考察，增设高级课程，

---

① SMET 教育：STEM 教育早期对于 science，mathematics，engineering，and technology 的缩写为 SMET。

以及提供更具有挑战性的教科书，强化以标准化测试和绩效评估为导向的K-12教育改革。随后，美国科技政策办公室（Office of Science and Technology Policy，OSTP）和国家科学院先后发布《美国竞争力计划——在创新中领导世界》《迎击风暴：为了更辉煌的经济未来而激活并调动美国》的报告，指出未来需要重点资助学校提升基于研究的数学教学，支持科技人员、博士后和技术人员的创新研发，并强化培养高质量的科学学科教师，提高低收入家庭学生的学业成绩和持续提升劳动者应对21世纪新挑战的工作技能[34]。同时，政府需要通过增加和改善STEM人才的供给，强化基础研发的责任，并培养和吸引高技术人才，确保美国的创新优势和领导地位[35]。2007年，美国国家科学委员会（NSB）发布《国家行动计划：应对美国STEM教育体系的重大需求》倡议书，建议在国家科学技术委员会（National Science and Technology Council，NSTC）内部设立整合STEM教育领导职能，形成国家、地方和学校共同协作的科学教育组织体系[36]。

3. STEM教育的发展期（2010年至今）

这一阶段，美国智库和政府的科教战略全面转向支持STEM教育的优先发展，并将其视为关系国家竞争力和国家安全的重要命题。鉴于STEM教育的短板是质量和公平，因此教育政策聚焦于两个方面，一是培养优秀的STEM一线教师，使其在掌握学科背景知识的同时，兼备更有效的学科教学能力，并能激励学生学习STEM科目和提升相关职业技能。二是改善大学本科阶段的STEM教学，特别是提高代表性不足的弱势群体对STEM教育的参与，为未来十年增加一百万个STEM学位做好准备。联邦政府通过成立STEM教育委员会（National Science and Technology Committee on STEM Education，CoSTEM），以及设立总统科学技术顾问委员会①，直接加强对科学技术和STEM教育的领导和咨询工作。《2010年美国竞争重新授权法案》（*America COMPETES Reauthorization Act of* 2010）再次确认对基础研究的支持，并将STEM教育作为国家财政投入的优先领域。2015年，美国国会通过《STEM教育法（2015）》（*STEM Education Act of* 2015），以立法形式确认STEM学科专指“科学、技术、工程、数学等学科的教育，其中还包括计算机科学的教育”。2017年新通过的《美国创新与竞争法案》（*American Innovation and Competitiveness Act*，AICA）通过建立跨机构的工作组强化对STEM教育的统筹领导[37]。同时，由奥巴马推动的“为革新而教育”的运动更是号召、引导全社会参与将STEM教育改革推向深入，倡导政府、企业、金融机构、非营利组织和科学工程学会共同致力于STEM教育的改革。2018年，美国国会又一

① 总统科学技术顾问委员会（President's Committee of Advisors on Science and Technology，PCAST）：该委员会最早成立于1933年罗斯福总统执政时期，奥巴马政府于2009年重新设立该委员会，主要负责科学、技术改革的政策咨询工作。

致性通过《加强 21 世纪职业与技术教育法案》，该法案旨在进一步强化培养具有 STEM 学科背景的实用技能型人才，这也是特朗普执政以来通过的第一部重大的教育法案，足见 STEM 教育及其改革的重要地位。

2.5　本科 STEM 教育系统变革的文献分析

2.5.1　本科 STEM 教育系统变革的文献共被引分析

本科 STEM 教育系统变革研究的兴起与联邦政府对 STEM 教育的战略基本同步，因此对这一问题的探讨也是一个新的领域。通过利用关键词“change of undergraduate STEM education”在 Web of Science 核心集索引中检索，共搜索到相关文献 145 条，其中美国来源文献占 80%，排除自引文献后共获得时间跨度从 2004 年到 2019 年期间美国本科 STEM 教育变革的相关文献 116 条，此类研究总体呈现上升态势(见图 2-2)。

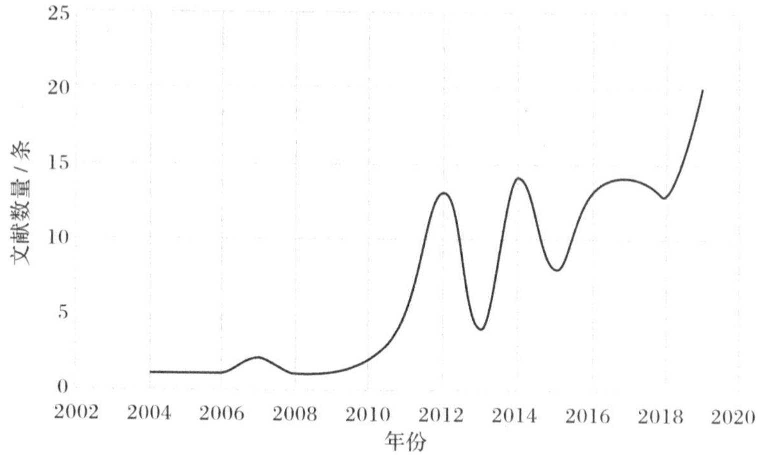

图 2-2　2004—2019 年美国本科 STEM 教育变革研究的发展变化情况

文献共被引关系是通过统计被引文献在第三篇文献中出现的频次获得的文献变化规律，一般认为其代表研究领域内共识性的知识单元，即研究基础。通过 Citespace(5.6)R3 软件进行文献计量分析，共获得以下 10 篇重要共被引文献(见表 2-4)。

表 2-4 2004—2019 年 STEM 教育变革研究的重要共被引文献

序号	年份	共被引文献标题
1	2011	Facilitating Change in Undergraduate STEM Instructional Practices: An Analytic Review of the Literature 促进本科生 STEM 教学实践的变化:文献分析综述
2	2014	Active Learning Increases Student Performance in Science, Engineering, and Mathematics 主动学习能提高学生在科学、工程和数学方面的成绩
3	2012	Barriers to Faculty Pedagogical Change: Lack of Training, Time, Incentives, and…Tensions with Professional Identity? 教师教学改革的障碍:缺乏培训、时间、激励和……与职业身份的矛盾?
4	2011	A Call to Action-Vision and Change in Undergraduate Biology Education: A View for the 21st Century 行动的召唤——大学生物学教育的愿景与变革:21 世纪的展望
5	2011	Promoting Evidence-based Change in Undergraduate Science Education 本科科学教育中促进以证据为基础的变革
6	2011	Changing the Culture of Science Education at Research Universities 改变研究型大学的科学教育文化
7	2012	Discipline-Based Education Research: Understanding and Improving Learning in Undergraduate Science and Engineering 以学科为基础的教育研究:理解和改进本科理工科学生的学习
8	2018	Anatomy of STEM Teaching in North American Universities Lecture is Prominent, but Practices Vary 剖析北美大学 STEM 教学:讲授居多,实践不同
9	2015	Undergraduate Research Experiences: Impacts and Opportunities 本科研究经历:影响与机遇
10	2013	Increasing Persistence of College Students in STEM 提高大学生对 STEM 学科学习的韧性

1. 关于变革内容的研究

此类研究旨在探讨 STEM 教育变革需要进行哪些要素的变革,从而促进教师 STEM 教学,以及学生的升学和就业。其中,学者布劳内尔(Brownell)和坦纳(Tanner)在《教师教学改革的障碍:缺乏培训、时间、激励和……与职业身份的矛盾?》一文中提出,现有的学科人才培养体系是培养科学家的制度,从学科身份、学科地位、学术工作三个方面而言都是鼓励科研,而不是鼓励教学的,因此即便人们意识到需要在职业发展、教学激励和时间投入上加大力度,但缺少对教学的认同和身份将导致低效的变革。为改变这一现状,他们提出应在博士和博士后培养中融入正式的教学培训体系,并通过在学术期刊和学术会议中专门开辟教育科学模块尝试改变将大学教师视为学科科学家身份的唯一假设[38]。安德森(Anderson)和班纳吉(Banerjee)等学者的论文《改变研究型大学的科学教育文化》指出,科学研究和教学本身并不是截然对立的关系,现在的紧张关系是人为因素造成的。他们认为大学和院系的文化没有对教学的有效性进行充分考虑和恰当支持,面临对科学人才和科学教育人才短缺的担忧,他们建议从培养教师教学的研究,为杰出教师设立教学研究的奖励和教授职位,增加教学在评价晋升中的权重,创建跨学科教学研讨组,为科学教育的有效教学提供持续性支持,以及促进系主任、院长和大学校长积极投身支持、引领教学文化的价值等方面进行努力[39]。格雷厄姆(Graham)和弗雷德里克(Frederick)等学者的论文《提高大学生对 STEM 学科学习的韧性》也关注非制度性因素对学生 STEM 学习的影响,他们认为持久力是"主动性",是一种源于自信和自我效能感驱动的持久动力和动机。为此,他们提出一种以动机和自信维持 STEM 学习持久力的模型,即科学学习在于通过早期的研究体验、主动学习和学习型社区建构的方式不断激励学习者的自信心和动机,从而维持学习的韧性,最终实现科学家身份的建构。因此,教师应鼓励学生参与研究性学习,运用主动学习和循证教学的方法,并建构自主学习的学习共同体。同时,院系应检视对有效教学的课程与评价体系,使相关标准与主动学习和研究性学习相一致。校长和院系主任应为教师学习新的教学技能和技术创造条件,行业协会和认证机构也应将 STEM 学习的持久力纳入评估指标体系[40]。

2. 关于变革方式的研究

奥斯汀(Austin)在《本科科学教育中促进以证据为基础的变革》一文中提出了系统变革的思路,她认为:首先,高等教育机构是由多种环境和文化组成的,每个教师都是系统中的一部分,系统影响教师对教学的决定。其次,系统中的子系统都可以对整体变革发挥作用。再次,系统中的不同要素相互影响决定教师的教学实践。系统变革需要考虑外部环境、院校、系部、教师不同层次的变革,在院校中需要综合考虑评价体系、专业发展、工作安排和领导力四个方面的因素。她建议系统变革需要从三个方面着手努力：一是改进学习的工作应建立在研究与教师行为有关的因素和研究具体教学策略的有效性的基础上。二是鼓励教师改变教学行为的努力需要考虑教师的教学观点和个人特征之间的个体差异。三是成功的变革需要采取系统方法，既要认识到影响教师工作多重环境中的相关因素，又要认识到促进教师参与教学改革的关键杠杆[41]。亨德森(Henderson)等学者2011年的论文《促进本科生STEM教学实践的变化：文献分析综述》通过对191篇文献的分析试图回答“变革行动者开展本科STEM教学变革采取的策略是什么？”这个问题。他们发现STEM变革对本科教学施加的影响主要分为四个方面，一是对个体教师的信念和知识施加影响；二是对组织的环境和结构施加影响；三是计划的变革决定变革的实施；四是自发的变革过程影响变革实施。基于上述分类，变革可以被划分为课程与教学策略、教学反思策略、院校政策实施策略、共享愿景策略。其中，前三项策略的研究相对均匀，共享愿景的策略研究相对较少。对变革策略的文献进行深入分析表明，课程与教学策略的成功实施需要长期积极的教学反馈和教学信念的转变；教学反思策略大多采取提供外部促进者和机构干预促进教师转变；院校政策实施策略的研究证明，单纯地依赖行政指令实施变革的院校都不能促使教师教学行为的改变。最后一份文献是来自美国科学促进会(The American Association for the Advancement of Science，AAAS)的《行动的召唤——大学生物学教育的愿景与变革：21世纪的展望》的报告，该报告全景式地提出生物科学教育的变革愿景，包括在课程大纲中整合学科核心概念和能力、注重以学生为中心的学习、在全校范围内促进对变革的承诺、号召生物学界参与变革等。其中，对变革的承诺包括：动员所有利益相关者，致力于提高本科生物教育质量；支持建立一个真正的学者社区，致力于推动生命科学和教学科学的发展；提倡提高教学地位、认可和奖励教学创新；为所有教师提供教学支持和培训，特别是博士后和新手教师[42]。

3. 关于教学学术变革的研究

STEM教育变革的重要研究领域是教学学术的研究，此类研究也被定义为以学科为基础的教育研究(discipline-based education research，DBER)，它从学科角度研究教学，反映相关学科的基本理念、知识和方法。辛格(Singer)和尼尔森(Nielsen)等学者出版的专著《以学科为基础的教育研究：理解和改进本科理工科学生的学习》从学科教学研究的现状、贡献和研究视角分别对这一领域进行探讨。其中，学科教学研究鼓励有效的教学，通过使讲授更具互动性，让学生分组学习，并结合真实的问题和活动等不同方式开展教学。对于如何让学科教学的研究发挥更大作用，他们认为除了要考虑成人学习者的动机和认知特征外，还需要将教师的教学观念、组织的文化与制度及其对变革产生的障碍等因素加以考量[43]。琳(Linn)和帕尔默(Palmer)等学者的文章《本科研究经历：影响与机遇》在共被引文献中具有最高的中介中心性(0.19)，可以认为该文具有很强的传播力和影响力，是整个研究网络的重要知识节点。该论文指出,对本科生进行研究性教学需要大量时间、资金和人力的投入,然而对于研究经历的调研尽管是正面的,但是通过自评报告得出的结论却是不完全可靠的,需要更为严谨的研究设计和整体理解。该研究从导师参与、学生选择与身份建构、提升研究体验、拓展概念理解和沟通科学的本质五个方面探讨两类研究性学习对本科生的影响和机遇。他们认为成功的导师参与需要兼顾学习科学概念和建构科学家身份的双重职能,研究性学习需要区分基于实验室的单独导师制的研究性学习和基于课程的多人指导的研究性学习。前者更关注实验的参与和研究前沿,后者更关注学习研究的思路和方法;前者对学生的选择更为严格,后者适合所有学生;基于实验室的研究难度大,往往超出本科生的学习范围,而基于课程的研究更易于学生理解概念,且对于科学家身份的建构具有长期效应[44]。弗里曼(Freeman)的文章《主动学习能提高学生在科学、工程和数学方面的成绩》是对主动学习效应的一项元研究,该研究从 225 项研究中进行元分析,平均效应值显示,在传统讲授与主动学习条件下,本科 STEM 课程中学生成绩($n=158$ 项研究)增加了(标准分 0.47),在传统讲课($n=67$ 项研究)环境下,失败的概率比为 1.95。这些结果表明,积极学习的平均考试分数提高了约 6%,而采用传统授课方式的学生失败的可能性是采用积极学习方式的学生的 1.5 倍。由于这项研究验证了主动学习的效率,有效回应了总统科学技术顾问委员会鼓励采用循证教学的方式,对落实 STEM 人才培养战略具有重大意义[45]。斯坦斯(Stains)和哈什曼(Harshman)等学者的文章《剖析北美大学 STEM 教学:讲授居多,实践不同》通过运用课堂观察协议(classroom observation protocol for undergraduate STEM, COPUS)记录包括学生听讲、回答问题以及教师讲课、提问和互动的情况,该协议通过每两分钟进行一次的记录客观描述课堂教学的过程,具有较高的内部评分者信度。通过对 24 所博士授予高校和一所本科高校的 709 门课程的观察,该研究发现:第一类是讲授法课堂教学,讲授占课堂教学时间的 80%,55%的被观察课堂属于这种类型;第二类是互动式课堂教学,教师将小组活动和课堂提问及回答问题作为教学形式的补充应用于教学中,此类课程占 27%;第三类是以学生为中心的课堂教学,包括持续的小组活动和辅助的探究活动,此类课程占 18%[46]。因此,他们建议高校应实施激励政策,鼓励和奖励循证教学。

2.5.2　大学组织变革的文献共被引分析

通过利用关键词"organizational change in higher education"在 Web of Science 核心集索引中检索,获得 2009 至 2019 年度教育研究类的组织系统变革相关文献 486 条,再运用 Citespace(5.6)R3 软件进行文献计量分析,共获得以下 10 篇重要共被引文献(见表 2-5)。

表 2-5　高等教育组织变革研究的重要共被引文献

序号	年份	共被引文献标题
1	2014	How Colleges Change: Understanding Leading and Enacting Change 高校如何变革:理解领导与实施变革
2	2011	Facilitating Change in Undergraduate STEM Instructional Practices: An Analytic Review of the Literature 促进本科生 STEM 教学实践的变化:文献分析综述
3	2009	Conceptualizing Change in the institutional Diversity of U. S. College and Universities 将美国学院和大学的结构多样性的变化概念化
4	2015	A Review of Commitment and Implementation of Sustainable Development in Higher Education: Results from a Worldwide Survey 高等教育可持续发展承诺与实施的回顾:一项全球调查的结果
5	2013	Declarations for Sustainability in Higher Education: Becoming Better Leaders, Through Addressing the University System 高等教育可持续发展宣言:通过解决大学系统问题,成为更好的领导者
6	2009	University Governance: Western European Comparative Perspectives 大学治理:西欧比较的视角
7	2007	Effective Leadership in Higher Education: a Literature Review 高等教育中的有效领导:文献综述
8	2015	Sustainability Reporting in Higher Education: A Comprehensive Review of the Recent Literature and Paths for Further Research 高等教育的可持续发展报告:全面文献回顾和进一步研究的途径
9	2014	Increasing the Use of Evidence-Based Teaching in STEM Higher Education: A Comparison of Eight Change Strategies 在 STEM 高等教育中增加基于证据的教学:八种改变策略的比较
10	2009	Leadership in Organizations(7th Edition) 组织中的领导力(第七版)

1. 关于组织变革的领导与管理

《高校如何变革:理解领导与实施变革》《大学治理:西欧比较的视角》和《组织中的领导力(第七版)》三部专著奠定了大学组织变革研究的基本立场与研究视角。

凯萨尔(Kezar)教授的专著《高校如何变革：理解领导与实施变革》从为何而变革、变革的多维度框架和变革的挑战三个方面论述变革的机理。他认为大规模的组织变革(scale-up changes)是一种超越院校层面的跨组织变革，目前高等教育对此类研究还十分有限。此类变革应该涉及四个关键变量的互动，即变革的深度——教师对教学的核心信念，变革的广度——变革传播的效力，变革的持久度——变革持续发展的能力，以及变革的主动权——由外部驱动向内部驱动的转变。借鉴组织变革的不同模式，他提出推动大规模变革需要具备三个机制，一是审议与讨论机制，二是互动与合作机制，三是支持与奖励机制[47]。《高校如何变革：理解领导与实施变革》对于研究大学组织的变革具有先导性、基础性和前瞻性意义。

帕若迪斯(Paradeise)等学者于 2009 年出版的论文集《大学治理：西欧比较的视角》从高等教育系统与社会外部治理的关系角度分析探讨了西欧五国大学治理变革的整体趋势、特征和案例。其中，菲姬(Ferlie)等学者的文章《高等教育体系的治理：公共管理视角》运用公共管理的视角分析西欧高等教育体系的整体变革后指出，国家正通过强化资金运行的有效性实现对高等教育体系的干预和驾驭，其一是对高等教育的公共政策具有更多的管理和控制倾向，大学治理更多运用诸如战略规划、审查、指数、软件等管理工具，在权力运行中高管和非高管的权力得以加强，工会和学术权威的权力被弱化。其二是国家提供高等教育的方式发生变化，表现为更多的私立高等教育院校的兴起，高校相对于教育行政部门而言拥有更大的自主权。其三是国家与高校治理方式的变化表现为传统的自上而下的国家与院校治理的结构与代表院校的中介机构或组织代理决策的方式并存。基于新公共管理的理念，高等教育系统的变革呈现市场化干预、预算限制、绩效管理、重点投入、垂直管理等特征。高等教育的网络治理的方式更加凸显，院校和社会行动者的网络日益密切，治理模式具有自组织特征，网络治理的具体目标是问题解决、组织学习和创新传播等[48]。尽管他们的研究主要基于对西欧国家与高等教育系统变化的研究，但总体上反映了高等教育系统治理结构的变化趋势，具有一定的参考意义。

友希(Yukl)的《组织中的领导力(第七版)》是一部全面论述组织领导力理论与实践的专著，其中关于"领导组织变革"的章节从阻碍变革的动因、组织领导对变革文化的影响、组织愿景的特征、组织变革的实施等几个方面展开论述。围绕大规模的组织变革研究，他提出变革的三种方式，一是旨在变革组织成员的态度与价值的变革方法，二是旨在变革组织成员角色和任务的变革方法，三是旨在增强组织竞争力的变革方式。对于变革组织文化和塑造愿景，首先组织文化是组织对于世界、环境和人际关系的共享假设，影响组织文化的方式包括领导的行为、系统结构和文化象征等要素。具体而言，领导承诺的责任与愿景、角色塑造与危机处理直接影响文化的形成与变革，管理系统的设计、人员决策与激励机制、组织结构的设计与人造物等象征性要素都对组织文化的变革产生影响。愿景的塑造也应该能凝聚组织成员的态度、价值和利益相关者的支持，包括组织的使命、价值与战略目标等具体内容[49]。

布瑞曼(Bryman)的《高等教育中的有效领导：文献综述》一文通过对英、美、澳三国高等教育领导效能的文献综述，分析归纳了在院系组织中的13种领导行为，并提出基于领导力发展的框架。其中，有效的领导行为包括清晰的战略、进行院系筹备、公正与诚信的原则、鼓励交流、树立榜样、营造和谐氛围、资源调度、绩效反馈等[50]。

总之，尽管部分文献不是专门针对高等教育的组织变革的研究，但在内容上弥补了对规模组织文化转变的要素分析和实施策略分析的理论欠缺。

2. 关于STEM教育变革的策略

与本科STEM教育变革直接相关的两篇文献是《促进本科生STEM教学实践的变化：文献分析综述》和《在STEM高等教育中增加基于证据的教学：八种改变策略的比较》，其中前一篇在上文中已经分析，后一篇文献是在上一篇文献的基础上对变革策略的详细论述和解释。博雷戈(Borrego)和亨德森(Henderson)两位学者指出，变更行动者通常由一个单一的变更策略来指导，深入分析八项变革策略有助于行动者将关于使用策略的共享模型与关于变革的基本假设更加明确的匹配，促进策略的运用和知识理论的相互促进。其中，课程与教学策略强调变革的传播和实施、教师反思策略强调教学学术和学术共同体建构，院校变革实时策略强调质量管理与组织发展，共享愿景策略强调学习型组织建设和复杂型领导，这些变革策略的具体化进一步为变革实践提供理论支撑[51]。

3. 关于高等教育可持续发展

学者莫菲(Morphew)的文章《将美国学院和大学的结构多样性的变化概念化》通过研究1972年和2002年的时间节点数据，对美国高等教育的院校多样性进行考察，发现美国院校的多样性总体上未发生变化，但在具体院校数量上发生变化。比如2002年，授予学士学位的公立高校和私立宗教院校的学生规模较大，这一数据对比1972年的情况发生了较大的变化。他特别强调组织在面临外部竞争和变革时总是寻求一种动态平衡，学生群体的多样性和资金提供者的多样性会迫使高度专业化的院校组织做出选择以满足要求，而高校也必须考虑内部成员的需求。这一研究的意义在于，其解释了只有当高校组织存在利益动机和符合组织规范的情况下，并且专业化的组织与竞争需求之间需要达成妥协，变革与创新才会成功[52]。

洛扎诺(Lozano)等学者的文章《高等教育可持续发展承诺与实施的回顾：一项全球调查的结果》通过对全球70所高校的84位受访者的问卷调查，旨在探讨全球性的公约、宪章、计划对全球高等教育可持续发展的作用。研究结果表明，承诺、执行和签署全球性可持续发展公约、宪章与计划之间存在高度的相关性，高等教育系统由若干相互关联的要素组成(包括体制框架、教育、研究、校园运作、社区外联、与其他高等教育机构的合作、评估和报告、作为体制框架组成部分的可持续发展、校园生活体验以及“教育促进者”方案等)，这一研究对研究系统变革的实施和评价具有积极借鉴意义[53]。

洛扎诺(Lozano)的另一篇文章《高等教育可持续发展宣言:通过解决大学系统问题，成为更好的领导者》同样是探讨大学的可持续发展问题。通过对高等教育可持续发展的 10 项世界宣言的文本分析，作者探讨了高等教育的可持续发展需要重点关注的领域，包括促进大学的合作、促进跨学科性、试点实施可持续发展、开展可持续发展的教育，以及将可持续发展纳入系统思考等[54]。该文对于通过文本分析归纳本土概念和探讨文本的复杂性提供了有益的借鉴。

库勒曼(Ceulemans)在《高等教育的可持续发展报告:全面文献回顾和进一步研究的途径》一文中通过系统文献综述回顾了可持续发展报告的内涵，并提出基于组织学习的变革研究、利益相关者参与过程研究和管理绩效研究三条路径[55]。

综上所述，相关文献从组织发展变革、治理关系和组织领导力的不同方面解释和论证了组织变革中的要素与影响变量，并为组织变革的研究提供了经验与思路借鉴。

2.5.3　国内 STEM 教育变革和组织变革的研究

国内对 STEM 教育变革的研究大多集中在基础教育的 STEM 跨学科课程开设以及创客教育理念的推介方面，目前对高等教育中开展 STEM 教育或变革的研究十分有限，相关研究主要集中在对美国的宏观政策、人才培养研究和对国内开展本科 STEM 教育的可行性研究三个方面。

其一是对美国本科 STEM 教育的研究仅限于宏观政策研究和质量标准的介绍。其中，美国国家科学基金会研制开发了美国 STEM 教育检测指标体系，提出基于学生体验的教学活动检测，基于学习机会的教学环境检测，以及基于最终目标达成度的结果检测的思路构建指标体系[56]。然而，由于对 STEM 教育的检测涉及国家、州、学校等不同利益参与方，这对美国分权式的教育治理提出了挑战，若要实现 STEM 教育质量的检测，需要创建大规模的学生学习数据库，扩大对本科教育质量的数据检测，以及整合现有的数据统计平台[57]。对 STEM 教育政策的宏观变迁的研究表明，美国 STEM 教育政策的制定与实施受到以联邦政府为主体的体制内联盟、州政府和行业协会为主体的体制外联盟，以及接受 STEM 教育实践的学校和社会公众的受众之间的相互影响。具体而言，政策取向学习是政策演变的关键发生机制，社会经济保障是政策演变的重要外部条件，社会公共舆论是政策演变的主要推动力量，其他系统政策是政策演变的基本制度环境保障[58]。

其二是对美国本科STEM教育的人才培养模式和策略进行研究。王志强等学者的研究认为美国高校的人才培养模式具有创客+STEM教育的理念，其核心是STEM教育的跨学科整合的教学，通过支持创客空间激发学生的创新、创意和设计思维，构成实践与虚拟结合的人才培养路径[59]。从人才培养策略的角度看，美国大学STEM教育注重课程与教学改革、教师专业发展、同伴学习和教育制度的保障，这些都体现出STEM教育是一项系统性工程[60]。

其三是对国内高等教育开展STEM教育探索的可行性进行理论和实证研究。鉴于STEM教育具有跨学科性、实践性和情境性等特点，有学者提出建构适应中国理工科STEM教育发展的取向，包括设计基于认知学习的项目学习任务，整合相关课程融合模式和广域课程融合模式，逐渐完善理工科STEM教育融合课程体系，并加强技术在STEM教育中的作用[61]。也有学者通过调研我国行业特色高校人才培养的现状，提出引入STEM教育开展人才培养的变革。通过对35所行业高校的大学生进行调研发现，学生愿意接受STEM教育的理念，并愿意参与此类学习[62]。由上可知，现有的相关研究已经开始关注美国本科STEM教育的行动，并开始尝试将STEM教育的变革理念与我国的新工科研究进行对接，但研究的深度和广度还有待加强。

综上所述，目前国内学者对教育系统变革和组织系统变革的研究主要集中在理论引介和宏观描述阶段。刘妍等学者引介瑞格鲁斯教授的系统变革观念，提出新的教育范式需要实现从终结性评价向过程性评价，从被动学习向主动学习，从教师为中心向学习者为中心的转换。为此，学校的系统变革需要主动迎合信息时代的学习理念和需求，需要领导者的共识和投入，以及变革外部参与者的持续支持[63]。周光礼教授基于对大学组织变革的趋势与特征分析指出，组织变革具有自上而下、自下而上与上下结合三种变革过程，对大学组织变革的研究主要是观察内部的结构和组织制度的变化，需要借助同构异性、资源依赖和制度分析理论更好地解释大学组织变革[64]。黄斌等学者认为大学组织变革面临组织内部多元目标的冲突和组织外部强制性变迁的制度压力，二者相互作用导致大学变革，应对大学变革的困境需要对教学过程进行“流程再造”，重构政府、大学、市场之间的关系，并最终实现学习型组织的创建和扩展[65]。尽管这些研究对大学组织变革具有启示意义，但由于多数研究缺少对具体的变革情景和变革实施的分析，因此其对组织变革研究的影响力有限。

2.6　现有文献分析的优势与不足

通过对本科 STEM 教育变革研究的文献回顾发现，STEM 教育系统变革是近年来美国联邦政府应对经济、科技和教育发展问题的战略之一，美国本土的研究正处于逐渐兴起的状态，而我国学界对这一问题尚未引起足够的重视和关注。现有关于本科 STEM 教育变革的研究呈现出以下几个特征：

(1)STEM 教育研究以教学变革研究为研究重点，教学变革研究聚焦于教师专业发展、学生能动学习和教师循证教学之间内在关系的研究。这些研究促进了学科教学研究的发展，有助于深入理解 STEM 学科和教育科学、认知科学之间的内在关系，有助于促进 STEM 学科教学策略和学科学习内容的有效实施和评价。然而，由于其过度关注微观层面的变革，基于教师个体教学和学生学习方式的改变对于 STEM 教育系统变革而言，有可能始终无法超越教学技术理性优越论，因为有可能忽视组织与制度对技术理性的制约作用。

(2)STEM 教育变革研究开始关注影响组织变革的要素和实施变革的策略。STEM 学科教学与教学学术的研究开始受到关注，这类研究逐渐成为独立的研究领域，诸如基于循证教学的内容、方法和评价研究，以及教师教学的有效性和主动学习的效果等研究为打破科研学术的垄断，赢得教学学术研究的合法性起到积极作用。然而，大规模系统变革的提出促使学者们思考除课程与教学以外的影响因素，包括对教学的支持和奖励、教师的专业发展、硬件环境的提升以及组织结构的变革等显性因素的变化，也涉及教师教学态度、院系学科文化、院校学术传统和组织发展愿景等隐性的文化内涵要素的变化。相较于教学学术的兴起，组织系统变革研究为 STEM 教育的发展提供了新的思路和方向。

(3)STEM 教育变革研究将科教融合的老话题重新激活，当大学面临社会和政府对人才培养的问责和管理时，研究型大学必须对这种外部问责做出回应。现代科学技术的发展引发大学对教学的重新界定和思考，管理介入教学和技术支撑教学的变化，势必需要对教学在大学学术中心组织中的地位予以再确认。现有研究型大学对科研学术的推崇贯穿于从人才培养到知识创新的全过程，但对教学学术的意义与功能缺少认同与尊重，因此学术人才培养与教学实践存在科学家身份与教师身份认同的对立。而扭转这种困境的关键是树立教学学术在大学文化中的核心地位，建立支持和激励教学的组织惯习，培育基于科教融合理念的价值追求。

(4)高等教育的可持续性发展和大规模组织变革一直是大学组织变革研究的关注点。高等教育的可持续发展本身就是一种社会变革，可持续发展不可避免地需要探讨高等教育与社会外部环境之间关系的平衡，需要维持可持续发展的动力机制，这就需要高等教育在应对外部竞争的同时，不断平衡组织内部的利益和规范，实现变革创新。大规模组织变革研究关注组织变革的具体模式和领导力，所谓大规模强调“深度、广度、持久力”的组织发展，强调基于进化模式、政治模式、认知模式、制度模式和文化模式变革的共同作用，以及通过转变组织成员的态度与价值、角色和任务，增强组织竞争力的变革等方式实现转型变革，这些研究都对STEM教育的系统变革具有积极的理论借鉴意义。

此外，针对现有文献的不足，需要从以下三个方面进一步深化研究：

一是对如何通过愿景和文化塑造影响STEM教育变革持续发展有待深入研究。尽管现有研究对组织系统变革提供了大量理论假设，但理论的解释力尚有待实证研究的进一步检验。由于高等教育的复杂性和美国高等教育的分权特征，当前研究正处在由关注课程教学变革向关注组织系统变革的转变过程中，循证教学和学科教学研究无法解决组织和跨组织的大规模变革问题。在变革策略的实施研究中，对组织变革的愿景和文化塑造的研究也十分有限，而此类研究对于变革的可持续性具有较大的影响，对研究型大学STEM教育的转型也更具有指导性意义。

二是对STEM教育变革如何实现大规模和多层次的组织转型有待进一步研究。既然组织变革强调可持续性和大规模的概念，那么就需要深入探讨STEM教育的系统变革如何在具体的实施中维持变革的动力机制和实现组织规模效益。一方面需要探讨组织变革的外部制度环境与组织内部制度规范之间如何妥协，从而维持组织变革的动力机制，比如研究型大学如何将教学学术的价值嵌入组织的制度规范过程；另一方面也需要研究如何通过有效的组织变革模式和变革策略实现本科STEM教育变革的战略目标，即扭转美国本科一、二年级的STEM教学质量不高的局面，激励循证教学和主动学习，为未来培养更多具备STEM素养的大学毕业生。

三是对STEM教育变革如何通过院校转型实现研究型大学科教融合的具体化有待进一步研究。学界已经认识到课程与教学变革无法取得STEM教育变革预期的成效，如何开展组织系统变革扭转研究型大学重科研轻教学的现状，需要具体的模式与策略支撑。科教融合理念在研究型大学中表现为科教关系的“漂移”，即科研学术始终是研究型大学生存与发展的合法性基础，当系统变革提出强调教学研究的正当性和教学学术文化的建构，势必引起二者的冲突，如何实现兼顾仍然需要具体的变革举措。

第3章 理论框架：复杂系统、制度变迁与组织发展的共变

系统变革作为一种组织变革研究，不仅需要基于行动研究提供问题解决的方案和策略，也需要理论研究深入探讨组织变革的激励和内在因果逻辑。现有组织变革研究更多关注商业活动和企业组织的变革，对高等教育和大学组织变革的研究相对有限。富兰曾对基础教育的学校变革进行过深入的研究，并提出将自上而下和自下而上的学校变革协同推进的变革思路[66]。奥斯汀认为影响教师个体教学行为的因素涉及组织的外因和内因，包括外部环境、院校、院系和教师个体多个层次的诸如领导力、专业发展、治理结构、资源投入、评价反馈等诸多具体变量[67]。总之，尽管从实践的角度，我们已经意识到系统变革是组织变革必须和必要采取的行动，但在理论层面上对高等教育系统和系统中不同层次的组织变革还没有进行深入的探讨。

3.1 基于复杂系统理论的组织变革

对于什么是系统，学界存在两种基本的观点：一种观点认为系统是一门科学，系统科学以“系统”为研究对象，探讨各类系统的类型、结构、性质的一般规律，强调其作为独立范式体系的同构性特征。另一种观点是将系统看作复杂性的组织系统，进而研究组织环境与要素的关系，以及组织系统的复杂变化和演进机制。尽管上述观点对系统的定义不同，但上述观点都承认系统是两个以上的组分（元素）相互作用而形成的统一体，在科学层面的系统观更强调系统在功能上是相互联系、相互作用的诸元素的综合，将其作为专门性知识解释其具备的整体性特征，进而成为指导不同学科的超学科体系[68]。一般而言，无论是系统科学或是组织系统，都认为系统具有一些基本的共性特征，其包括：①多元性。系统往往由多个不同的要素构成，要素是不可再分的系统单元，根据构成要素的数量差异，系统又分为二元素、多元素和无限元素系统等。②相关性。各元素之间相互关联、相互影响，不存在孤立单元的元素，并且各元素之间的相互关联性有规律可循。③整体性。系统观点的核心是系统基于各要素相关性和多元性实现整体性特征，这种整体性特征是子系统无法替代的，且是由各子系统叠加形成的集合效果。

3.1.1 系统性思维的特征

从系统理论的流派分析，系统理论大致经历一般系统理论（general systemic theory）、控制论（cybernetics）和复杂系统理论（system theory）三个阶段，其中复杂系统理论又可以分为混沌理论（chaos theory）、耗散结构（dissipative structures）理论和复杂适应系统（complex adaptive systems，CASs）理论等诸多分论。鉴于不同理论都强调系统性的思维方式，而对于什么是系统性思维又缺乏界定，导致系统性思维这一概念尚无统一界定。因此，通过对系统思维和系统性思维的概念比较可以进一步深化对系统性思维的认识。

系统思维主张的系统观是基于静态的技术和操作层面的系统，其主要针对结构良好的、应然的问题解决模式。尽管系统思维也承认系统间的复杂性和差异性，但其更强调通过化繁为简的方式寻求系统构成的共核要素，从而寻找问题解决的最优模式，即一种标准化的通行规律。因此，系统思维擅长从学科知识的多学科（multidisciplinary）和交叉学科（interdisciplinary）的视角提出应然的、程序性的标准化操作流程，兼顾问题解决的科学性、系统性和客观性。

系统性思维在批判的基础上提出，应对复杂性问题（结构不良的问题）不仅需要从技术上考虑，更需要综合政治、经济、组织和人力等各方面因素，从整体上通盘考虑如何解决问题。由于系统性思维的问题超越单一的问题范畴，在问题解决方式上也更倾向于应用分析与整合的混合方法，凸显整合情景和子系统的重要性。与系统思维不同，系统性思维并不追求最优或最好的效果，而是主张打破狭隘的专业对话，通过超学科（transdisciplinary）的方式与更广泛的利益共同体开展互动，以加深对问题的理解，从而达成令人满意的结果。因此，系统性思维的问题处理方式更倾向于权变的原则，而非严格的规定。

上述两种思维是以硬科学为代表的工程系统和以软科学为代表的复杂系统之间差异的具体表现，由此引出不同的系统思维的范式。所谓范式就是学术共同体共享的学术信念，及其共同遵循的基本理论和方法。系统性思维是以整体论（holism）替代还原论（reductionism）的思维模式，其基本假设是整体大于部分之和。在面对问题解决的方法论上，系统性思维主张系统问题应从全局考虑，不能简单将问题停留在问题解决本身。因此，系统性思维具有以下三个特征：

（1）重视全局而非局部。系统性思维强调系统整体观念的涌现性，因为其具有创新性和突变性特征。整体的涌现需要整合系统组分结构和功能实现，从而建构超越组分或子系统的属性。

（2）重视动态而非静态。系统性思维关注多样性和差异性，与一般系统的系统思维关注同构性不同，系统性思维更关注由组织文化、个体利益和环境变化而产生的异构性特征，因为这些要素的动态变化主导系统的存续与发展。

(3)重视复杂而非简单。系统性思维将复杂性视为组织应对环境变化的背景,复杂性问题具有不可预测和非线性的特征,在简单归因不能提供解决方案的情况下,对复杂性的探索会增进对系统的认知和理解。

从系统理论到复杂系统理论是将系统工程领域的理性控制和定量描述向人类社会系统复杂环境的问题解决的范式转移,是由技术理性向诠释理性演进的必然选择。

3.1.2　复杂系统论的基本内涵

复杂系统论的观点为从不同角度认识纷繁复杂、形态多样的系统提供了认识论理论基础,也为解决现实的复杂性问题提供了可能性。所谓复杂性,从数量上看,一个系统需要识别的元素种类越多,数量越大,系统越复杂;从质量上判断,系统元素之间的关系越紧密,相互联系的范围越广泛,系统就越复杂[69]。在组织研究领域,复杂性通常被作为变化性、不确定性、不可预见性和认识困难性的同义词。

复杂系统论是对系统理论的创新,对组织发展和演变过程的解释具有指导意义。从相关文献的观点分析,复杂系统论主要阐释四个相互关联的议题,具体如下。

其一,复杂性是系统存续的前提。复杂性非一般问题本身的复杂程度,而是问题相互叠加而产生的混乱和错乱状态。复杂性有四个特征:①系统元素的数量多,相互关联错综复杂;②条件与结果呈现非线性关系,后续变化不可预测;③各元素彼此间没有对称关系,难以识别和理解;④各元素处于有序和混沌之间,相互不断转化。因此,复杂性在系统层面表现为结构多样,功能复杂。

其二,系统性是系统运作的机制。复杂系统运行的条件依赖于组织的层级结构和信息控制。系统是由系统外的超系统、系统内子系统,以及子系统构成元素在不同维度间形成的层级结构和网状结构的组合,从而实现组织的功能、结构和逻辑关系。系统控制涉及系统与环境信息的平衡、人员信息互动的反馈,以及通过组织的结构层次调节信息的流动等。所以,系统性表现为层级结构与信息控制的内在统一。

其三,自组织性是系统发展的基础。自组织就是通过自身的力量自发地增加活动的组织性和结构的有序性的过程,它是在不受外界环境或很少受其他外界系统干预的情况下,旨在强化组织发展自我能力的组织形态。自组织系统具有三个特性:①自组织具有组织性,即以有序的方式、相对稳定的功能和结构存在;②自组织的发展随时间推移,有序性不断递增,从无序到有序,从有序到更加有序;③自组织不受外界系统和系统控制的干预,是自发的有序系统。

其四,涌现性是系统变化的结果。若干事物按照某种方式相互联系而形成系统,就会产生组分,以及组分的总和所不具备的新性质,即系统质或整体质。这种部分及其总和没有而系统整体具有的性质即整体涌现性。任何系统都存在系统量与系统质两种特征量,表现为稳定与变化两种不断交替的形态,涌现性就是一种在整体结构或功能上的创新,并且其变化过程具有不可逆性和不可预测性。

总之,应用复杂系统理论研究组织管理是组织研究的新方向,从组织发展的特性分析,复杂系统的组织变革具有如下特征:

其一,组织的开放性。组织生存要依托内外部复杂环境的均衡发展,即从环境中获得足够的资源和信息输入,并通过组织转化为资源和服务的输出。根据能量交换的熵增法则,组织系统的发展总是从有序趋向于无序的状态,只有通过能量交换降低熵增才能实现系统的动态平衡,这是组织系统变革的根本动力。

其二,组织的自觉性。传统组织变革偏重管理、监督和控制,强调组织对外部环境的适应,忽视发挥个体主观能动性,以及自我发展、学习和适应的机制。自组织则重视组织成员间的交流、沟通与协商,强调通过组织的学习增强组织自我适应能力。因此,鼓励尝试、积极参与、激发创新是增强组织学习能力,促进组织向学习型组织转型的关键环节。

其三,组织的整体性。组织系统由五个相互关联的子系统和外部环境共同构成:①组织的目标和价值子系统源于根植于社会环境之中公认的制度框架和规范体系,是社会需求和要求决定的产物。②组织的技术与业务子系统是指实现组织目标的各种技术、能力和条件。③组织的社会心理子系统包括组织成员或成员之间的情感、态度、价值观与期望等,是植根于组织文化的隐性认知图式。④组织结构系统是组织权力分布的架构图,是组织内部结构、功能和关系的体现。⑤组织的管理子系统涉及确保组织有效运行的体制机制。因此,组织系统变革就是要实现对不同子系统彼此竞争与合作关系的一致性进行匹配,使自发形成的自主性和复杂的高层次结构形成协同的效应。

其四,组织的适应性。适应性指组织中的行动者根据环境变化对自身的发展做出相应的调整。复杂系统的组织适应分为简单适应和复杂适应,前者是机械的被动适应环境的过程,没有主观意愿和认知图式的参与;后者是主动选择认知方式,改变图式和反馈检验的过程。系统变革就是一个整合计划与自发的调适过程,并通过反复的经验反馈和动态调整实现转型的过程。

3.1.3 复杂系统组织的运行机制与特征

人类社会系统与环境的复杂性超出系统工程最优路径计算的思维逻辑,也不可能以确定的变量计算系统未来发展的趋势和结果,针对系统中因果错综复杂的非结构性问题,需要借助新的理论概念和框架对复杂系统进行详细研究。为此,借助复杂系统适应理论和复杂系统自组织理论,将有助于进一步理解复杂系统组织运行和变化的相关议题。

其一,系统变革是复杂适应的过程。复杂适应系统(CASs)是复杂适应组织的理论基础,霍兰德(Holland)教授将复杂适应系统定义为"由用规则描述的、相互作用的主体组成的系统",这些主体"在形式和能力方面是千差万别的","随着自己经验的积累,通过不断变革其规则来适应环境中的其他主体",这是"CASs生成复杂动态模式的主要根源"[70]。安德森(Anderson)认为CASs的特质是较低层次的组织在聚合中个体交互的涌现性,因此复杂适应系统中具体涉及四个构成要素:①不同认知图式的行动者——不同认知图式的行动者决定了组织分析的层次和模式,组织在结构和功能上的多样性决定复杂适应的可能性越大。②输入能量维持的自组织网路——系统中行动者(主体)相互关联,由于任意行动者的行为受到子系统或系统的约束,则要维持个体与环境的平衡需要借助环境变量中的能量输入。③混乱边缘的共生进化——系统适应论强调系统的变化在于各行动者的相互选择,因此个体行动者与系统整体的变化是在混沌之中共生的。所谓混沌的边缘状态就是复杂适应具有足够的稳定性和一定的无序性,在新旧交替的过程中使组织充满生机活力和创造性。④重构与进化——各子系统在行动者、行动者图式、匹配性不断交互作用下表现为子系统内的复杂性和涌现性,随时间推移形成系统内的新陈代谢和进化[71]。组织行动者主体在不断交互的进程中,通过学习和积累将经验固化,从而建构式地改变自身的结构和行为,是一种积极的"我要变"的主动适应。

其二,系统变革是组织自我演化的过程。自组织理论关注复杂系统动态变化过程中的组织结构生成、演化机制和结果表现等问题。哈肯将自组织定义为一个体系在获得空间的、时间的或功能的结构过程中,没有外界的特定干涉的组织。其中"特定"指组织的系统和功能非外界强加[72]。自组织理论强调三个核心概念:①耗散结构指系统内部的物质能量交换及其后续影响。组织系统在远离平衡态的开放系统中,通过不断的物质与资源交换,从无序向有序不断转化,并形成新的有序结构。②协同机制是系统内部子系统通过竞争与合作形成联合作用,从而产生宏观的结构与功能。子系统之间的竞争导致系统的无序和混乱,当系统从无序状态向有序状态过渡时,系统或要素间微弱的波动,也称涨落(fluctuation),会将变化的结果放大,使系统再度趋向于平衡。③突变论是复杂系统科学的一个主要概念——由简单的形式而发展或者演化出比较复杂的形态。突变必定是通过局部或微尺度的"自下而上"的相互作用而产生中间状态,然后这些中间状态又通过相互作用进而产生像完善的生态系统和城市系统这样的更高水平的复杂形态。突变系统内通过反馈机制——放大效应(正反馈)或抑制效应(负反馈)而形成相互作用的关系。

综上所述,复杂适应组织和自组织的运行都是组织由无序走向有序的变化过程,在组织特性上体现为多主体、自主性、关联性和学习能力的特征。刘洪教授在对传统组织和复杂适应组织进行详细比较后,梳理出二者在理论背景、组织目标、组织变革上的差异(见表 3-1)[73]。

表 3-1 传统组织与复杂适应组织的区别

比较项目	传统组织	复杂适应组织
理论基础	机械论、还原论、整体等于部分之和	系统论、整体论、整体大于部分之和
组织形式	层次、等级、比较稳定	网络、扁平、积木式混搭
信息传递	自上而下、命令链	自下而上、交互作用、协同运作
组织目标	计划的目标	涌现的目标
主题关系	因果关系、线性关系	非因果关系、非线性关系、相互依赖
可预见性	个体与组织行为可预知、可控制	个体与组织行为不可预知、不可控制
组织变革	理想建构的组织变革	自发涌现的组织变革
动力机制	外生适应	内生演化

具体而言,复杂适应组织具备的基本特征包括:

①组织成员具有能动性。复杂适应组织是各系统成员主体间相互作用的组织,相互作用表现为成员间思想、文化、利益上的差异性,因此需要尊重成员各自的认知图式,主张发挥其能动性实现自我完善。

②组织结构具有松散性。复杂适应系统的组织不强调中心控制,表现为主体的半自治结构,即一种介于科层结构和网络结构之间的松散耦合形态。

③组织目标具有非线性。复杂适应系统对环境初始条件具有敏感依赖性,初始条件的细微差异会导致非线性的结果放大或缩小,使组织目标的涌现性不可预期。

④组织运行具有多样性。其表现为:构成主体和行为方式的多样性,组织中的行动者有自发的能动性,系统与子系统形成相互关联的融合性,组织能根据环境变化选择和学习。

⑤组织发展具有继承性。组织所处的文化背景以及共同历史决定组织的认知和行为方式,其作为一种隐性知识根植于单位与个体之间,分布在整个系统之中,影响组织未来发展的趋势。

上述观点表明,组织系统的复杂性决定系统变革具有一定的复杂适应组织和自组织的特性,具体表现为开放性、自觉性、整体性和适应性。系统变革应遵循复杂适应组织或自组织变化的规律,强调发挥主观能动性的适应机制和自组织演进的机制促进组织从混沌无序转向协调有序。

3.2　基于制度理论的组织变革

制度理论认为组织变革是一个由外而内的制度化过程，主要探讨如何通过制度变革促进组织形成新的制度环境，具体研究制度的创新、形成与传播，以及将系统变革中的自主性、适应性与制度有效关联的问题。

3.2.1　制度生成的机理

1. 制度建构的方式

制度研究的学者将制度构成与传播的方式分为四类，即符号系统、关系系统、惯例与人工器物，多种方式的互动组合建构了制度环境[74]。

(1)符号象征系统：对制度研究而言的符号象征涵盖与组织社会实践活动相关的规则、规范、分类、表象、框架、原型、脚本等，尽管不同的制度定义有对符号系统观察的偏好，但这些内容都以书面或口头语言的显性方式形成制度传播的中介。

(2)关系系统：由社会位置联系形成的网络和角色构成彼此互动的关系。关系系统是组织独有"人格特征"的体现，身份认同、传统权威、权力架构都是构成组织关系的制度要素。

(3)惯例：组织的制度化的行为方式构成一种结构，其本身反映组织深层的核心信仰。惯例的形成是以组织记忆的形式传承的基因，并通过组织集体共同习得和长期积累形成的重复性活动，因此惯例难以形成，也难以改变。

(4)人工器物：所谓人工器物就是人类文明创造的改变客观世界的物质客体。组织制度中的人工器物往往与技术环境中的符号或标准整合，从而反映特定的组织思想。

2. 制度分析的层次

与复杂系统理论的观点相似，制度理论根据制度影响时间、空间、程度、范围等维度划分，将制度分析分为彼此关联的组织生态系统，包括世界、社会、场域、种群、组织、亚系统等六个层次。

(1)宏观的制度分析：组织宏观分析的研究主要针对场域这一概念，场域是指特定社会生产所涉及的产业部门的集合，是一群提供相似服务的组织，比如高等教育领域，包括与高等教育相关的政府、市场与社会组织，它们共同构成一个场域的概念。这一研究层次有助于考察跨组织边界制度创新机制的分析。

(2)中观的制度分析：组织的种群是指具有相似目标与功能的组织集合，是一种特定的组织种类的划分，比如高校联盟、学科性大学行业协会等。这一研究层次有助于对组织类运行认知变迁与制度合法性传播的理解。

(3)微观的制度分析:组织或子系统,以及组织成员的个体研究,主要关注惯例和认知方式等的变化过程,通过常人方法学和符号系统的研究分析制度传播中的规则、规范与文化变迁历程。

综上所述,基于新制度主义理论的制度分析,可将制度构成分为三大基本要素、四类传播方式和六个分析层次。由于对制度的不同偏好倾向于从不同的角度分析制度环境的趋同,故通过综合运用制度与组织的分析框架有助于观察和解释制度环境不同影响因素的互动与矛盾。

3.2.2 制度变革的逻辑

制度逻辑的概念与新制度主义对组织场域和文化认知的理解有密切关联。费里兰德等认为制度是植根于物质实践和符号系统的超组织活动模式,通过这些实践和符号系统,个人和组织生产和复制他们的物质生活,并使他们的经历有意义[75]。桑顿等学者将制度逻辑定义为"社会建构的物质实践、假设、价值、信仰和规则的历史模式,通过这些模式,个人生产和复制他们的物质生存,组织时间和空间,并为他们的社会现实提供意义[76]。制度逻辑代表了一种参照系,这种参照系将决定行动者的选择,及其用来自我激励的意识和认同感。周雪光教授对制度逻辑的理解分为三个层次,一是制度逻辑是某一领域中稳定存在的制度安排和行动机制;二是制度逻辑提供对宏观制度分析与微观社会实践之间的联系;三是行动者参与制度变迁的过程反映组织场域的制度逻辑[77]。总之,制度逻辑的核心要素就是在广义的政治、经济、文化(宗教)、家庭等社会制度逻辑下理解个体或组织的社会实践,既强调制度受文化认知的制约,也体现行动者能动性激发的社会实践的反作用,是社会的价值观念、角色认同、集体行动在特定环境下的变化过程。

制度逻辑源于组织和个人对文化认知的深层理解所形成的思维观念,基本的社会制度互动秩序(inter-institutional order)为组织场域的制度变革提供逻辑背景,而更多的制度分析研究开始关注行动者在制度化过程中的重要性,其中组织场域的运行机制成为制度逻辑分析的一个中观研究层次。例如,STEM 教育系统变革就是围绕"高等教育 STEM 人才培养"的具体问题谋求解决方案的问题域,涉及与系统变革相关的政府机构、大学协会、院校和院系等在内的广泛行动者的利益诉求。与新制度主义强调文化认知对行动者的制约不同,制度逻辑理论认为场域中的制度变化具有文化的双重性特征,表现为文化既是一种意义建构,也是一种社会实践。其中,语言作为文化的直接载体,通过嵌入组织认同与实践的方式实现场域中的制度逻辑的转换或竞争。组织认同是一种基于社会心理认知的象征再现(symbolic representation),包括理论(theory)、框架(frame)、叙事(narrative)三个阶段,其中理论是对社会制度互动逻辑的适应和衔接,并对场域中制度逻辑的演变提供解释依据;框架是一种解释的图式,使个体通过感知、定位、界定与标明实现意义建构(sense-making);叙事则是将具体的事件或行为描述为场域的集体合法性实例,并建构与社会制度逻辑之间的关系。

制度逻辑的变革体现在对特定事件的思维转换与社会实践中的语言转换,词汇作为制度逻辑转换的材料不仅成为意义建构的工具,也为指导组织实践提供基本框架。传统上,语言研究将文本与词汇的选择看作是一种话语转换,话语既是文化符号、权力、身份等意识形态的反映,也是基于历史情境的一种社会互动方式[78]。这与制度逻辑强调的文化双重性有相似的特征,且制度逻辑和话语转换都主张文本和词汇是解释意识形态和社会实践的载体,说明语言现象是沟通思想意识和社会实践的工具,这为通过话语分析实证制度逻辑的演变提供了理论衔接。

同时,制度逻辑也通过组织的语言选择反映互动实践的标签范畴化(label of category),所谓标签范畴化就是由词语选择差异传递的不同意义所形成的实质性制度逻辑变化。然而,语言变化本身并不直接引起制度逻辑改变,必须借助实践中的具体化(reification)过程使制度逻辑成为行动者的自觉意识和行为方式[79]。根据组织变革的程度不同,制度逻辑变革的实践分为组织转型与组织发展两种制度逻辑变化,前者聚焦于替换(replacement)、混合(blending)、隔离(segregation)的过程,后者体现同化(assimilation)、阐释(elaboration)、扩展或收缩(expansion/contraction)的过程(见表 3-2)。因此,场域制度逻辑的形成和变化是文化双重性的具体反映,语言和词汇选择是象征再现和实践的具体化。

表 3-2　制度逻辑变革的类型化

	组织转型
替换	一种新的思维逻辑替代原有观念
混合	多种逻辑思维交叉融合
隔离	共同的制度逻辑产生不同的场域逻辑
	组织发展
同化	新的思维融入原有思维模式
阐释	主流制度逻辑的自我强化
扩展/收缩	场域制度逻辑的溢出或收缩

3.2.3　制度变革的传播机制

变革可以被理解为制度在组织中的创立和变迁的过程,制度创立源于组织外部环境的变化与组织行动者的主动作为。从技术环境的角度考虑,熊彼特将外部环境变化导致的创新分为五种情况,包括新的产品、新的市场、新的技术、新的原材料供应和新的组织形式[80]。此外,政治因素也是制度创新的重要力量,比如作为过程的制度化就将制度的创立视为一个权力博弈的深层政治化过程。文化因素的制度创立认为制度是基于对社会生活的共同背景和价值体系的理解，制度的创立正是共同意义建构的问题解决过程。同时，制度的创新包括民族国家、行业协会、专业人员、精英团体等在内的不同行动者，其通过影响制度的基础性要素的偏好程度差异性干预制度的生成。

变革的另一研究方向是关注变革传播的机制，研究制度或变革如何在既有的组织或组织系统中扩散和变迁，即旧的信念体系受到新的思想观念的挑战，并且逐渐失去合法性而被取代的过程。制度理论认为制度的传播是制度化过程，其可归结为制度化传播的三种机制：

(1)基于回报递增的制度化。制度经济学家发现，初始的制度选择一旦形成就会对后续的组织制度安排形成路径锁定，相应地物质激励会形成对既有规则的服从和强化，而替换性制度的变革往往会导致高昂的经济和时间成本付出，客观上阻碍制度变革的进程。反之，新制度的扩散也有赖于新的制度再生产提供的正反馈，从而强化制度的作用机制。

(2)基于承诺递增的制度化。制度的规范性作用强调价值观与角色期待的作用，认为规范既确定组织的目标，也限定实现的方式，是经历漫长的制度演变过程而形成的关于复杂行为的社会活动，具有非正式和默会的特征。承诺的递增强调身份的作用，具有承诺和忠诚的特征。

(3)基于不断客观化的制度化。以文化-认知为基础的组织变革主张建立以“共同的意义”为核心的信念体系，并通过组织经验的反馈和自我验证，使制度逐渐客观化，并最终广泛接受。思想观念与认知方式通过信念、图式和各种预设影响组织的意义建构，即社会是人的产物(外在化)、社会是客观现实(客观化)、人是社会的产物(内在化)，其核心主张是人与组织是在认知经验增长的基础上实现制度过程和结果的互动。新的制度形式的实践和扩散是一种收敛性、趋同性的制度变迁，是一种强化和扩散模式。因此，从变革的角度分析，变革的方案设计和变革的实施及其持续变化是系统变革的本意。从制度分析的视角看，关注系统变革的制度创新与关注制度的传播并非是彼此割裂的两个问题，创新是变革结果的一部分，而传播是制度变革的过程。

3.3 基于变革理论的组织变革

3.3.1 组织变革的定义

针对不同理论假设对组织系统变革的描述，有必要深入分析组织变革的深层结构和具体变量，从而建构对院校组织系统变革过程的全方位理解。学界将组织变革分为计划的变革与非计划的变革、一阶变革(first-order change)和二阶变革(second-order change)、渐变(evolutionary)与质变(revolutionary)、渐变性变革(transnational)和转型性变革(transformational),以及阶段性变革(episodic)与持续性变革(continuous)等多组二元对立的概念。考虑到不同概念涉及的改革目的和方式在本质上有差异,按照组织变革的行动者、变革的程度和时间属性进行归纳,组织变革有大致三种类型的划分(见图 3－1)。

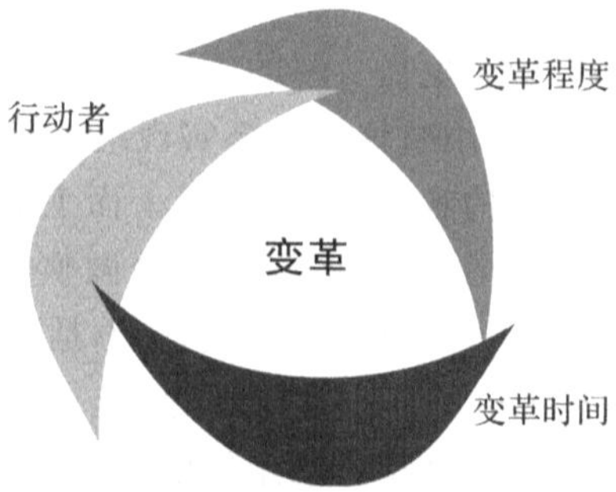

图 3－1　组织变革类型维度示意图

(1)行动者——计划与非计划的变革:计划的变革往往由知识精英主导,主张理性地选择和设计改革目标,并通过领导、控制和干预实施的进度实现变革的蓝图。与之对应,非计划的变革强调对外部环境的适应,是自发形成和自然演化的结果,更注重基层组织实践中的创造性。尽管事件中二者有交集,但前者更多的是自上而下的理想建构过程,后者更多的是自下而上的创生过程。

(2)变革程度——渐变性变革与质变性变革:对变革程度的特征描述包括几对近似的概念,如一阶变革和二阶变革、渐变与质变等。这些概念中的前者都指向在现有系统中的修改和纠错,而避免对系统进行整体性和范式性的改变。对组织进行修补和调整也被定义为组织开发(organizational development),其主要针对小规模的组织团队,而不针对整体系统。组织的系统性变革则被认为是组织转型(organizational transformation),针对的是大规模的组织系统。

(3)变革时间——阶段性变革与持续性变革:时间划分主要考虑变革过程中的节奏和速度变化的因素,阶段性变革指变革相对于连续性的变革进程而言具有短暂性特征,而持续性变革更关注始终延续和重复循环的变革进程。因此,渐进性变革与持续性变革接近,而聚变的变革与阶段性变革相似。

系统变革作为组织变革的一种分类,显然也应该从变革的行动者、变革程度和变革时间变化三个维度加以理解,明晰系统变革与其他类型的变革之间存在的区别和联系。借鉴罗伯森(Robertson)等学者的分类框架[81],在整合时间维度的前提下,不同分类特征的组织变革关系如表 3－3 所示。

表 3-3 组织变革类型与分类维度的关系

分类维度		组织变革类型	
变革行动者		计划变革	非计划变革
变革程度	一阶变革	组织发展(持续性)	渐进变革(持续性)
	二阶变革	组织转型(阶段性)	聚变变革(阶段性)

计划变革强调变革的行动者也是变革的领导者、推动者，更倾向于进行自上而下的集权式变革，其基本逻辑是由整体到局部实现组织转型；非计划变革强调行动者是情景的创造者和意义的建构者，主张通过自下而上的分权方式实现由局部到整体的组织转型。从变革的结果分析，系统变革强调整体涌现性和组织成员的价值、认知和行为方式的深刻变革，其目标是质变，而不是量变。

因此，系统变革存在变革方式上的选择问题，其一是采取自上而下的计划变革，通过变革组织的愿景、目标和结构推动组织的内涵发展，实现组织转型；其二是采取自下而上的非计划变革，通过自组织形式，在日常工作中不断尝试业务改进实现流程再造和绩效提升，从认可局部改进到实现整体创新；其三是混合计划与非计划的变革，尝试整合二者的优势，计划的变革针对外部环境的威胁与挑战，具有前瞻性和系统性，非计划的变革倡导基层的首创精神，但对大规模的系统变革缺乏协调性和一致性。鉴于系统变革并没有最优方案，故其具体变革方式取决于大学组织的实际情景和变革的整体环境。系统变革的规模大，涉及面广，这些系统变革的顶层设计因素都决定其具有计划性变革的典型特征，具体而言：

(1)行动者视角：系统变革是大学组织面临外部环境和院校市场竞争的深刻的组织战略调整，旨在系统范围内倡导大学管理层、部门中层发挥积极的领导作用，制订周密的行动计划，确保大学改革的领导力和有效实施。因此，系统变革本质上是一种基于顶层设计，有计划、有步骤的改革路线图。

(2)变革程度视角：系统变革是关于组织成员行为与认知的整体思维方式的转型，包括组织的核心信仰和制度体系，其涉及的人员范围广，对组织系统的影响大。对大学组织的系统变革而言，主要是对大学教学和办学理念在方法上不同范式的转换，包括学习者中心的教学范式、循证驱动的评价范式以及协商对话的管理范式等。因此，系统变革不仅涉及系统中的子系统变革的措施，与局部性变革相比，系统变革更需要组织系统和超系统间的关联，从而消除在组织和个体层面对变革的阻力。

(3)变革时间视角：系统变革既有迅速的组织转型，也有持续的组织发展。组织发展主张循序渐进的优化，不挑战核心信仰或现有组织范式，主要针对解决组织发展的障碍和提升运行效能，包括改良处理程序、负担责任、提高工作质量和组织效果等。组织变革需要应对内、外部环境的急剧变化,包括外部政治、经济和科技环境的重大影响,针对组织主要业务的战略调整,组织管理层的重大人员更换等。由于系统变革是关系到组织生存与发展的重大选择,变革不仅会使组织抢占竞争优势的先机,也会重塑组织与内、外部环境的关系。从系统变革的宏观角度,需要组织迅速调整预期的战略方向、行动策略和发展方式。因此,尽管系统变革的发起需要借助果断的政治行动力,但实质上组织发展需要长期的坚持不懈,从而最终实现组织转型。

3.3.2 组织变革的模式与策略

1. 组织变革模式

组织变革的理论认为变革是转型和持续变化的过程,阶段性变革强调对外部环境的反应,需要对组织的使命、目标、策略以及组织文化进行调整和干预;持续性变革强调组织的改进和发展,需要对组织的薪酬激励、工作流程、技术提升和机制进行协调和优化。大学组织系统变革的模式是基于变革理论形成的关于系统如何变革的模型和假设。作为一种计划的变革,一种观点认为变革是对保持系统稳定状态的要素进行修正,如卢因(Lewin)认为改变保持现状的力量比增强改变的力量更容易,阻力更小。另一种观点主张变革是一项行动调查研究,其目标也指向促进组织变革目标的实现[82]。

(1)阶段性变革模式(卢因模式)。①解冻:与过去的组织行为方式决裂,向组织成员展示新的要求与既有组织行为的差距,降低对组织惰性的心理预期,提升变革的动机。②行动:通过行动者对组织结构和工作流程的改变塑造新的行为和价值观念,指明改革的方向。③再冰冻:以制度、规范和认知方式形成新的惯习,实现组织文化的新旧置换。

(2)持续性变革模式(行动调查模式)。①冰冻:强化对现有组织运行方式的认可,透过顺序和认知形成图式,塑造文化。②再平衡:通过组织基层行动者的自发努力,减少组织个体和群体对组织变革的阻力。③解冻:以热情、动机、道德等方式保持组织具备即兴发挥和创新的活力。

阶段性变革与持续性变革组成组织生命循环的连续体,阶段性变革强调稳定性对组织发展的重要性,快速的转变有利于组织从混沌转向稳定,是一种适应性的表现;持续性变革强调组织变化的重要性,不断的自我修正有利于组织发现问题和解决问题,是一种主动应对的表现。基于上述两种变革模式的原理,系统变革的总模式应至少包括以下四个阶段:

(1)变革选择阶段:类似于政策分析的议程阶段,变革的主要行动者对变革议题进行权衡和选择,尤其对涉及变革的目的、资源配置和组织成员的参与方式等内容进行充分的讨论。

(2)问题诊断阶段：组织发展面临的威胁与挑战，变革中可能遇到的问题、风险与障碍，以及这些问题产生的原因及其可选解决方案等。

(3)计划和实施变革阶段：组织成员和变革的相关行动者共同参与变革的实践，包括对个体、团体和系统的分层干预，对组织的结构和技术路线的调整和干预，对人力资源和绩效激励机制的干预，以及对组织与外部环境关系的战略干预等。

(4)评估反馈阶段：评估为变革提供一种反馈循环机制，形成持续性的变革的文化，透过承诺递增、回报递增和日益客观化的组织运行机制使变革的优势在组织中传播。

2. 组织变革策略

组织变革策略是指导变革计划的具体行动指南，根据个体与环境、计划与自发变革的不同维度，亨德森(Henderson)等学者将系统变革划分为四种变革策略(见图 3-2)[83]：

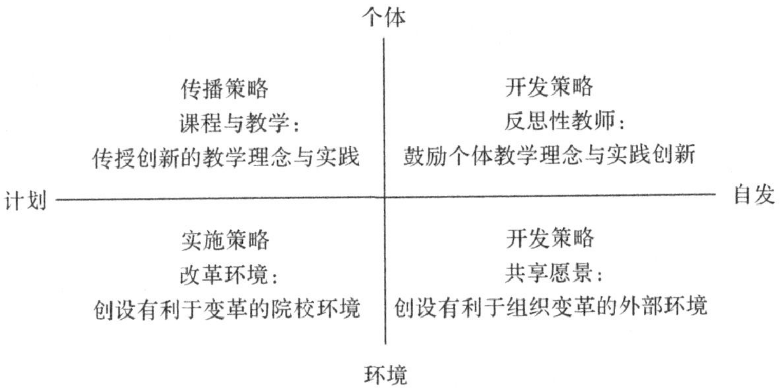

图 3-2 院校系统变革的变革策略

(1)课程与教学传播策略：这类干预策略的重点在于向教师传达变革行动者对良好教学的愿景，即变革行动者对教与学有一个特定的教学策略或理念，并希望教师能够采纳和接受。它通常会以工作坊或培训的方式将目标课程与教学法等概念传递给教师，并激励教师采用新的教学实践指导教学。

(2)反思性教师开发策略：这一策略的重点是鼓励教师运用自己的知识、经验、技能来改进教学实践，变更行动者的角色是鼓励和支持教师的反思性实践，并通过行动研究和学习共同体的方式产生教师自主发现和定义的变革结果。

(3)计划变革与实施策略：此类策略的重点是发展适当的内部组织环境(例如，规则、奖励制度，工作要求、组织结构等)，以促进教师从事具体或所需的活动。变革行动者的角色是使用专门的知识来开发新的环境特征，鼓励新的行为或态度，促进教学的变化。因此，这些策略的实施通常需要具有引导、带领和管理的作用。

(4)院校变革愿景开发策略:这类策略为部门、院校或机构开发集体愿景,支持新的教学模式。变革行动者的角色是催化或感召组织成员一起努力,为共同设想的变革而积极行动。这种愿景的开发与组织文化共同构筑组织成员的使命感和责任感,成为组织身份认同的一部分。

博雷戈(Borrego)和亨德森(Henderson)在理论分析的基础上又对变革策略进行了深入的探讨,其中每一种变革策略又被划分为彼此关联的子策略,具体包括教学传播与实施策略、研究性教学与学习共同体策略、质量保障与组织发展策略、学习型组织与复杂领导策略等[84]。每一项变革策略的形成都基于一定的前提假设,具体如下:

(1)课程与教学传播策略。①创新传播:STEM本科教学将通过改变大量个别教师的行为来改变。改变教师行为的最大影响在于优化创新的特征,挖掘个体及其网络的特征。②教学实施:STEM本科教学将通过开发基于研究的教学"最佳实践"和培训教师来改变,因此教师必须忠实于既定的变革标准进行实践。

(2)反思性教师发展策略。①教学学术:当更多的教师将教学过程视为一种学术活动时,STEM本科教学将会改变。②学术共同体:STEM本科教学由一群互相支持、彼此兴趣、持续学习和对教学持续反思的教师来改变。

(3)计划变革与实施策略。①STEM本科教学的改变取决于高等教育机构(学院、院系和学位项目)收集数据证明其本科教学的成功,即凡是能被测量的就是可以改进的。②STEM本科教学的改变需要具备卓越视野的管理者,通过发展和变革组织结构激励教师采用改进的教学实践。

(4)院校变革愿景开发策略。高等教育STEM教学的创新通过组织中的非正式的学习共同体实现,其中,领导为正式和非正式学习共同体的形成和发展创造条件,个人通过分享有关其教学的隐性知识发展新的组织知识。STEM本科教学是由一个复杂的系统控制的,创新将通过系统内自组织群体的集体行动发生,这种集体行动可以刺激,但无法控制。

总之,STEM系统变革的策略与系统变革的思维是基本一致的,聚焦课程与教学的改革,注重发挥教师、教育研究者、行政管理者在变革实践中的积极作用,尝试从组织变革和发展的维度整合变革策略,并在计划变革的过程中倡导学习型组织的建构,进而实现由组织变革的显性知识向个体转变的隐性知识过渡。

3.4 分析框架与研究问题

大学组织的复杂性决定了系统变革不是对组织局部的小修小补,而是对组织整体的转型,是对系统相互关系和独立性的理解性建构,以及对外部环境重大变化的深刻认识。学校系统变革的概念最早出现于20世纪90年代初,此时美国政府在基础教育阶段推动由国家科学基金会(NSF)支持的系统教育改革计划(systemic state initiative,SSI),旨在全面提高中学教育的科学和数学素养。在改革中,欧戴和史密斯(O'Day & Smith)最先提出系统变革的原则:①建立学生应该知道和能够做什么的课程框架,为大幅提高州立学校的教学质量提供指导和启示。②国家教育政策的一致性应提供一个连贯的框架,支持学校设计有效的策略,并将框架的内容传授给所有学生。③通过重组管理体系,学校将通过综合运用资源、灵活性和责任来设计和实施有效的策略,让学生准备好学习课程框架的内容,从而取得高水平的成绩[85]。

组织变革的要素分析是在描述组织变革过程的基础上,对影响变革的变量进行分析,从而进一步把握系统变革的内在规律。早期组织系统理论的发展将注意力集中在环境变量与组织内部变量间的分析方面,如利维特于20世纪60年代提出钻石结构理论,他认为系统由组织内部和外部社会环境两部分形成,其中社会环境是与组织生存密切相关的经济、文化和科技因素,而组织内部的社会结构、参与者、技术和组织目标构成相互关联的结构。开放系统理论认为,在院校系统中的输入是教师、学生、资金投入等资源,输出是毕业生、科研产出和广泛的社会服务。组织的加工过程包含人员安排与组织设定的基本结构,即个体与群体、角色任务、科层结构和制度体系组成的院校文化之间形成的稳定与有机统一的运行关系。这类组织变革研究主要关注两个影响因素,其一是人事因素,涉及组织变革中的决策、沟通和问题解决等具体的变革进程;其二是技术因素,包括组织的结构、运行的方式、任务的设定、组织设计等,两类要素的互动形成组织成员的满足感和达成组织任务的实现。

复杂系统理论将组织系统变革理解为变革准备和动态影响两个方面,变革准备意味着组织有足够的变革意愿(动向)、积极行动的参与(领导核心、关键行动者);动态影响指系统变革的条件不唯一性和进程的不可控性,即干预变革进程的影响因素并不必然导致结果的排他性。其中,特别强调奇异吸引子(strange attractors)和影响点(leverage point)的概念,前者指组织系统变革中的核心价值观,后者指变革突破口的选择需要考虑有利于发挥系统变革作用的最大化。关注于现成理论假设的变量特征对深入理解变革进程有积极意义,但难免也会陷入禁锢于某一理论解释的不足。因此,有必要借助不同理论的优势,建构新的解释框架。比较而言,变迁的变革关注组织在个体和集体层面微观的变化过程,而转型的变革注重考察组织作为整体在目标、价值和功能上体现的宏观转型的结果,以及与组织社群、与社会外部环境实现动态平衡的方式。

综合现有文献对组织变革的研究分析,当前美国开展的院校系统变革是由政府推动、社会参与、院校协会指导和主流研究型大学积极实践的,以STEM教育教学为核心主题的大学组织变革。由于大学组织是复杂系统,组织的系统变革是组织转型与组织发展螺旋上升的过程,其中短期变革表现为组织计划主导的自上而下的干预,长期变革则表现为组织发展中实践反馈的不断积累。因此,由于转型在计划变革的初期居于支配地位,从短期的变革分析,组织系统需要经历理念、目标以及组织结构和文化上的深刻变革。另外,组织转型的储蓄型源于组织发展,需要组织子系统及其自组织群落和个体成员在思维、认知和行为方式上的变化,并最终实现新的意义建构,这既是一个长期的文化变迁的过程,也是组织的制度化过程。

为此,本研究将主要探索以下五个研究问题:

①美国开展 STEM 教育变革的动因和组织场域变革的制度逻辑是什么?

②AAU 本科 STEM 教育系统变革的核心主张与本质特征是什么?

③试点院校系统变革实施具有什么模式特征?

④案例院校如何通过系统变革的策略实施或完善组织系统变革?

⑤美国本科 STEM 教育系统变革取得了哪些积极的效果与反思启示?

鉴于系统变革研究的复杂性,以及为研究建立分析框架逻辑性的考虑,本研究对系统变革的研究将综合考虑以下维度和变量(见图 3-3)。

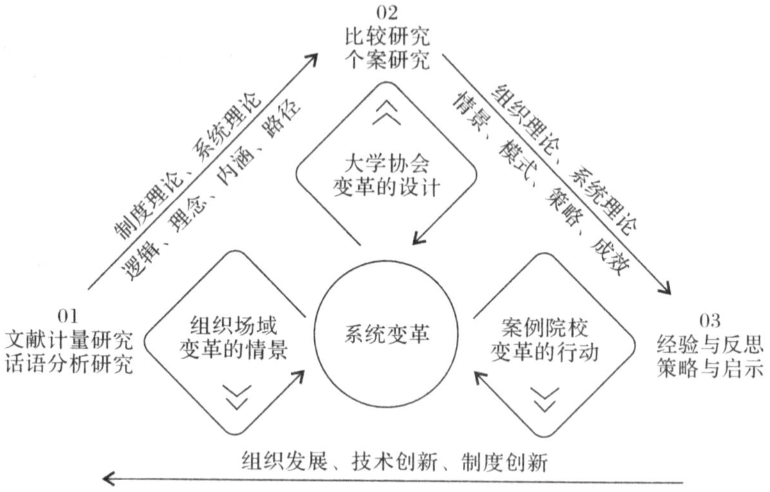

图 3-3　本科 STEM 教育变革研究的整体分析框架

1. 系统变革组织场域的制度逻辑分析

场域制度逻辑是组织成员间及其利益相关者在超系统、系统和子系统的整体变革中共享的内在假设,是联邦政策、协会标准和院校行动所遵循的内隐准则。STEM 教育在精英研究型大学变革的组织场域中所表现的制度逻辑特征应体现整体的一致性,因此需要深入探讨这一场域制度逻辑的研究。

2. 美国大学协会系统变革方案的分析

美国大学协会(AAU)是系统变革的关键行动者,作为精英研究型大学的联盟,其提出的系统变革与复杂系统理论之间具有哪些内在联系;通过设计、推广本科 STEM 教育变革和积极建构变革实施的网络,其系统变革方案的理念、内涵和作用机制如何,这些都需要进一步研究。

3. 试点院校整体的变革模式分析

研究大学组织变革的关键是考察组织结构与制度的变化特征。模式分析需要基于现有理论建构观察维度,以此分析不同试点院校在变革行动中的举措,从而归纳组织文化变革模式的共性特征和不同院校变革模式的应用情景。

4. 院校系统变革的策略分析

变革策略是包括课程与教学传播策略、反思性教师发展策略、计划变革与实施策略以及院校变革愿景开发策略的组织变革行动过程。系统变革的相关文献表明,课程与教学传播策略、反思性教师发展策略、计划变革与实施策略是运用较多的变革策略(85.3%),而组织文化的转变需要依托组织学习的过程,建构共享的认知体验实现共同愿景。基于上述认识,需要进一步研究不同策略之间如何形成协同,以及共享愿景的变革策略如何指导系统变革。

5. 系统变革的经验反思与启示

系统变革是高等教育为解决本科教学质量开出的新药方,涉及科教融合理念的组织制度化,外部制度逻辑与内部组织规范的平衡,以及新的科学技术和信息化教学的支持。总之,全面认识系统变革的内涵有助于借鉴系统变革的优势,弥补我国新工科人才培养中理论假设和实践经验的不足。

第4章 组织场域变革:系统变革的制度逻辑分析

美国对STEM教育的高度关注体现为美国对科技竞争和人才竞争的极大忧虑。为此,美国大学协会(AAU)的系统变革计划是对联邦政府政策合法性的一种积极回应。美国大学协会研制了"本科STEM教学与学习的系统性变革框架",其核心是通过教学改进,吸引学生参与教学实践,引导和激发学生主动学习,支持教师专业发展和教学硬件设施的改善,在整合信息技术的条件下实现理念和行为的转变,并最终在组织层面,以制度措施和愿景的建构实现研究型大学组织文化重塑。

新制度主义理论将制度的变迁视为一种特殊的组织变革,而推动变革的力量源于嵌入行动者思想观念的制度逻辑。一般认为,高等教育的制度逻辑源于政府、市场和学术组织共同构筑的三角互动关系,大学组织根据各自的制度环境在组织场域中建构身份、话语和行为方式。然而,现有高等教育领域的相关研究对制度逻辑的分析大多聚焦在宏观政治、经济和文化等社会互动秩序的分析上,缺少对具体高等教育组织场域内部制度逻辑变化的实证分析[86-88]。为此,通过对变革文件和文本资料的语料实证分析,本研究试图深度理解美国大学协会本科STEM教育系统变革的制度逻辑,诠释行动者主体如何透过语言载体和话语方式变化实现基于组织的系统变革。

4.1 系统变革的制度逻辑诱因

组织场域制度逻辑变迁的诱因有三种基本解释,一是强调外部组织环境的重大变化导致新的制度实践的出现;二是认为制度逻辑变化导致新的社会实践对既有逻辑形成挑战与竞争;三是主张制度变化具有历史偶然性和周期变化规律[89]。

首先,STEM教育改革是美国公共政策转型的重大战略调整。由于高等教育教学质量不佳造成STEM人才供给不足,而知识经济对STEM人才培养的需求又不断高涨,为确保科技和经济优势,美国政府近年来先后发布包括《追求卓越:培养100万名拥有科学、技术、工程和数学学位的大学毕业生》《学科基础教育研究:理解和提高本科理工科学生的学习》和《联邦政府STEM教育五年战略计划》等相关报告和文件,旨在引导STEM教育的相关利益主体共同致力于推动STEM教育变革。其中,2013年发布的《联邦政府STEM教育五年战略计划》明确提出,

“联邦政府及其 13 个职能机构将支持所有层次的学习者和所有的学习环境下的 STEM 学习，包括学前教育，K-12，二年制和四年制的学院、大学和非正式学习项目等。相关资助和投资还将用于为公众提供学习资源，包括出版物、网站、电视节目、博物馆展览、课后节目和视频资源等学习内容”[90]。2018 年，特朗普政府推动国会通过《加强 21 世纪职业与技术教育法案》，旨在强化培养具有 STEM 学科背景的实用技能型人才，同时国家科学技术与 STEM 教育委员会(CoSTEM)发布的五年战略规划愿景也提出“未来将为所有美国人提供获得终身受益的高质量 STEM 教育的机会，并且确保美国在 STEM 素养、创新和就业方面处于全球领先地位”[91]。可见，STEM 教育已经成为美国国家战略和公共教育政策的重要组成部分，而美国大学协会本科 STEM 教育的系统变革计划本身就是政治环境影响学术组织决策的具体表现。

其次，高等教育的制度逻辑研究认为管理逻辑和学术逻辑是指导高等教育实践的共生逻辑，前者强调科层结构的行政权力合法性，后者认同学术声望的学术权力合法性。管理思维强调理性，其核心目标是高效控制，并实现组织发展的竞争优势，科层与绩效是实现目标的手段；学术思维源于学者的学术声望，其核心价值是追求知识的创新与传播，从而维系自组织的传承与发展。高等教育制度逻辑研究一般认为，学术逻辑与管理逻辑由于目标与手段的不同难以兼容，比如当 STEM 教育的系统变革以提高本科教学为目标，势必与研究型大学的管理强调科研产出的绩效评价产生冲突。因此，制度变迁需要组织发挥能动性，提供相应的兼容性制度逻辑。

再次，社会制度环境总是在政治、经济、学术、宗教和家庭等方面互动秩序的影响下不断变化，特定社会场域制度逻辑变化既是行动者在社会互动秩序的制约和影响下进行实践的长期结果，也是组织制度变迁的归因解释。STEM 教育系统变革具有制度变化的共时特征与历时规律。其一是大学组织学术逻辑的变迁伴随社会干预发生转变。高等教育的组织专业化发展始终围绕科研学术与教学学术两条路径螺旋上升，发现知识与传播知识的重要性伴随科教分离与科教融合的理念循环往复。不同社会互动秩序的干预，让社会和政府愈发强调大学的绩效与责任，大学组织在不同情境下呈现教学与科研关系的漂移，即科研主导的教学或教学主导的科研。其二是 STEM 教育变革的兴起与发展反映了美国社会深层的危机意识。20 世纪 50 年代与苏联的冷战和军事竞争引发美国对科学与技术教育的重视，当前与新兴市场国家在科技与经济领域的竞争促使美国强化 STEM 教育，社会互动秩序的背景为制度逻辑变革提供了解释的依据。

4.2　联邦政府的政策话语分析

美国本科STEM教育系统变革的提出主要受四个联邦政府部门及其政策的影响，分别是国家科学与技术委员会（The National Science and Technology Council，NSTC）、总统科学与技术顾问委员会（The President's Council of Advisers on Science and Technology，PCAST）、科学与技术政策办公室（The Office of Science and Technology Policy，OSTP）和国家科学基金会（The National Science Foundation，NSF）。其中，总统科学与技术顾问委员会（PCAST）直接向总统提供国内与国际方面关于科学与技术的重大决策分析和咨询，国家科学与技术委员会（NSTC）和科学与技术政策办公室（OSTP）是全面负责联邦科学研究与发展的实体部门，其共同管理、监督和发布与STEM相关的政策。国家科学与技术委员会下设5个专门委员会，包括STEM教育委员会，科学委员会，技术委员会，环境、资源与可持续发展委员会，以及国土安全委员会。国家科学基金会（NSF）重点关注本科STEM教育循证教学的改革，包括划拨研究经费、资助本科STEM教育院校变革等项目。

国家科学与技术委员会下设的STEM教育委员会（The NSTC Committee on STEM Education，CoSTEM）作为直接负责STEM教育的联邦政府机构，负责对STEM教育的活动和项目进行年审、预算管理和发布战略规划。2013年，CoSTEM发布《联邦政府STEM教育五年战略计划》，该计划明确提出促进本科STEM学生的就学体验，未来10年为美国培养100万名STEM学科毕业生的战略目标。为改善和提升本科STEM教育质量，相关的联邦政府部门需要彼此协作，实施有效的协同策略：①发现和推广有效的循证教学实践，提升本科STEM学科的保留率，验证变革与学生学习成果之间的联系；②为二年制学院的STEM学习与四年制大学的STEM学习搭建衔接桥梁；③支持和奖励校企合作，为一、二年级的学生提供与STEM学习相关的真实实践场景和研究情景；④解决基础课程中数学基础课就读困难，为高年级课程打通路径[92]。

总统科学与技术顾问委员会（PCAST）为实现新增100万名STEM毕业生的战略目标，提出加速推广基于循证教学的实践，并鼓励将传统的实验室授课转变为探究式研究型教学。具体而言：①鼓励联邦研究机构、院校、行业协会、私募基金培训和培养具有循证教学能力的教师。②通过国家科学基金会设立“STEM院校变革奖励”的专项基金，重点关注院校变革的举措和障碍。③要求教育部和国家科学基金会组织力量开发STEM教育的评估标准。④提高科学研究和工程设计类课程在本科一、二年级课程中所占的比例。⑤拓展本科生参与教师科研项目的机会，减少研究基金对本科生参与的限制性条件[93]。

国家科学基金会(NSF)是联邦政府对STEM教育的主要资助机构,其投入约占所有联邦政府机构总投入的47%,高于联邦教育部40%的投入占比。NSF作为美国科学研究的主要资助机构,每年收到近50万份研究项目申请,其对科学研究项目资助的标准主要是看是否产生新的知识创新,形成智力优势,以及是否对社会产生巨大影响。其中,对社会产生巨大影响可以指研究本身的社会效用,也可能是与研究相关的社会活动产生的价值,包括与STEM教育直接相关的活动,比如提高STEM教育和STEM教育工作者的发展水平;提高代表性不足群体参与STEM教育的机会;改善个人在社会中的发展;发展多样化、具有全球竞争力的STEM劳动力等[94]。尽管STEM教育的内容可以作为对社会有影响的标准加以考虑,但NSF也明确指出,相关的研究必须以循证教学为核心,即具备可验证的方法或可测量的结果,对于只针对本科生或研究生为对象进行授课并不在资助范围内。此外,研究资助也鼓励大规模STEM教育变革的研究,主要涉及大规模变革在广度、深度和可持续性三个维度上的改进。

通过对这些政府机构发布的与STEM教育相关的政策分析发现,美国联邦政府对高等教育STEM人才培养提出的总目标是在未来10年培养100万名具备STEM学科背景的大学毕业生,并且将提升的重点人群放在少数族裔、女性等代表性不足的学生群体。为此,联邦政府的政策倾向是:其一,加大循证教学在大学教育中的应用和普及,不遗余力地培养教师掌握相关的技能和方法。其二,鼓励研究性教学和基于真实场景应用的STEM实践教学,鼓励校企合作。其三,认可STEM教学学术研究的性质和地位,支持循证教学的研究和改革。可见,STEM教育对循证教学和教学学术的支持力度空前,这也势必影响高等教育领域内STEM教育的系统变革,及其制度逻辑和话语转换。

4.3 变革行动者的话语分析

对制度逻辑研究的主要方法之一是以诠释主义的视角开展质性研究,通过对文献资料的二次分析解读制度逻辑的意义[95]。其中,话语分析研究对解读社会文化领域中的意义建构具有独特的作用,特别是基于语料库的话语分析不仅可以解决传统话语分析中文献和文本数量限制导致的研究结果信度问题,也可以通过计算统计特征量实现验证分析,使分析更具客观性和系统性。具体而言,制度逻辑的话语分析将借助语料库检索的主题词(key word)、索引(concordance)、语义韵(semantic prosody)等具体变量分析,实现从文本形式向话语意义的解读。

研究语料的收集主要来源于美国大学协会STEM教育系统变革的专题网站,该网站提供关于STEM教育系统变革方案的各类文件、报告、会议记录、发言稿、新闻报道、表单等在内的各类语料文件,排除重复性文件和不适合做话语分析的表单文件后,本研究运用 WordSmith 7.0 软件对 23 份①相关文本进行词频列表,共分析了 191316 个单词(形符)。研究大致分为两个步骤:一是从话语分析角度分析 STEM 教育变革关注的主题及其词汇特征,二是结合变革的场域分析制度逻辑的话语转换。

4.3.1 主题词分析

主题词分析并非简单地提取绝对频次高的词汇,而是基于与某一参照语料库对比计算后提取某一特征量呈现显著差异性的词汇[96-97]。基于美国国家语料库(American National Corpus,ANC)提供的参照语料,并考虑词形变换(单词单复数和时态等)和专有名词(AAU STEM INITIATIVE 等)对主题词提取的影响,通过加载词形还原(lemma)词表和停用词(stop word)词表排除干扰形符,设置 top50 作为筛选阈值,获得如下相关主题词,见表 4-1。

表 4-1 STEM 教育系统变革的主题词表

序号	主题词	观察频次	百分比	参照频次	百分比	关键性 K
1	TEACH	4395	1.18	579		16752.35
2	LEARN	3078	0.84	1281		10057.65
3	FACULTY	1295	0.68	248		9939.1
4	STUDENT	2194	0.73	1078		8866.1
5	UNDERGRADUATE	902	0.46	106		7029.41
6	UNIVERSITY	1683	0.62	2290	0.02	5952.75
7	EDUCATION	1172	0.61	2171	0.01	5945.2
8	CHANGE	1373	0.59	4348	0.03	4417.53
9	INSTITUTION	1106	0.32	398		4008.25
10	CAMPUS	837	0.31	315		3983.59
11	RESEARCH	910	0.48	3355	0.02	3600.28
12	DEPARTMENT	1211	0.43	2451	0.02	3583.89
13	SCIENCE	809	0.35	1214		3481.57
15	NETWORK	997	0.34	1240		3307.06
16	REFORM	940	0.33	1360		3089.4

对数似然率是判断主题性(keyness)的关键指标之一[98-99],关键性 K 值越大说明其显著性越强。主题词可以分为两类,一类是在参照语料和观察语料的对比

① 研究的语料都源于美国大学协会 STEM 教育系统变革的网站官方发布的 15 份文件和资料,以及对 8 所案例院校的相关新闻报道的文本资料。

中使用都比较频繁的词汇，这类词汇的通用性较强，包括大学（university）、教育（education）、变革（change）、研究（research）、院系/部门（department）等；另一类是在观察语料中具有较强的关键性的词汇，包括教和学（teach & learn）、教师（faculty）、学生（student）、本科（undergraduate）、院校（institution）、校园（campus）、科学（science）、网络（network）和变革（reform）等，这些词汇对于研究 STEM 教育系统变革的制度逻辑变迁具有显性意义。

4.3.2 索引分析

索引分析分为搭配关系和词簇分析。其中，搭配关系是通过对总体观察语料库的词表比较后，计算一定跨度内搭配关系而获得词汇，再根据互信息（mutual information，MI）、Z 值（Z-score）和对数似然率等指标判定显性搭配关系的方法。由搭配关系图谱中分布箭头的聚集度可知（见图 4-1），本科教育（undergraduate education）和教与学（teaching & learning）之间的搭配强度关系突出，本科教育、教与学是 STEM 教育变革的核心主张；并且讲授（instructional）、改进（improving）、卓越（excellence）、实践（practice）、同伴（peer）、教学法（pedagogy）、反思性（reflective）、分析（analytic）等搭配词与教学主题词共现，说明上述搭配词与 STEM 教学变革的内容关系最为密切。

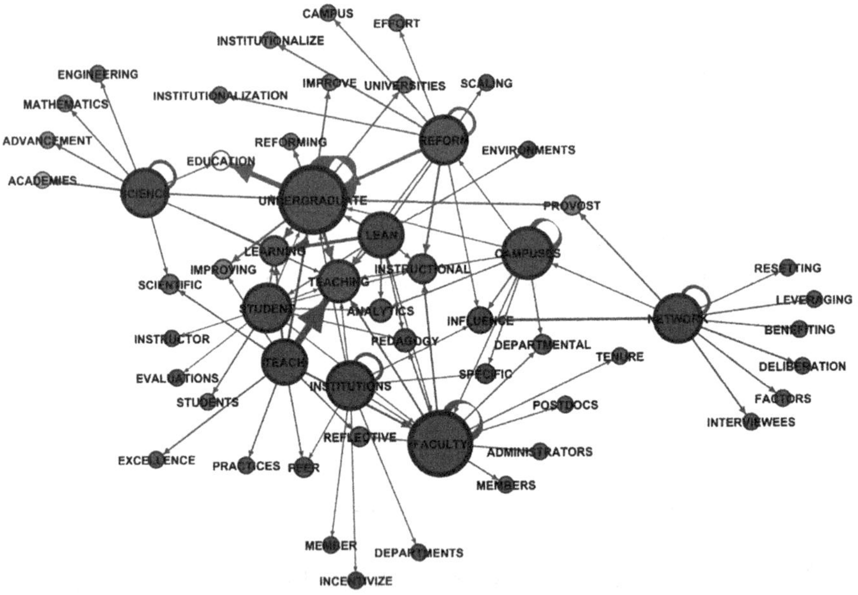

图 4-1 STEM 教育系统变革主题词搭配关系图谱[①]

① 本书话语关系图谱是将语料库数据导入 Gephi 软件后生成的可视化图形。

词簇是由多词序列构成的短语,由短语形成的语块(chunk)是语境中的多词单位,分析和提取出现频率最高且具有完整意义的多词序列对识别语料特征具有重要意义。本书通过设定6词序列为提取阈值,筛选与主题词共现频次高的9项词簇,STEM教育系统变革主题词词簇分析[①]见表4-2。

表4-2 STEM教育系统变革主题词词簇分析

主题词	词簇与频次
TEACH	SYSTEMIC CHANGE IN UNDERGRADUATE STEM **TEACHING**/15
LEARN	SCALING IMPROVEMENT IN STEM **LEARNING** ENVIRONMENTS/54
FACULTY	REWARD **FACULTY** MEMBERS WHO WANT TO/8
STUDENT	ENGAGING **STUDENTS** IN STEM EDUCATION AND/8
UNDERGRADUATE	IN **UNDERGRADUATE** STEM TEACHING AND LEARNING/25
INSTITUTIONS	THAT **INSTITUTIONS** AND DEPARTMENTS CAN USE/8
SCIENCE	IN **SCIENCE** TECHNOLOGY ENGINEERING AND MATHEMATICS /21
NETWORK	PROMISE OF A **NETWORK** OF NETWORKS/6
REFORM	CHANGE IN LARGE SCALE STEM **REFORM**/9

词簇分析进一步发现,语境中的词簇密集分布在教、学、本科、科学4个主题词中。其一,教和学在STEM教育中搭配出现的频率高,密切相关的词簇包括有效教学评价(EFFECTIVE EVALUATION)、教学质量(QUALITY OF STEM)、教学学术(SCHOLARSHIP OF TEACHING)等,是本科STEM教育系统变革的共同基础,同时教和学也特别强调循证教学(EVIDENCE BASED)和学习环境改善(ENVIRONMENTS);其二,本科和科学教育分别指向系统变革的实施层次和目标科目,一方面关注有效地持续改进本科教育的质量,另一方面强调改变科学教育的文化。

其他词簇信息还显示,STEM教育系统变革的对象是教师和学生,对教师注重培训(TRAIN)、认可(RECOGNIZE)和奖励(REWARD),对学生强调融入(ENGAGING)、帮助(HELPING)和提高(IMPROVED)。系统变革通过实施网络策略,面向院校和院系开展大规模的改革,这些信息为深入理解系统变革的核心逻辑提供了有力的支撑。

---

① 由于campus没有词簇形成,所以表中没有列出。

4.3.3 语义韵分析

语义韵分析是借助词汇搭配的语法结构(类连接)对高频共现词汇所蕴含的态度和价值进行分析,分析取决于词汇搭配在特定语法结构中形成的积极、中性或消极的语义氛围。马丁(Martin)和怀特(White)最早提出语言评价的分析框架,认为情感是表示与记录积极和消极的感觉有关的词汇,包括喜、怒、哀、乐等;判断处理的是对行为的态度,比如批评、赞扬或谴责等;鉴赏则是根据审美标准或社会价值的依据,对事物的影响、构成、符号和自然现象等的评价字段,如得到形式化认可的获奖情况(价格、等级、奖助金、奖品等)[100]。

为进一步分析语义韵的语言特征的规律,也需要对关键词建立类连接,形成基于句法功能的抽象化表达。其中,情感评价针对人的态度,判断评价针对人的行为,鉴赏评价针对事物的影响和评定,因此,可将主题词分为三类,即教师与学生(涉及态度),教学与改革(涉及行为),本科、院校、科学、校园、网络(涉及事物),并分别观察主题词类连接的语法结构及其索引行进行语义韵的评价。总体上看,主题词之间呈现以 and 构成的一种语法上的彼此关联,并由此形成名词概念之间相对稳定的联合或对称关系。

首先是考察主题词在索引行中与其他词汇共现所表达的评价意向,并对其做初步判断;其次是通过对与主题词搭配的形容词进行排序,并结合类连接结构归纳语义韵。STEM 教育系统变革的语言描述从语义倾向上更偏向于积极意义,比如,动词“改善(improve)、分享(share)、取得(achieve)、激发(stimulate)、主持(host)、实施(conduct)”,名词“目标(goal)、协作(collaboration)、承诺(commitment)”,形容词“有效的(effective)、重要的(key)、最优的(best)、广泛的(broader)”等。

在进一步确认类连接结构的语义倾向中,需要对与类连接搭配的形容词进行索引排序分析。根据对类连接前 100 项词语频次超过 3 次的录入项进行筛选,并排除形容词中的序数词(first)和数量词(many,few)后,可以发现类连接结构整体呈现积极的语义倾向(见图 4-2)。具体而言,首先是主题词类连接的搭配形容词分为评价性和描述性两类,前者对系统变革的话语实践形成积极的语义氛围,后者则是对行业属性和变革类型的特征表述。比如评价性词汇集中在“有效的(effective)、积极的(active)、极好的(great)、卓越的(excellent)、最好的(best)、可持续的(sustainable)、连续的(continuous)、增强的(intensive)、重要的(important)、合作的(collaborative)、新的(new)”等,其与类连接结构共同建构系统变革有效探索、追求卓越、持续变革的话语基调。其次是评价性形容词大多聚集在表述行动者态度和行为判断的类连接结构中,包括对教师和学生以及教和学的认可与评价;描述性形容词的主要功能是对变革整体和具体事项的限定,包括“本科的(undergraduate)、国家的(national)、系统的(systemic)、长效的(long-term)、大规模的(large-scale)、个体的(individual)、本地的(local)、院校的(institutional)、文化的(cultural)、学科的(disciplinary)、特定的(specific)、专业的(professional)、整体的(overall)"等，这些词汇使系统变革成为具有组织属性的严密制度结构。

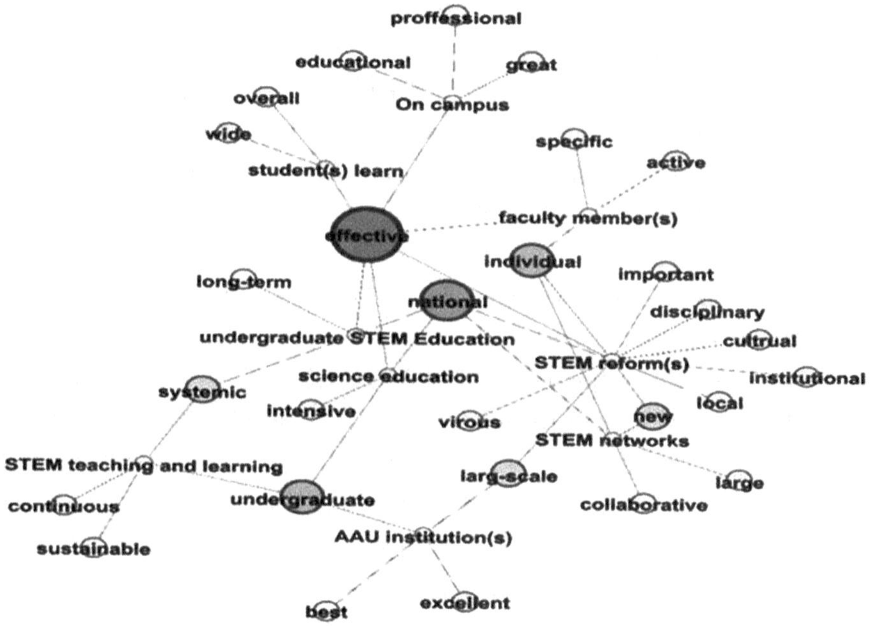

图 4-2　STEM 教育系统变革语义韵倾向关系图谱

4.4　系统变革的制度逻辑变迁

制度逻辑的本义是基于文化价值观、信仰和规则形成的思想观念，从而指导行动者主动作为的一种社会实践。语言词汇为制度逻辑的变革提供标签范畴化的测量，一是反映院校变革的复杂性源于高等教育场域中政治逻辑、市场逻辑和学术逻辑的多重干预，对研究型大学的教学学术文化的转变产生深远影响；二是表明美国本科 STEM 教育系统变革具有鲜明的管理绩效主义倾向，其与教学学术逻辑共同指导变革进程；三是体现变革实践充分发挥院校的主动性，通过实施积极的话语实践推动组织文化的持续性变革。

首先，制度逻辑的变化受制于基本的社会互动秩序的演变，具体表现在对教育日益强化的问责和对教育成效的担忧[101]。制度逻辑的"复杂性"决定，STEM 教育系统变革既有对 STEM 教育促进少数族裔教育公平和国家安全的政治考量，也有对促进就业和发展制造业的经济考虑，还有对提高科学知识传播效率和科学素养的教育诉求。因此，解决 STEM 本科教育的问题必须依托高等教育场域层次的行动，即场域是一种组织集合的概念，一是通过增强场域中行动者主体的交往和联系，主要包括语料中大量出现的集合名词，如美国大学协会、协会院校(AAU/AAU institutions)和美国大学协会 STEM 网络(AAU STEM Network)等，促使多元的利益相关者在形成制度环境合法性的过程中将系统变革的文化及其教学行为塑造为有效探索、追求卓越、持续变革的积极语义，使场域中的组织集体或个体将追求本科 STEM 教育的系统变革作为政治正确的理性"神话"。二是系统变革不仅是高等教育场域自身的制度变迁，也是市场机制作用的结果。美国高等教育的扩张和改革是国家高等教育政策变化导致的资源依赖的改变，从而推动美国大学的内部变革[102]。其中，AAU 系统变革的资金主要来源于六家机构，分别是国家科学基金会(NSF)、诺斯罗普·格鲁曼基金(Northrop Grumman Foundation)、Leona M. 和 Harry B. Helmsley 慈善信托基金(Leona M. and Harry B. Helmsley Charitable Trust)、科学促进研究公司(Research Corporation for Science Advancement, RCSA)、博勒斯维尔康基金(Burroughs Wellcome Fund)、爱思唯尔(Elsevier B. V.)等。比如，诺斯罗普·格鲁曼基金 2016 年向美国大学协会捐赠 100 万美元，用于资助 STEM 教育系统变革。该基金由全球知名的航空航天和军工企业诺斯罗普·格鲁曼公司设立和运营，其教育捐赠的 50%都用于与 STEM 相关的项目，一方面，其致力于为学生增加 STEM 教育机会，填补美国未来对多样化 STEM 专业人员的劳动力需求；另一方面，通过与特定的研究型大学建立、加强和维系伙伴关系，支持重点大学建设工程、商业和技术专业，提前挖掘和培养优秀人才。三是美国大学协会作为教学学术变革计划的发起者、倡导者和实践者，在变革中发挥关键作用。美国大学协会 STEM 系统变革方案依托精英研究型大学联盟的组织集体，以精英研究型大学代言人的身份影响政府机构的决策，为系统变革争取资源优势，同时借助精英研究型大学联盟的品牌力量，以典型示范的方式影响其他院校和联盟协会，形成先发竞争的优势。美国拥有学术市场化的高等教育体系，联邦政策难以直接对高等院校的组织变革发挥作用，需要借助学术行会组织整合学术力量，游说院校与院系的基层变革行动者基于自身的制度情景，采取符合系统变革价值导向的决策与行动，通过将 STEM 教学与学习、本科 STEM 课程/教育、STEM 改革等内容转化为组织的制度化实践，使系统变革由符号象征转化为院校可以接受的核心信仰，促进基层组织教学学术文化的转变。

其次，系统变革的制度逻辑变化愈发强调以管理绩效主义评价教学，其核心是强调开展基于循证教学的教学学术创新。教学作为师生间互动交往的过程，需要体现知识创新与传播的学术追求，比如对教学学术和循证教学的探求和实践是 STEM 教育变革的价值理念，"教学学术和被研究证明的教学(循证教学)"都具有较高的词簇显示度。STEM 教学作为系统变革的关键内容,一是在词簇分析中,具有"基于证据的教学(THE USE OF EVIDENCE BASED TEACHING/14)、有效的教学评价(EFFECTIVE EVALUATION OF TEACHING AND LEARNING/14)、教和学的质量(THE QUALITY OF STEM TEACHING AND LEARNING/9)"等集中体现教学管理绩效内容的词簇。与教学的主题词搭配紧密的词汇强调主动学习的授课方式与方法,反思性教学,注重同行对教学实践的评价,以及强调教学改进,追求教学与人才培养的卓越性,这些词汇的反复出现都是在加强对教学学术形成有效的同行评价与监督的机制。二是在主题词类连接中运用与管理价值高度关联的词汇,诸如用动词"主持(host)"描述 AAU 主持会议、工作坊、项目等,用动词"取得(achieve)"描述改革目标的实现、行动改进、长期效果等,这些词汇凸显了美国大学协会变革领导者的角色,也表明了改革的长期目标导向;用名词"目标(goal)"不断描述 AAU 的改革目标、教学目标、评价目标,用院校机构间的"协作(collaboration)与承诺(commitment)"反复强调院校与院系协作、学科协作、院校承诺与领导力承诺等,这些与变革的执行、内容决策、评价考核等管理流程直接关联的词汇不断塑造一种理性的管理思维。三是语义韵分析中,变革整体上强调教学的效率优先(effective),并且"有效性"与变革的目标与评价紧密衔接。系统变革反复出现的层级隶属关系,比如描述性形容词运用"国家的(national)、系统的(systemic)、个体的(individual)、本地的(local)、院校的(institutional)、学科的(disciplinary)"等词汇,这些词汇表达强化了一种自上而下的变革行动,赋予变革在形式上的科层结构关联性。综上所述,语料分析所描述的特征体现的是基于质量控制、过程管理和等级分工的系统变革思维,是一种将组织绩效管理的象征应用于变革实践的具体化操作。系统变革正是通过强调绩效与管理的组织外部干预,推动组织成员在组织内部更加注重评价教学。

再次,制度逻辑在思想观念上的冲突容易影响组织和个体的实践选择,为避免制度逻辑间的对抗,发挥能动性,为行动者创造更大的选择空间,需要通过积极的话语实践以顺从或妥协的积极策略迎合组织变革。其一,组织发展的同化策略认为固有的制度逻辑为新介入的逻辑提供了一种嫁接框架,引导彼此冲突的缓和和同化进程。比如,卓越和高效的价值目标使高等教育人才分层培养的理念深入人心,最优秀的学生和学者进入文理学院或精英研究型大学进行学术培养成为一种理所应当的选择。美国大学协会在推动改革过程中提出"让教学与研究同样卓越"(as excellent in teaching as in research)和"伟大的院校在教学中不应平凡"(great institutions can not be poor at teaching)的改革口号,这与一流研究型大学固有的以科学研究为主的使命和目标有效衔接,其本质是通过暗示对既有学术逻辑的尊重,引导绩效管理在教学学术中的应用,实现由科教分离向科教融合过渡,从而逐渐扭转研究型大学追求科研学术的现状。其二,组织发展的阐释策略通过制度逻辑自身的实践和叙事不断强化主导逻辑的优势地位。尽管影响高等教育场域的制度逻辑具有复杂性和多维度,但学界普遍认为大学的主导权威仍然是基于教学与科研的学术逻辑。因此,当有效教学的学术逻辑需要管理逻辑的外部干预实现自我强化的主张时,必须通过意义建构超越组织和个体的既有认知。具体而言,系统变革试图通过循证(evidence/research based)过程重新界定 STEM 教学的"有效性",重塑教学在学术逻辑中的核心地位,并通过对教师进行培训(TRAIN)、对教学认可(RECOGNIZE)和奖励(REWARD),以及对学生强调学习融入(ENGAGING)、帮助(HELPING)和提高(IMPROVED)等教学活动,赋予 STEM 教学新的积极意义。此外,美国大学协会建立的行动者网络是传播场域制度逻辑的实践叙事,与网络(network)搭配的词语旨在再造新的制度理性和营造集体身份认同的合法性,比如重建规则(resetting norms)、利用网络(leveraging networks)、有利于网络(benefiting network)、讨论和审议(discussion and deliberation)等搭配词语的运用,使交流、分享、传播相关案例成为具有组织正当性的话题,也使以教学学术为改革焦点的制度逻辑不断巩固。其三,组织发展的扩张与收缩策略指一种制度逻辑会向相邻领域发生溢出或收缩的现象,此时制度逻辑可能升级为显性思维或降级为隐性思维。在系统变革的语料中,词汇"教学 teach(teaching,taught)"的关键性最高,反映了以 STEM 教学为中心任务的学术逻辑是变革的本质属性。同时,美国大学协会推动国家科学基金会等学术机构将 STEM 人才培养的教学成就作为衡量学术研究"广泛社会影响力(broad impacts)"的重要参考指标之一,包括 STEM 人才培养中的学生参与、教学改进等内容[103]。这些变化说明隐性的教学学术合法性逻辑已经在实践中向科研学术的边际扩散,并上升为具有组织外部合法性的显性场域制度逻辑。因此,组织发展的主观能动性和策略选择完全有可能避免制度逻辑反差引起的对立冲突,为制度逻辑的兼容创造条件,从而促进组织变革的持续发展。

组织变革本质上是通过认同与实践之间的彼此互动推动制度逻辑变迁,组织变革的相关理论也将这一过程描述为制度变迁的去结构化、结构化与再结构化。首先,制度逻辑的复杂性使美国研究型大学面临集体的行动决策选择,制度环境对场域中组织集体的选择形成制约,自上而下的政治干预对美国大学协会关注 STEM 教育和采取变革行动产生外部压力。一方面,系统变革具有明显的管理逻辑倾向;另一方面,由于 STEM 教学和人才培养并非精英研究型大学的技术核心业务,那么美国大学协会设计和实施变革则更多是迎合变革制度合法性和资源依赖的组织发展需求。其次,制度源于规则、规范和文化认知的三维构成,意义建构需要改变组织种群、组织行动者及其成员的认知图式,形成有利于系统变革的制度逻辑。通过倡导、鼓励、赞许等具有积极意义的语言符号传递对 STEM 教育变革的正向意义建构,运用组织学术文化价值中隐性的科研学术与教学学术的对等关系消除二者的对立，并在场域网络结构中扩散新的思想观念，将有效地推动变革实施。再次，制度逻辑的变迁需要行动者客观化制度实践，强化精神与物质的激励，使制度逻辑固化，推动组织转型。在语言上强化对教师和学生的正向显性的符号激励，以及将教学学术的重要性作为学术贡献的重要参照，将使教学学术成为组织场域的理性思维。最后，尽管语言符号研究为制度逻辑与组织系统变革的探索提供了新的观察视角，但组织同构的合法性也会导致组织运用回避策略，隐藏组织变革的实际行动，造成逻辑分析与变革实践的脱耦，这也是制度逻辑分析的局限性。

第5章 关键行动者：美国大学协会系统变革方案的设计、实施与评估

当前，美国对STEM教育人才的培养改革正逐步由基础教育向高等教育延伸，美国总统科学技术顾问委员会(PCAST)2012年提出，改进STEM(学科)本科教学——在未来10年创造100万个额外的STEM学位，将成为提高美国科学教育质量、促进就业与经济发展以及实现高等教育公平的重要国家战略。近年来，为积极响应联邦政府的号召，美国大学协会(Association of American Universities，AAU)、美国学院与大学联合会(The Association of American Colleges and Universities，AAC&U)，以及美国公立及赠地大学协会(Association of Public and Land-Grant Universities，APLU)根据不同的院校网络，分别开展基于院校的本科STEM教育系统变革。

5.1 本科STEM教育系统变革的兴起

系统变革的提出源于20世纪90年代美国的基础教育，旨在通过课程、教学与评价的整体变革促进学校的建设和推动教育公平。这一变革主张从课程、学校、州和联邦教育系统整体配合的角度解决K-12教育的问题，强调通过制定国家课程方案和校本测试结合的方式提高教学内容的标准和质量，学校教育通过重建治理体系获取更大的资源以改善学校的办学水平，因此各州的教育政策也应与国家的教育战略保持一致，从而促使课程方案惠及全体学生。这些改革举措旨在弥补基础教育的不均衡发展，改善弱势群体在STEM教育中被忽视的现状。然而，人们在改革进程中愈发意识到科学素养不仅应该面向全体学生，也应该涵盖全部的教育阶段。

21世纪以来，随着高等教育的普及化和人口结构的变化，追求质量和公平的均衡发展成为美国高等教育追求的重要目标之一，对STEM教育的变革尤其表现为对提高大学STEM学科保留率和就业率等重要参考指标的关切。STEM教育委员会(CoSTEM)和总统科学技术顾问委员会(PCAST)分别于2012年和2013年通过STEM教育的五年战略计划和培养100万名STEM大学生的报告，以此形成对高等教育STEM人才培养的基本政策框架。它们优先考虑以下具体内容[104-105]：①提高STEM教学的质量。培养优质师资和支持教师专业发展，大力推广和采用基于证据的教学实践。②扩大STEM教育的参与。使更多的高中生和

本科生具备 STEM 教育的经历，尤其是代表性不足的弱势群体。③优化 STEM 教育的结构。鼓励企业与私立教育机构参与 STEM 教育项目，打通社区学院、四年制大学和研究型大学的 STEM 教育路径。

国家科学基金会(NSF)设立 STEM 教育院校改革奖励专项，专门针对基于院校的教育改革，以及消除影响 STEM 教育的障碍。该奖项的评比将具体考虑如下因素：针对 STEM 入门课程的改革计划、基于院系和学校的教育改革项目、对教师教学改进和学生持续学习的评价机制进行的干预、对 STEM 教育进行的持续性改进措施、院校对 STEM 教育改革的经济和非经济性的改革举措，以及利用网站和资料对其他院校的示范等。与此同时，为积极响应联邦政府的宏观政策，美国大学协会(AAU)、美国学院与大学联合会(AAC&U)，以及美国公立及赠地大学协会(APLU)也设计和实施了基于院校的系统变革方案。尽管其各自的方案不尽相同，但总体上都聚焦于教学、教师、课程、评价等教育要素，并试图从制度建设入手促进组织文化的转变。系统变革的具体目标包括 7 项[106]：①支持院系和院校开展基于证据的教学实践；②支持教师的专业发展和领导力开发；③支持课程整合和跨学科知识与技能的迁移；④增强 STEM 教师的职前培养；⑤开展院校系统变革的有效测评；⑥促进院校的持续变革；⑦促进院校文化的系统变革。

美国大学协会的成员院校 2017 年培养的本科生总数占全美四年制大学本科生的 11%，其中授予的本科 STEM 学位占全部本科 STEM 学位数的 21%。作为研究型大学的代表，美国大学协会对本科 STEM 教育变革的实施计划对其他研究型大学的 STEM 人才培养变革具有引领和示范作用。因此，鉴于美国大学协会在本科 STEM 教育中的规模和其在美国研究型大学中所处的领导地位，研究美国大学协会及其联盟院校的本科 STEM 教育系统变革对于深入研究美国研究型大学的 STEM 教育系统变革具有直接的借鉴价值。

2011 年起，美国大学协会(AAU)开始筹划基于本科 STEM 教育的系统变革：

2011 年，开展变革的基础性工作，确定美国大学协会本科 STEM 教育倡议——制定关于本科生 STEM 改革的矩阵，分发讨论草案，成立咨询委员会。

2013 年，经过反复调整和修改，AAU 本科 STEM 教育计划正式发布；确定 8 所试点院校作为改革试点，召开 STEM 教育系统变革工作会议，调研员听取反馈。

2014 年，收集变革过程素材，召开变革工作坊会议。

2015 年，第二轮院校调研，商讨变革评估标准，召开变革工作坊会议。

2016 年，进一步收集变革过程数据，召开变革工作坊会议。

2017 年，遴选 12 所院校作为小规模改革试点，并召开 STEM 教育系统变革工作会议。

…………

总之，院校系统变革是在联邦政府宏观政策的引导下，借助国家科学基金会的大力推动，依托大学联盟组织实施的以提高 STEM 教学为内涵的重大教育变革。AAU 作为美国研究型大学的代表，提出了具有针对性的本科 STEM 教育系统变革方案，通过制订计划、试点实施和评价反馈，形成了一套具有鲜明特征的变革理念和实践路径。

5.2 AAU 本科 STEM 教育系统变革计划

为进一步把握 AAU 本科 STEM 教育系统变革方案的整体趋势，分析系统变革过程中方案设计、实施和评价反馈的特征，本研究将基于 AAU 发布的文件和报告等文本内容开展二次文献分析研究，具体分析内容包括“AAU 本科 STEM 教育系统变革 5 年现状报告”“学习环境的大规模改进：国家组织的战略角色”“AAU 本科 STEM 教育系统变革 5 年现状报告：附件”“本科 STEM 教育的持续改进：关键问题与数据源”“促进本科 STEM 教育的转型：工作坊报告”等。

5.2.1 系统变革的框架设计

作为高水平研究型大学联盟，美国大学协会及其成员院校普遍处于美国高等教育系统的顶端，此类院校的人才培养变革的决策在很大程度上代表美国政府的战略选择。为发挥引领示范作用，美国大学协会于 2011 年推出本科 STEM 教育计划(AAU Undergraduate STEM Initiative)，“其目标是通过影响美国大学协会联盟院校的院系组织文化，激励和支持教师运用被研究证实的、能在 STEM 教育和指导学生学习方面促进学生有效参与的教学实践方式”[107]。2013 年，经过招募和筛选，共有包括布朗大学、密歇根州立大学、亚利桑那大学、加利福尼亚大学戴维斯分校、科罗拉多大学博尔德分校、宾夕法尼亚大学、北卡罗来纳大学教堂山分校、圣路易斯华盛顿大学在内的 8 所院校成为该计划的改革试点，同时每所院校为此将获得 50 万美元的种子基金用于为期三年的基于院校系统变革的先行试验。

在此背景下，美国大学协会的“本科 STEM 教育计划”试图为联盟的研究型大学搭建合作与沟通平台，通过提供工具和资源、建立激励机制，实现以能动学习、证据支持、以学生为中心和可持续发展为主要特征的教学质量的提升。其总体计划可以概括为以下五个目标[108]：

(1)重视大学本科一、二年级的 STEM 教育，建立有效的分析框架，以评估和提高 STEM 教学和学习的质量。

(2)支持 AAU 的 STEM 计划在联盟的试点院校实施，并建立一个更广泛的 AAU 大学网络，致力于实施 STEM 教学和学习改革。

(3)探索适用于高校和院系的培训、认可和奖励的方式，以此激励那些期望提高 STEM 教学质量和有效性的教师。

(4)与联邦研究机构合作，开发用以认可、奖励和促进大学生学习改进的方法。

(5)开发有效的途径，分享积极有效的本科 STEM 专业的教育方式、手段和教学信息。

为实现上述目标，自 2011 年起，美国大学协会研制了“本科 STEM 教学与学习的系统性变革框架”，并通过筛选试点院校、参与项目决策与评估、建立联盟院校合作机制等措施逐一落实各项任务。

该框架体系将院校的系统变革视为基于教学学术和激励教师行为的组织变革过程，涉及学系(department)、学院(college/school)、大学(university)和包括大学协会(association)在内的组织外部环境中的不同行动者，需要对阻碍创新和持续创新的制度性要素进行整体调节和全面干预。该框架的核心是教学，即通过吸引学生参与教学实践并引导和激发学生主动学习，通过支持教师专业发展和教学硬件设施的改善，在整合信息技术的条件下实现理念和行为的转变，并最终在组织层面以制度化措施和愿景的建构实现组织文化重塑。AAU 框架的关键要素见图 5－1。

图 5－1　AAU 框架的关键要素

1. 教学实践

首先，教学需要清晰的学习目标。目标与评价应具有共同的标准，该标准在课程、专业与学位之间始终保持一致。学生不仅能清楚地了解学习目标，也能通过日常的学习任务实现目标。其次，改进教学实践。吸引学生成为学习的主动参与者，实施基于证据的教学活动(evidence-based teaching)(见表 5－1)，开展以解决真实问题为导向的教学，并充分运用信息技术。再次，改进教学评价。开发和运用不依赖于教师评价的测试工具(比如电子档案袋)，并注重对长期的、隐性的学习效果进行测试。最后，提高 STEM 教育的普及性。面向全体学生进行 STEM 教育，实施提高学生学习自我效能的教学实践。

表 5-1　基于证据的教学活动[109]

基于证据的学习	基于证据的评价
小组讨论与同伴教学	STEM 学科概念清单
测试(个人/同伴)	常规测验/考试
课后总结报告	学情数据分析软件
问题解决的教学	课堂观察评价标准
案例教学	基于目标的其他方法
课前分析性阅读	
思维导图	
同伴互助写作	
计算机模拟与游戏	
能动学习方法的综合	

2. 支持体系

首先,支持教师的专业发展。培养教师研究有效教学方法的意识,促使其能融入大学的具体情境,建立教师共同体,并向初级教师和临时教师传授教学知识。其次,向教师提供简单易学的教学资源和信息技术。再次,收集和分享专业成绩表现,将其作为改进专业的依据。最后,努力使学校的教学硬件与教师掌握的教学知识与技能等软件相匹配,在条件允许的情况下合理调配。

3. 文化变迁

首先,提供领导力保障的承诺。校长和教务长的公开承诺是对开展以学生为中心的教学和基于证据的教学的保障,并且学科带头人也应传递这一承诺的重要价值。各级领导对变革重要性的认识和实施过程中问题解决的程度将直接影响教师基于证据的教学实施。其次,开发测量卓越教学的有效工具。研发基于院系的证据支持的教学测量工具,明确大学对基于证据的教学预期的承诺。积极采纳测量有效教学的不同方式,并确保从新教师入职起就体现对教学有效性保障的实质性承诺。最后,确保激励措施与卓越教学的期望相一致。对卓越教学的测量结果应成为教师评价、考核与晋升的依据;确保基于证据的教学与教学改革、科研成果和基金资助挂钩,并在绩效调整、薪资收入、晋升和终身教职的评审中进行计算;面向全体教师,奖励卓越的教学;鼓励教师在行业协会中发挥作用,引领专业教育,并以服务学科的方式奖励其贡献。

5.2.2　系统变革的实施路径

由于本科 STEM 教育已经形成多元利益相关者的行动场域，故 AAU 系统变革的实施路径为识别 STEM 教育系统变革的场域关系提供了具体的观察视角。同时，系统变革本身也是大学组织系统整体变迁的过程，强调教学变革、组织结构与制度优化，以及行动者网络的共同作用，因此需要考虑不同要素的共时变化，从而形成协同效应，即“联合优化”(joint optimization)的效果[110]。

路径 1：转变教师个体对教学学术的价值审视，并提供对教师专业发展的充分支持。

长期以来高等教育已经形成重科研、轻教学的学术传统，越是精英的大学越是偏向科研，导致在 STEM 教育的系统变革中难以平衡教学与科研的对立，但提高本科阶段 STEM 教育的教学质量是变革面临的紧迫任务。正如瑞格鲁斯教授所言：“从工业时代转向信息时代，教育目的由大众教学、分类教育转向实现学生的知识掌握、个性化发展。这需要我们用一种新的视角去理解教学，教育范式的改变不可避免。”[111]因此，个体对教学学术的价值认同将直接影响变革的进程，以学生为中心的教学范式转变要具体化为以循证教学为主的 STEM 教育实践。一方面，需要关注学习者的背景差异，包括人口学特征、学习经历、兴趣、动机与能力的差异，开展以学习需求为导向的学习数据收集，并建立基于数据支撑的学习和教学方式。另一方面，也需要关注如何通过有效的教学方法提高科学学习的效果，包括外显的成绩、专业选择和毕业率，以及内隐的动机变化和学习体验。在研究教学和学习的同时，系统变革的难点在于如何激发教师个体参与的积极性，转变教师的思维方式和态度，并建构新的教学信念，因此必须借助技术指导、入职培训和合作学习等教师的专业发展手段(见表 5-2)，重塑对教学创新和教学研究的尊重，使教师有信心、有能力不断提高学科教学素养、教学知识和技能水平，进而促进教学变革有效开展。

表 5-2　基于试点院校的教师校内专业发展机会增长情况

校内教师参与专业发展的机会	2014 年	2016 年
教师专业发展工作坊	40.70%	55.70%
新教师专业发展的机会与资源	23.00%	27.10%
教师同伴教学	41.60%	48.90%
师徒制教学	45.20%	54.00%
学院教学指导小组	21.70%	29.90%
大学教学指导中心	26.80%	37.70%
教学资源中心	27.70%	43.30%

路径 2：转变院校内部的组织架构，通过制度激励机制和组织学习重构组织文化。

在教学变革的同时，系统变革还依赖于组织内部的制度变革，以及沟通方式、制度运行机制和领导模式等要素的变革重塑组织的行为，再造新的认知图式和价值认同（见表 5－3）。首先，系统变革需要确保组织领导力的承诺，即通过领导层对系统变革的绝对支持，形成基于激励机制与卓越教学的承诺递增的回报预期，使教学业绩成为终身教职评价的一部分，从而改变原有的路径依赖，为变革创造破冰条件。其次，为推动组织持续变革，院校变革需要形成有效的制度传播机制，包括学习型组织建构和组织网络的形成等，通过组织成员共同探讨和参与变革协商进程，使 STEM 教学中心与院系的合作、校内的研究性教学研讨成为一种常态，以此激发领导团队与一线教师共同参与变革的积极性，并进一步形成稳定的组织体系和制度化结构。再次，系统变革需要在组织内部营造促进变革的氛围，积极传播改变 STEM 本科教学的共同愿景，并通过循序渐进的数据收集和反馈，在组织发展的过程中实现变革的预期。

表 5－3　变革组织文化的行动策略

创设变革的紧迫感	变革激励机制
确定可靠的顾问团队	保证信息通畅
交流愿景和进展	提供进程评估清单
化解变革障碍	创建变革领导者社群
建构成功案例的新理念	变革动机的多元化

路径 3：转变组织与变革行动者的互动关系，建构组织系统变革的场域。

系统变革的成败取决于外部制度环境的形成与否，需要建构个人、院系、院校、协会、专业机构与联邦政府多元参与的合作网络，共同推动有利于系统变革的外部制度环境形成。一方面，AAU 院校联合会充分发挥重要中间人的品牌效应，通过发布指导性文件、进行试点、组织研讨、提交报告等形式，积极分享、交流和探讨变革的问题与经验，营造推动制度变迁的舆论氛围和协作机制，促进院校间形成基于竞争性模仿的制度传播，使变革的理念、举措和创新模式有效扩散，从而影响系统变革的核心理念与实践，在组织场域中得到广泛认同。另一方面，为配合本科 STEM 教育系统变革的战略实施，院校联盟也应积极游说国家科学基金会（NSF）[①]将 STEM 本科

① 国家科学基金会是美国基金项目的主要来源之一，其对科研项目申请的评判标准主要有两个条件：①知识价值（intellectual merit）——知识创新的先进性；②广泛影响（broader impact）——对社会的贡献和特定的社会影响。《美国竞争法案》（*America COMPETES Act*）和《美国创新与竞争法》（*American Innovation and Competitiveness Act*）中明确指出，本科 STEM 教育和改善本科生的教学活动属于广泛影响的范畴。

教育和改善本科生的教学作为评判基金申请的重要参照标准，将教学的社会影响力与科研的知识创新作为同等重要的指标。这不仅极大地激发了教师对教学学术的投入，更重要的是，其将有可能深刻改变研究型大学科研学术与教学学术的割裂状态。积极地看，只有当院校组织的生态系统和社会制度环境的价值观一致，并共同指向本科 STEM 教育系统变革的目标时，院校系统变革的实践才具有合法性依据。

5.2.3　系统变革的评价反馈

为跟踪系统变革的进程，美国大学协会同步开发了“改进本科 STEM 教学的核心问题”和“STEM 教学持续改进的数据库”，旨在为院校评估变革成效创建可利用的资源，共同推动本科 STEM 教育的持续改进。其具体目标是：

(1)制定一套基本测量的方法，以便试点院校和其他院校能更好地使用和了解当前教学改革的现状，并以数据方式开始记录相关进展。

(2)制定一套更全面的措施和度量标准，将其映射到系统变革的框架之中，并将其传播到其他大学联合会联盟的校园及更广泛的范围。

其中，AAU 定性数据的收集主要通过访谈提纲的方式进行，访谈对象是学校和院系负责人以及教师，其他评估材料包括院校的自评报告、实地调研访谈和 STEM 教学改进的核心问题集等(见表 5－4)，核心问题集围绕教学实践、支持体系与文化变迁等主要目标设问。为进一步验证定性数据的真实性以及掌握跨院校变革的整体现状，在大学协会的倡议和协调下，各院校和评估专业组织也研发了定量数据收集的工具，包括院校学习数据库，课堂观察记录提纲，量规、问卷等，对系统变革中的教师(包括终身轨和非终身轨教师)教学和学生学习进行全面的考量。此外，问卷调研的信息包括教师的教学实践与态度、组织支持与循证教学、院系教学评价三项内容(见表 5－5)。

表 5－4　美国大学协会改进本科 STEM 教学核心问题集的关注点

邀请院校领导及教职员参与有关教与学的讨论；
建立强有力的教学有效性指标，以描述项目绩效，并以有意义的方式纳入教师奖励结构；
确保所有专业的所有学生都能获得高质量和全面的教育体验；
支持学习空间的开发或重新设计；
向教职员工、学生以及其他相关的内部和外部行动者证明，学院致力于以证据为基础、以学生为中心的教学的重要性

表 5-5 美国大学协会系统变革试点院校基础信息问卷调查[112]

教师教学实践	均值	标准差	有效样本
我在上课时经常提问	3.40	0.80	810
我让学生在正式教学前探索或讨论对新概念的理解	2.20	1.00	809
教学态度和信念	均值	标准差	有效样本
教师应该热爱所教授的学科或科目	3.76	0.50	988
教师的重要性在于纠正学生以往学习中的错误观念	2.83	0.80	977
教学认可的重要性	均值	标准差	有效样本
我所在院系认可教学的重要性,支持教师改进和改变教学实践	3.20	0.74	964
我认为有效教学在年度考核和工资晋级中是有意义的参照	2.50	0.87	950

注:问卷采用李克特四级量表编制,即 1=非常不同意(strongly disagree),2=不同意(disagree),3=同意(agree),4=非常同意(strongly agree);此处仅引用均值最高和最低的题项。

组织支持分为硬件设施、学习空间和教学资源三个类别,其中针对 STEM 课程的教学实验室设置、各类学习中心形成的非正式学习空间,以及电子图书资料的数据库资源建设等都是评分较高的院校支持项目。由此可见,评价反馈体系是系统变革计划的重要制度补充和决策参考。

5.3 对 AAU 系统变革的理论诠释

变革通常被理解为词义相似的不同概念,包括改革和创新。改革在中西方语境中似乎都强调一种自上而下的干预或是由组织外部压力强加的变化,而创新则更强调打破常规,获得积极影响和收益性效果。然而,变革似乎更多指向非预期的潜在影响和结果,包括组织的转型与转变。

5.3.1 AAU 系统变革的核心假设

系统变革是制度和组织突破既有价值观和方法论,主张通过变革实现对系统整体范式的转型,从而使组织系统的架构、运行机制和文化观念都发生一系列的变化。组织学派的观点认为,推动系统变革的力量源于组织外部环境压力与内部生长机制相互协调配合的关系,变革一方面影响组织成员认知和行为的改变,另一方面也牵涉组织与组织场域制度逻辑之间的协同优化。从变革的进程看,系统变革并非是一个预期目标实现的线性过程,而是组织在多维度、多层次协调互动和持续交替演进的过程。

1. 组织变革理论的假设

组织变革理论将变革划分为变革的行动者、变革的程度、变革的范围(规模)、变革的时间跨度等不同概念和类型的变革。组织转型的变革是一种深层变革,涉及组织发展的目标、战略和愿景的重大调整。与小规模的变革相比,发起大规模的组织变革一般需要借助关键变革行动者的力量,通过计划变革凝聚组织在人、财、物方面的优势,形成自上而下的变革共识、承诺和方案,再通过小规模的渐进变革实施完善组织开发,在不断修正和反馈的持续性变革中实现转型目标。

2. 复杂系统理论的假设

混沌理论和复杂科学认为,组织与环境的变化是由相互依赖的不均衡关系导致的,外部环境变化引起的不均衡变化才是组织发展的常态,因此组织的发展需要不断变革以适应外部环境。大学组织系统的复杂程度决定组织变革是非线性、非对称的变化过程。由于变革中充满不稳定、非预期的因素,尤其需要发挥行动者的主动性和适应性,通过学习、合作和分享建构学习网络和社群,从而不断增强组织应对持续变革的能力。

3. 制度变迁理论的假设

制度理论认为系统变革是一种特殊的制度变迁,是组织应对政治、经济和技术环境的变化,提出创新的思想、方案,并通过社会实践反思和再实践的检验,最终逐渐将制度传播扩散和客观化的过程。制度化表现为由显性的制度规则向隐性的文化认知习得的过程,制度化需要规则、规范与文化认知要素的互动生成,并不断通过制度建构的激励机制实现组织变革的持续性、有效性和合法性。

基于上述认识,组织系统变革的核心假设可以归结为以下三项内容:

(1)系统变革的实践取决于组织变革关键行动者的计划和实施过程。首先,系统变革的行动者需要具备公认的合法性,即基于权力、基于声誉、基于道德的公认理性,同时也需要具备确保变革顺利实施的资源,包括必要的人员、资金和技术手段,从而能使变革有效实施。其次,关键行动者能建构致力于解决共同问题的组织场域,即归属于某一共同社会生活领域的组织共同体,这种组织网络关系能将关键行动者的计划变革转化为组织成员间彼此分享的渐进变革。

(2)系统变革不是孤立的变革,而是组织场域中组织种群、组织行动者及其子系统积极融入的全局性变革,只有兼顾外部环境和内部学术子系统协调一致的变革才有可能实现整体的范式变迁。由于系统变革具有整体性特征,教育变革不太可能以单一子系统的改变而变化,要形成深刻的教育变革需要对影响教育的子系统也进行调整,子系统与系统之间以及在组织场域中的范式转换是系统变革有可能实现的必要条件。因此,组织的系统变革取决于系统中个体选择、集体行动和网络建构的互动和参与,需要对大学组织的生产系统(技术层)、管理系统(管理层)和制度系统(环境层)进行整体干预。

(3)系统变革的关键是改变固有制度体系的价值规范和组织文化。由于思想观念和行为方式的变迁也是一个制度化过程，因此组织制度的变化需要打破既有的组织惯习，塑造新的制度规则，并通过不断强化符合组织共同体核心价值的制度逻辑，塑造新的文化认同。制度变革与组织变革近似，需要废旧立新，即打破旧的组织惯习和路径依赖，建立新的回报递增规则，并将其制度化。

5.3.2 AAU 系统变革的转型特征

组织转型变革是变革在思想观念和实践行动上的转换，要实现 STEM 教育的内涵式发展，需要在大学组织内部使技术系统、管理系统和治理系统联动，同时在组织共同体的外部形成有利于系统变革的制度环境。借鉴范式转换的概念，组织转型变革应至少具备两个条件：一是系统变革与其他变革相比具有典型的特殊性，这种特殊性具有使本科 STEM 教育的系统变革区别于其他变革的绝对属性；二是系统变革为变革实践者不断探索有效变革的模式与策略预留发挥空间。

1. 由授课教学向循证教学的方法转换

本科 STEM 教育的兴起强调改变传统的、以讲授为主的教学方式，因为大量的实证研究表明，相比单纯授课学习方式而言，学生积极主动地参与教学、参与问题解决、质疑和分析问题有助于取得更大的学习回报[104]，因此需要运用诸如合作学习、小组讨论、探究试验等增加互动性的教学方法实现主动学习。本科 STEM 教育强调循证教学的另一个原因在于，教学效果不佳导致 STEM 学科学生的保留率长期低迷，要改变教学的有效性就需要对教学进行形成性评价，对学生的学习行为、学习态度和学习进步进行增值评价，而不单单是对学习结果进行终结性评价。为此，通过利用信息技术工具记录和生成电子数据，以及开发基于 STEM 学科情景的教学评估量表，形成性评价比以往更容易实现，更直观，也更具有参照性。

2. 由科研学术向教学学术的理性回归

一直以来，研究型大学的科研导向始终坚持以优秀的学术探究为大学的核心价值，而 STEM 教育的变革目标之一就是要平衡科研学术与教学学术的关系，重塑教学学术在高等教育中的本位。其中，美国大学协会更是提出“让教学与科研同样卓越”的口号，使系统变革始终围绕以教学为中心展开。同时，美国科学基金会将开展 STEM 教学创新作为对社会具有广泛贡献的参考标准之一，这些组织场域中的价值观导向变化说明本科 STEM 教育的系统变革是由科教分离向科教融合、协同育人的回归。从组织变革的制度化分析，AAU 和精英研究型大学对组织价值导向的调整势必影响同类大学组织对科研、教学与社会服务职能内在关系的调整。

3. 由教学子系统的局部变革向组织系统变革转型

奥斯汀(Austin)指出,院校是彼此关联的系统网络,教师教学行为的选择受院系、学科、院校和外部环境的多重要素影响,包括组织领导、工作安排、专业发展和激励机制等因素对系统变革都会产生推动或阻碍的作用[67]。以往 STEM 教育的教学改革难以奏效的原因在于,以解决教学问题为方向的变革不能影响与教学关联的其他子系统参与变革,当与教学相关的管理系统,包括人事制度、奖励制度、组织领导和教师发展等都不能与之衔接形成协同作用时,组织的局部变革就难以发挥作用。结合理论和实践的经验,针对 STEM 教育开展院校系统变革就是要克服局部变革的局限性,通过顶层设计,充分发挥联邦政府、院校协会(联盟)、院校系统对组织变革制度环境的影响力,在组织场域层面形成 STEM 教育变革注重教学创新的制度逻辑,从根本上扭转教学的费时低效现象。

4. 由小规模组织阶段性变革向大规模持续性组织发展转变

组织转型的变革并非一蹴而就,需要兼顾阶段性变革与持续性变革的关系。系统变革强调变革的规模化、广泛性和参与性,英文称为“scale”或“scale up/scaling”,本意是指行动者(个体、组织、群体)参与的一项具有长期性和广泛性的变革实践。其中,STEM 教育系统变革将有效的规模效应定义为三个要素,即系统变革的程度、广度和可持续性[113]。变革的程度指课堂教学创新产生的实际效果,对教师的教和学生的学,以及教师的教学理念都产生深刻影响;广度指创新在系统中的传播和认同的程度;可持续性是建立在前两种要素转变基础上的组织文化认同的变迁,是组织成员的观念、行为和组织愿景在组织发展中长期变化的结果。在一定外部资源支持的条件下,AAU 认为要实现“scale”变革至少需要满足主动性和持续性两方面的因素,前者强调变革的参与者理解变革的意义,后者需要建构组织共同体网络和学习型组织。

5.3.3 AAU 的关键作用

组织变革的同构逻辑认为,外部环境的变迁使组织的制度合法性和运行有效性产生危机,因此会导致强制的制度性同构[114]。当前美国经济发展和就业导致的 STEM 人才供给不足促使高等教育对社会需求做出回应,联邦政府对 STEM 教育系统变革的政策安排具有典型的计划变革特征,而 AAU 的 STEM 教育变革是将政策愿景转化为组织制度化变迁的实施过程。具体而言,AAU 发挥关键性的组织行动者的作用具体表现在以下三个方面:其一,AAU 是系统变革方案的制定者和组织者。从 STEM 教育系统变革方案的预研制到具体方案的制定、实施和评估,AAU 作为精英研究型大学联盟的组织共同体,是变革的主导和发起者,扮演场域中关键行动者的角色。其二,AAU 是系统变革的网络信息中枢。系统变革需要搭建 STEM 教育的外部利益相关者与精英研究型大学组织种群之间的沟通渠道，以及建构共同体内部资源与信息的共享平台，AAU 通过网络平台、会议、培训和实地调研指导等形式联系联邦政府机构、国家科学基金会和试点院校，构成以 AAU 为中心的关联网络，承担连接研究型大学组织种群与外部环境信息交换的作用。其三，AAU 是处理场域外部关系的协调者。场域的外部关系涉及与联邦政府和社会制度环境之间的利益整合与逻辑转换，作为精英研究型大学共同体的代言，AAU 通过对制度环境施加影响，不断增强 STEM 教学改善的合法性预期，为组织发展争取有利的外部资源和政策。

教育的核心要素是教师的教和学生的学，STEM 教育的变革本质上是为提高本科 STEM 学科素养的教学和学习。AAU 系统变革的方案也正是围绕困扰课堂教学的症结，提出基于循证教学的方法改变，并将智力支持、硬件建设、制度与管理提升等组织要素纳入系统思维，全面深化变革实施的变革尝试。AAU 作为研究型大学的代表，一方面其拥有的学术品牌效应和权威性为开展本科 STEM 的系统变革提供变革的外在合法性，另一方面其具备建构变革网络社群和进行有效资源配置的组织条件，这些都为院校开展具体的变革实施提供了可能性。

第6章 系统变革的过程：8所试点院校的变革实践

面对本科STEM教学的低效和STEM学科保留率低的问题，美国大学协会STEM教育系统变革方案旨在促进研究型大学成为教学卓越的行动者共同体，其作为政府与高校的中介，不断推动高等教育变革的政策愿景转化为具体政策实施，致力于消除美国面临的STEM人才培养供给不足与社会经济发展脱节的矛盾。美国大学协会的变革方案不仅为组织间互动关系的形成提供网络联结、信息交流的共享模式，也为场域中的变革提供符合社会合法性的制度逻辑预期，塑造有利于组织文化变迁的场域制度环境，这些因素都为美国一流研究型大学STEM教育系统变革提供了思想观念与实践行动的基础。然而，由于美国大学协会系统变革方案只是对STEM本科教育改革的指导性框架，并不涉及对组织实体变革的干预和组织制度变迁的行动策略，而院校变革是一个不断实践和再实践的递进过程，因此需要进一步分析试点院校以及院校子系统在变革中的行动选择及其优先策略。

6.1 系统变革的持续演进

美国本科STEM教育变革联盟①(Coalition for Reform of Undergraduate STEM Education，CRUSE)在系统变革中的实践，旨在为指导全国范围内的本科STEM教育改革提供经验借鉴。为此，CRUSE倡导各种力量联合起来，将STEM本科教育的文化从依赖课堂传授转变为直接吸引学生参与的课内外活动，调动能充分代表人口多样性的学生群体，促使院校的教学文化转向以证据为基础的实践。

为将系统变革深入推进，美国大学协会通过主办工作坊等方式，邀请教育专家与变革实践者以及国家科学基金会的官员共同致力于探讨关于系统变革的成效与系统变革的实施等议题，与会专家认为，院校和跨院校系统变革需要重点关注以下7项内容[115]：

(1)STEM本科教育持续变革的条件：指持续改善本科教学的条件，包括观察和理解领导力及其影响力；组织结构、组织策略和组织支持；必要的变革准备程度；创造系统性变革所必需的信息种类和动机等。

---

① 本科STEM教育变革联盟(CRUSE)包括：美国科学促进会(AAAS)，美国大学协会(AAU)，美国学院与大学联合会(AAC&U)，美国公立及赠地大学协会(APLU)，国家研究委员会(NRC)。

（2）循证教学实践与奖励、招聘和培训结合的一致性：院校变革的相关政策、实践和讨论基于证据的教学、教师晋升和终身职位评定、教学评估，以及将杰出教学成果的认可和奖励结合起来。同时，将循证教学与新教师聘用和教师专业发展的政策和实践相结合，并对研究生进行教学培训。

（3）院系承诺：院系肩负对教学卓越和学生成功的共同责任感和主人翁精神，需要通过院系文化、教学实践和讨论，以及全系范围的课程改革工作来实现，如课程分组调整、收集和使用院系内的量规和学生数据等，这些举措为教育改进提供信息支撑。

（4）教师的教学方法和教学改进：观察和了解教师如何进行教学，如何参与提升教学，以及具体的教学实践活动，包括检查课堂实践和探讨对教学的态度与信念，比如教师对改善或改变教学的愿望，教师对循证教学实践的相关知识，对教学支持的态度和看法，参与教学专业发展的意愿，以及他们对教育研究的投入等。

（5）研究跨院校合作和同行网络：研究跨院校合作和同行网络的各种特征，包括其形成、性质、周期变化及内外部支撑条件，它们的收益和结果，以及围绕有效实践和经验教训在院校网络中的传播展开调查。

（6）学生、校友的学习和成果数据：收集和检查学生学习、注册、经验、成就和结果数据，还包括收集和检查校友的学习和成果数据。

（7）公共数据：院校需要建立公共数据源和共享量规，以及项目内部和跨项目的数据分析方法。

上述内容表明，系统变革是在组织种群层次开展的整合与改进行动，考虑到变革必然涉及结果与过程的互动，因此有必要从目标与结果的维度对变革内容进行分类，使影响院校系统变革的要素分析更清晰。AAU 通过对专家研讨的内容分析发现，持续变革的条件对变革的过程与结果都具有深远的影响，教学方法和教学改进是变革过程的重要参考，院校层面的跨院校合作和同行网络是系统变革持续推进和调整的保障（见表 6－1）。

表 6－1 系统变革在结果与过程维度的重要关注内容

院校、跨院校变革	系统变革的结果	系统变革的过程
院校变革	持续变革的条件① 学生和校友学习成果⑥ 教学方法和教学改进④ 院系承诺③	持续变革的条件① 教学方法和教学改进④ 循证教学与人力资源开发的一致性②
跨院校变革	持续变革的条件① 学生和校友学习成果⑥ 跨院校合作和同行网络⑤	持续变革的条件① 教学方法和教学改进④ 跨院校合作和同行网络⑤ 公共数据⑦

6.2　大学组织变革模式再定义

大学的组织特点决定系统变革不可能是诱致性或强制性的单一模式,而是基于二者的互动,由组织的结构功能变迁向社会互动与建构转变。富兰认为,学校变革失败的主要原因是教师不能理解变革的意义,丧失对变革的信心,从而导致失败,而组织变革的深层意义就在于使教师具备新的知识与技能,建构新的共享的观念与身份,促使组织由表层变革向深层变革迁移[116]。显然,组织变革具有互动创生的特征,当新的行为和规则被引入就有可能触发组织成员思维认知与观念的更新,而新的观念又会引起组织结构与功能发生变化,从而形成系统变革中"制约"和"使能"相互推动的过程。

首先,组织变革需要考虑分析对象的组织属性。大学组织的特殊性是变革模型分析的重要前提。一般认为,大学组织处于一种有组织的无政府状态,具体表现在以下三个方面:

(1)组织目标不明确:与其他组织不同,大学具有教学、科研与社会服务的多重职能目标,组织成员更多以自组织的方式进行活动,职能之间彼此交叉而又有区别,因此很难进行目标一致的计划性变革。

(2)组织结构不稳定:大学组织是松散耦合的非中心化结构,即组织间联系不紧密,部门间异质化高,协作程度低,分工不明确,对变革传播效果不明显。

(3)组织运作不规则:大学组织是拥有学术权威、官僚权威、系统权威和魅力权威的复杂体系,组织的决策依赖从混乱到有序的"垃圾桶"决策模式,且影响组织运行的因素更多体现为组织内部的信念体系,而不是组织外部变革的安排,因此它不适合进行简单地以目标为导向的评价分析。

其次,分析组织变革需要考虑具体的分析模型。基泽(Kezar)教授认为,尽管现有组织变革的理论模式,包括目的论、循环论、二元论(政治模式)和进化论等,都对院校组织变革有一定启发,但社会认知、文化与政治模式的理论框架更适合解释院校系统变革[117]。大学组织变革的基本模式如表 6-2 所示。

表 6-2 大学组织变革的基本模式

组织变革进程	政治模式	社会认知模式	文化模式
发生的原因	价值的对立冲突	认知发展进步	应对外界环境的反应
变化的过程	渐进变革为主,权力协商	渐进变革,组织学习	渐进非线性变革,象征意义
变化的结果	新的意识形态(观念)	新的思维框架(思维)	新的组织文化(符号)

其一，政治模式认为大学组织的利益、权力冲突对立是变革的动因，变革是长期的诱致性变迁与短暂的强制性变迁交替演进的过程。大学组织有两套对立的权力架构体系，一是官僚权力的科层体系，二是学术权力的专业体系，组织系统变革的实现需要科层权力与学术权力之间的平衡与协调。其二，社会认知模式假设变革源于组织成员的认知发展和学习，通过组织学习使观念发生变化，个体身份和行为也随之发生改变。这一模式一方面强调系统变革的关键是实现组织成员个体间新的意义建构，即对自己和组织关系变化的诠释和重构；另一方面从组织制度同型的角度分析制度的竞争与模仿机制，强调制度是一套认知模板和思维图式，变革就是组织再制度化的进程。其三，文化模式认为变革既是组织对制度环境的差异化反应，也是组织成员意义建构的过程，组织的价值观和核心信仰是由历史与惯习、语言符号、人造物以及个体成员的观点态度等要素构成的。文化模式的组织变革分析有两条路径，一是强调组织管理或文化规范在约束行为和维持组织生存中的作用，二是强调组织成员使用共享的意义系统来解释事件、理解现实、赋予经验意义和创建共同身份的过程[118]。

实际上，文化、社会认知与政治模式都分别描述了大学组织变革的某一方面，而在变革过程中，组织变革往往具有多面性。正如伯顿·克拉克基于组织的视角提出，高等教育系统的形成源于信念、工作、权力三个要素，其彼此交织构成高等教育系统的矩阵结构[119]。所以，立足于文化变革模式分析组织变革需要考虑三个关联条件：一是系统变革的过程不是简单的组织变革实施的描述，而是一种互动关联的意义建构，最终指向组织实体和个体在价值观、思维模式和象征意义上内隐的文化变革。二是探讨组织文化变革必然需要涉及组织的基本工作模式和流程的变化，因为客观的个体行为和组织工作方式变化是组织价值、信念改变的载体。三是系统变革也必然引起基于管理逻辑的科层体系与学术逻辑的权威体系在组织架构中的权力变化，高等教育系统和学科系统的构成决定学术权力在基层变革中发挥重要作用。总之，系统变革必然涉及组织的工作结构与权力架构的调整，涉及对组织价值链的整合和对利益关系的再分配，这些理论解释都为探讨系统变革的模式创新提供了前提假设。

再次，开展组织变革分析需要选择具体的分析维度和参照变量。奥斯汀(Austin)认为院校的系统变革受制于院校情景和组织文化，并最终影响教师的教学决策与实践，因此影响教师教学变化的因素在学院层面包括教师的专业发展、激励机制、领导管理、工作实践等[120]。也有学者提出，要分析 STEM 教育系统变革的结果与过程，需要结合结构、象征、权力和变革参与者四个维度进行描述，从而探索组织文化变革的过程[121]。结合 AAU 对系统变革持续条件的报告和上述学者的观点，本研究试图从结构、权力、象征、参与者四个维度的变化揭示变革的实践模式，具体如下：

(1)结构:指变革的常规制度安排和例行化组织变革实践。

(持续变革的条件:引领变革的组织结构及其变革策略或方案等)。

(2)权力:指变革决策和关键利益相关者的互动关系。

(院校及其部门子系统的权力运行:组织变革管理的领导权和归属关系等)。

(3)象征:指符合院校变革思维的观念、语言或实际行动。

(承诺与实践的一致性:对变革愿景的承诺及其对STEM教师的教学奖励或支持等)。

(4)参与者:指教师或学生参与实施的教学变革实践。

(教学创新和教学改进:创新的教学方法、学生参与变革与教育技术运用方式等)。

上述维度和变量的确定兼顾组织变革的政治、社会认知和文化三种理论视角对变革模式特征的描述,为进一步实证分析院校变革的行动模式奠定了分析基础。

6.3 院校系统变革模式的分析

教育比较研究具有工具性和价值性双重目的,工具性目的在于理解教育现象,价值性目的在于升华理论认识。本研究以参与AAU系统变革的8所试点院校[①]为比较对象,通过对试点院校系统变革的专题网站和各院校的专题网站进行信息挖掘,获取一手和二手文献资料共计263份,包括变革的经验总结、组织机构简介与部门规划、主要变革活动与技术说明手册、相关教学学术研究的论文,以及部分院校的变革报告等内容。

为确保文献资料来源的可靠性、权威性和时效性,本研究先利用美国大学协会建设的8所试点院校关于系统变革的专题网站进行文本收集;再通过直接访问院校官网,以“AAU STEM”作为关键词检索与系统变革相关联的信息,同时通过访问院校具体负责STEM教育变革的部门的官网下载与系统变革相关的资料信息;最后对每一所院校的文本资料进行汇总,建立专门的质性材料分析数据集,并利用Nvivo软件进行编码。

经过初级编码发现,编码所形成的节点主要分布在教学技术、教学改进、循证教学方法、文化变革四个主题类目,每个大类又包括若干子分类节点。其中,关于循证教学方法的编码节点最多,有130项参考点,关于教学改进、教学技术和文化变革的编码分别有37项、30项、31项参考点(见图6-1)。

① 8所试点院校包括:布朗大学;密歇根州立大学;亚利桑那大学;加利福尼亚大学戴维斯分校;科罗拉多大学博尔德分校;宾夕法尼亚大学;北卡罗来纳大学教堂山分校;圣路易斯华盛顿大学。

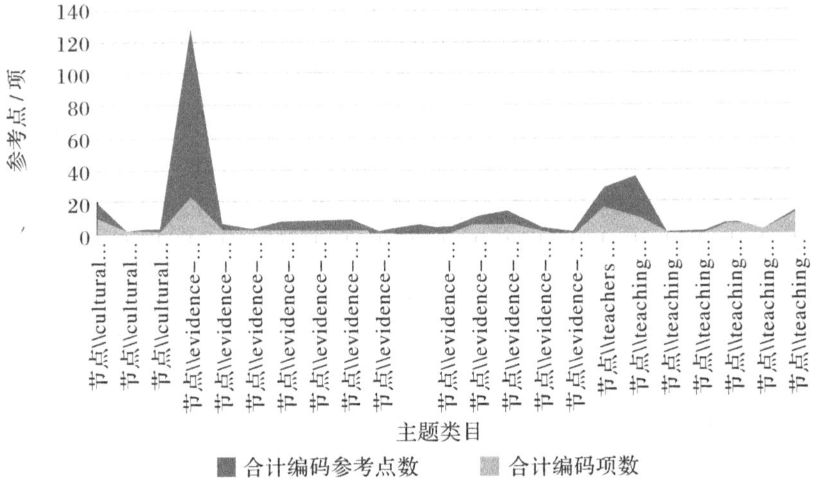

图 6-1 质性文本分析的初级编码节点分布示意图

为尽量保证研究的效度，一级（初级）编码的信息主要用于对试点院校在结构、权力、象征和参与者维度进行跨案例比较分析，二级编码主要关注素材资料中涉及的关键性本土概念，诸如循证教学、院校文化等内容，最后在归纳的基础上形成对系统变革模式的认识。

6.3.1 组织架构——“教、学、研”一体化发展的变革领导机构

组织架构是指导组织系统变革的一种具体实践方式，其为行动者参与系统变革提供组织保障、制度规范以及信息共享和物质激励等资源性和先导性的条件。8所试点院校都立足学校特色，依托常设专门机构实施对变革的组织领导和战略管理，其共同特征是将教师发展中心的职能优化整合，兼顾 STEM 教育的科研、教学与社会服务功能，通过制度化的组织运行和结构安排调动教师、院系和管理者参与系统变革的积极性，从而实现系统变革的目标（见表 6-3）。具体而言，常设机构一般发挥三项作用：一是通过专业发展促进教师的教学转变与教师素养的提升，为塑造基于循证的教学文化创造条件；二是通过课堂观察与学习结果评估收集学生学习成果的改进成效，为系统变革的决策提供详尽的科学依据和反馈；三是深入研究 STEM 学科教学与跨学科教学的改进方式，包括课程设置与教学方法、教育技术与资源利用的具体操作，这些研究内容成为具有广泛社会影响的教学学术改革议题。

表 6-3　试点院校实施系统变革的主要机构与变革任务

试点院校	变革主导机构	主要任务
圣路易斯华盛顿大学	认知、学习与教育研究中心，教学中心	教师专业发展与学习共同体
宾夕法尼亚大学	教学中心	教师专业发展、教育技术应用、教学学术资助
北卡罗来纳大学教堂山分校	卓越教师中心	教师专业发展
科罗拉多大学博尔德分校	STEM 学习中心	为 STEM 教育提供人力、物力和智力资源
布朗大学	科学中心，谢丽丹教学中心	跨学科科学的交叉融合、教育教学、科学推广
加利福尼亚大学戴维斯分校	教育效能中心，教育分析中心	数据分析与评价
密歇根州立大学	STEM 创新研究院	STEM 学科课程与教学的研究
亚利桑那大学	学术事务办公室	教师学习共同体

6.3.2　权力运行——强调以学术权力为主导

由于大学组织底部承重的特点，学术权力在学术共同体内部具有优势话语权，因此变革的实践会优先考虑改变学术共同体成员的核心学术信仰，塑造新的合法性行为和价值认同，从而进一步影响组织的文化和学科文化。从权力运行角度分析，行政职务层级越高，科层权力越大，组织变革也越倾向于集权混合分权的变革思路（见表 6-4）。由于 STEM 教育部门与教学管理部门具有明确的上下级隶属关系，故行政权力越倾向于推动自下而上与自上而下的混合变革模式，这一模式不仅强调学术共同体的专业发展，同时兼顾院系（部）中层与院校高层对系统变革在人员、经费和配套政策等方面的协调与支持。当院校的 STEM 部门越独立于教学管理部门，其越会更多采取直接的以教师专业发展为主的自下而上的自组织变革试验。由于这一形式简单、灵活，且易于操作，不需要太多行政权力的干预，故其更便于教师专业发展和专业共同体的形成，也更注重扩大和巩固 STEM 教师教学学术的朋友圈，强调在围绕循证教学的专业发展中开展问题解决和同伴学习，致力于支持学科教学研究、实践与改进。其中，部门或项目负责人具有行政职务更有利于平衡学术权力与科层权力的关系，更广泛地兼顾院校和院系内部利益共同体的变革诉求。采用这类权力运行关系的院校也更多采用混合模式实施变革，包括圣路易斯华盛顿大学、科罗拉多大学博尔德分校、布朗大学、加利福尼亚大学戴维斯分校、亚利桑那大学。而不具有科层权力背景的变革主体，包括宾夕法尼亚大学、北卡罗来纳大学教堂山分校、密歇根州立大学等院校，则采用以教师主导的自下而上的变革模式。总之，尽管形式上不同，但两种变革思路都明显将教师的专业发展和对教学学术的研究作为推动系统变革的关键性要素。

表 6－4 试点院校实施系统变革的部门领导与组织隶属关系

试点院校	部门领导职务	部门隶属关系
圣路易斯华盛顿大学	认知、学习与教育研究中心主管	学校独立设置
宾夕法尼亚大学	心理学教授和 STEM 教育教授，中心主管兼副教务长、教育计划顾问	学校独立设置
北卡罗来纳大学教堂山分校	精神病学与社会医学系教授，教师发展中心主任	学校独立设置
科罗拉多大学博尔德分校	副校长、教务长	隶属研究生院
布朗大学	理学院副院长	隶属文理学院
加利福尼亚大学戴维斯分校	助理副教务长	隶属本科教育办公室
密歇根州立大学	教育学院科学教育教授兼 STEM 创新研究院主任	科学学院和教育学院合办
亚利桑那大学	高级副教务长	隶属教务长办公室

6.3.3 文化转变——教学合法性塑造与变革支持举措

愿景是组织成员对未来的共同期望。由于愿景塑造与变革目标具有一致性，故可以通过对变革目标的分析反映组织发展的愿景。8 所试点院校都对本科 STEM 教育的入门课程进行了针对性的改革①，并提出相应的变革目标（见表

① 不同院校的变革方案包括：圣路易斯华盛顿大学的“美国大学协会本科 STEM 教育计划”（Association of American Universities（AAU）undergraduate STEM education initiative）；布朗大学的“科学入门课程的文化转变”（changing the culture of introductory science）；密歇根州立大学的“为密歇根州立大学的教学创建连续的入门课程”（creating a coherent gateway for teaching and learning at MSU）；亚利桑那大学的“美国大学协会本科 STEM 教育项目”（The UA AAU undergraduate project）；加利福尼亚大学戴维斯分校的“IASTEM”计划（integrated agriculture，medicine，science，technology，engineering，and mathematics hub）；科罗拉多大学博尔德分校的“STEM 院校转变行动研究项目”（the STEM institutional transformation action research（SITAR）project）；宾夕法尼亚大学的“结构、积极课堂学习 SAIL”项目（structured，active，in-class learning（SAIL））；北卡罗来纳大学教堂山分校的“师徒教学”计划（initiative of mentoring）。

6-5),其中一部分院校的变革目标与 AAU 的变革目标高度一致,比如圣路易斯华盛顿大学、北卡罗来纳大学、科罗拉多大学博尔德分校、布朗大学、加州大学戴维斯分校、亚利桑那大学等都提出运用循证教学变革院校文化的目标;另一部分院校的变革目标更具体,比如宾夕法尼亚大学强调课堂主动学习的效率,密歇根州立大学主张进行课程改革和加强学科核心概念的学习。尽管在目标的表述上不尽相同,但各试点院校都强调运用证据开展教学与评估,尝试通过树立循证教学在日常工作中的价值合法性改变院校文化。文化象征作为一种组织内隐的特质,不仅需要语言符号作为愿景承诺形成组织的价值追求,也需要外在的激励和支持使组织成员将信念转化为变革的实际行动。为此,通过考察院校对 STEM 教学的奖励政策和对教师专业发展的支持举措,将深化对变革文化塑造的理解。

表 6-5　院校系统变革的目标愿景

试点院校	变革目标
圣路易斯华盛顿大学	增加运用循证教学的教师和院系的数量,改变华盛顿大学 STEM 的教学文化
宾夕法尼亚大学	充分利用课堂时间帮助学生积极参与学习
北卡罗来纳大学教堂山分校	建立一个使用循证教学实践经验的教师学习社区
科罗拉多大学博尔德分校	通过测量、评估和文化变革,使教育实践专业化,从而改进 STEM 本科教育
布朗大学	提供一个以学生为中心的学习过程,一个跨课程的社区,以及一个更大的可以应用学科知识的情景
加利福尼亚大学戴维斯分校	围绕教学和学习,通过发展基于数据和证据文化,以此鼓励实验,建立紧迫感,促进变革
密歇根州立大学	设计和实现一套连贯的入门课程,使学生以科学合理的方式学习学科的核心思想
亚利桑那大学	重新设计课程,更多运用基于证据的策略;改变院校文化,更多地强调协作式和主动学习教学法;探索和开发协作学习空间

目前,尽管试点院校都普遍设置了对教学的奖励,但并非所有教学奖励都专门针对本科 STEM 教育。资料表明,科罗拉多大学博尔德分校和亚利桑那大学针对系统变革设置了专门的教学奖励。其中,科罗拉多大学博尔德分校设置"校长 STEM 教育卓越奖",该奖项类似于教学改革基金,可以给予最高 1 万美元的奖励用于 STEM 教学改革和教师专业发展。亚利桑那大学设置"AAU 本科 STEM 教

育教学卓越奖”，该奖项仅限终身轨教师申请，旨在奖励教师在本科教学中通过实施成功的循证教学策略，有效提高教学效果和学生学习效率，获奖教师可获得1000美元的奖金。

此外，试点院校实施的变革计划都提供支持教师专业发展的方案，主要采取学生助教（teaching assistant）、师徒教学（mentoring）和教师学习共同体（faculty learning community，FLC）建设三种形式。其中，圣路易斯华盛顿大学和亚利桑那大学提出的建构由学科教师、研究生助教和教研专家共同参与的教师学习共同体，致力于通过协商、探讨、学习等组织学习方式提升教师的教学能力；北卡罗来纳大学则提出全面的教师教学指导计划开展变革，通过单一指导、团队指导、同伴指导、远程指导、教学工作坊和研讨等多种形式，针对性地提升不同阶段教师运用循证教学的技巧。

对文化变革的二次编码发现，文化变革主要侧重三个方面的变化：一是教学文化变革，此类文化变革与系统变革的内涵高度一致，主要涉及运用诸如合作学习和主动学习等具体的循证教学方式改变现有的教学实践，塑造新的基于证据的教学文化。二是教师文化变革，此类文化变革主张建构一种支持教师专业发展的变革文化，在合作与互助基础上，教师、学生与研究者通过共同体建构、同伴教学、师徒教学形成一种共同探讨和交流变革的专业发展氛围。三是组织文化情景的变革，分析表明，与循证教学相关的组织系统要素的变化会积极影响整体的教育情景变革，比如STEM院系与教学（发展）中心或STEM研究院（中心）的合作对教学学术文化变革的塑造，教学硬件的改造直接关系变革的承诺与循证教学的实践效果，基于证据的教学评估与奖励挂钩直接影响工作方式的改变等。因此，STEM教育的系统变革所强调的文化转变就是以支持循证教学文化变革为核心，包含教师文化和情境文化互动变革的过程，是具有长期性和持续性的组织变革。

6.3.4 教学改进——基于循证教学的实践方法创新

循证教学的核心是运用科学验证的有效教学方式提高学生学习投入和参与，并客观评价学生的进步[122]。建构以循证教学为基础的STEM入门课程体系，需要改变传统的授课方式，从而提升学生的知识、技能、思维能力和身份认同。试点院校的教学创新从三个方面实践循证教学：一是强调应用循证教学的方法实现对课程与教学的再设计，包括圣路易斯华盛顿大学的综合方法（multi-strategy approach）、宾夕法尼亚大学的结构化主动课堂学习（structured，active，in-class learning，SAIL）、密歇根州立大学的三维学习（three-dimensional learning，3DL）等；二是专注于学习数据的收集与评估，包括加利福尼亚大学戴维斯分校、亚利桑那大学、北卡罗来纳大学教堂山分校等都采集关于学生学习成果的基础数据用于变革决策；三是加快对支持循证教学开展的教学硬件实施改造，以适应课堂教学实践的需要,包括亚利桑那大学的教室合作学习空间建设、北卡罗来纳教堂山分校的以学生为中心的主动学习项目等。因此,教学改进是基于循证教学实践、循证教学评估与循证教学环境建设建构的一种全新教学模式。

1. 循证教学实践

试点院校的教学变革都集中在本科一、二年级的 STEM 入门课程的变革。其中,圣路易斯华盛顿大学主张运用多种循证教学的方法进行教学变革,包括课堂互动遥控器、同伴引领团队学习、过程导向的探究学习、翻转课堂等多种具体的教学活动策略,旨在增强学生学习的互动与合作。宾夕法尼亚大学的结构化主动课堂学习强调通过设定明确的课内与课外任务来有效利用授课时间,这类 STEM 入门课程教学具有以下基本原则[123]:教师创建一套结构化的活动来帮助学生获得期望学习的内容和技能;学生分组完成老师布置的问题;老师和助教会在教室里巡回,指导学生解决问题。密歇根州立大学的三维学习将教学变革的重点聚焦在 STEM 学科学习的内容上,并通过整合三维学习改变教学和评估,具体包括学科基本概念、学科交叉概念、科学与工程应用三个维度[124](学科基本概念:学科知识基础——生物的进化、化学的分子结构、物理的运动轨迹;跨学科概念:跨科学学科的共同观点——因果关系、系统与建模、结构与功能;科学与工程应用:运用科学解决问题——建模设计、调研开发、发现问题、解释规律)。

此外,根据对与"循证教学"相关概念的文献资料参考节点的二次编码分析,共确定 43 份资料的 130 个参考点与循证教学密切相关(涉及具体的教学方法),进一步归纳后发现 8 所试点院校主要采用以下循证教学活动(见图 6-2):同伴教学、问题解决、翻转课堂、小组讨论、概念地图、合作学习等。

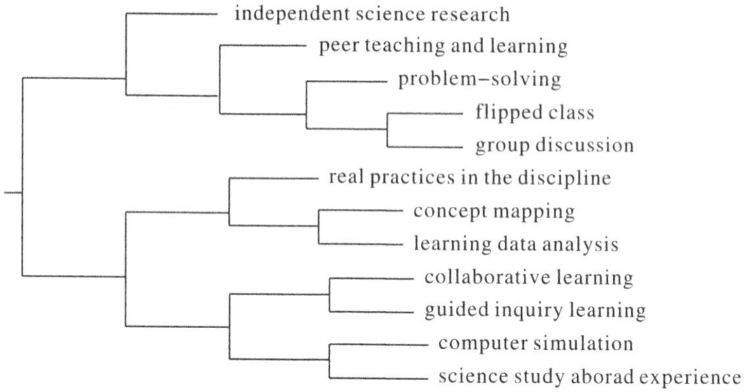

图 6-2　试点院校采用的循证教学方法

可见,试点院校循证教学的实践重点是对 STEM 教育的内容和教学方式的变革,主动学习强调对学科基本概念和科学素养的思维能力的培养,循证教学强调教师鼓励合作、探究和自主学习，增加有效教学互动和反馈。

2 循证教学评估

基于证据的评估首先需要大量客观的学习行为数据，为此，美国高等教育研究机构开发了大量的基于信息化手段的课堂观察工具①，用于收集课堂教学的动态数据。多数院校运用此类课堂观察工具旨在收集循证教学的证据，并为系统变革提供决策依据，包括客观描述课堂循证教学的实践，向教师提供教学反馈，发现教师专业发展的需求，以及验证教师循证教学的信念和经验等。在此以运用最广泛的本科 STEM 课堂观察协议（COPUS）为例，该框架协议提供给课堂观察者一份关于教师、学生和课堂活动的编码手册（见表 6－6）。它通过每两分钟间隔的编码，课堂教学被转化为具体的编码信息，且通过不同观察者对教学视频的重复编码来保证编码的信度，从而真实反映教师开展循证教学的实践状况。

表 6－6　本科 STEM 教育课堂观察协议的编码内容[125]

学生学习的活动	教师教学的活动
听老师讲课/做笔记等； 独立思考/解决问题（只有在老师明确要求学生思考的时候才做标记）； 问题或其他问题； 以 2 人或 2 人以上为一组讨论点击器（clicker）问题； 开展基于工作表分组的活动； 其他指定的小组活动，如回答教师的问题； ……	讲授（讲授内容、推导数学结果、提出问题解决方案等）； 实时记录（板书），投影仪等； 跟进/反馈问题或活动； 向学生提出问题（非修辞性）； 向学生提出一个点击器问题（标记老师使用点击器问题的整个时间，不仅仅是第一次被问的时候）； 老师听全班同学的问题和回答学生的问题； 在主动学习任务中进行学生指导工作； ……

其中，加利福尼亚大学戴维斯分校集成学生学情分析（know your students，KYS）、课堂观察协议（generalized observation and reflection platform，GORP）与大数据可视化工具于一体。GORP 是一个基于网络的系统，用于使用可定制的用

① 课堂观察工具：指院校或教育研究机构开发的用于理解教师的课堂行为，以及对学生行为和影响学习的相关特征进行观察的量表，英文称为观察协议（classroom observation protocols）。用于 STEM 教育系统变革的观察协议包括：用于测量教学改革的 RTOP 协议（reformed teaching observation protocol）；用于记录和描述课堂行为的 COPUS（classroom observation protocol for undergraduate STEM）协议、TDOP（teaching dimensions observation protocol）协议、OPAL（observing patterns of adaptive learning）协议；用于测量学习环境的 OPLE（observation protocol for learning environments）协议；用于测量科学教育的教学内容的 3D LOP（3D learning observation protocol）协议。

户自定义协议进行课堂观察并分析观察期间收集的数据,形成循证教学与循证管理的协调配合。密歇根州立大学的三维学习评估试图建立学习内容与教学方式的联系,将学科核心概念、跨学科概念、科学与工程应用以及情景化与教学过程的编码整合,通过形成教学内容的类编码,进而记录教学过程。总之,循证教学的数据收集是教学评估的重要手段,通过信息化工具开展对教学实践的编码可以有效反馈教学的进程,为反馈教学提供实证支持。

3 循证教学环境建设

由于循证教学强调学习方式和评价方式的变革,这势必会引起学生具体参与学习的方式发生改变,包括小组讨论与同伴教学、概念图、计算机虚拟与游戏、遥控器、案例分析以及其他方法的综合运用等,普遍需要教学硬件环境提供技术支持[126]。典型的循证教学环境是适应学生主动学习需要,能利用现代信息技术为教学创设参与融入的环境,包括学习空间的物理环境和对循证教学的数据采集。首先,典型的适应主动学习的教学环境也被称为"SCALE-UP"(student-centered active learning environment for undergraduate program),这一教学环境一般由圆桌、屏显、白板和其他信息存储设备共同搭建组成(见图 6-3)[127]。

图 6-3　典型的 SCALE-UP 学习场景

这种多媒体辅助的工作室类型的教室需要满足以下功能:学生 2～4 人一组;可以使用电脑和互联网;能够使用设备进行实验;能参与课堂讨论;能够向同伴展示任务。

本科 STEM 教育系统变革主要针对选择 STEM 学科入门课程的本科低年级学生,因此选课人数普遍是大班额(50～100 人),因此除上述功能外,教室的布局也必须对能动学习活动提供支持,包括合作学习中的分享与协商、研究性学习中的试验与观摩、问题解决过程中的材料分发等。所以,教师作为辅助指导者负责提出问题、组织同伴互助和参与研讨,学生在这一情境中将利用学习工具和活动安排开展自主探究和合作学习。资料表明,截至 2019 年秋季,亚利桑那大学已经将 32 间传统教室改造为此类教室,可容纳 24～264 名学生开展 STEM 循证教学。

另一循证教学技术的应用表现为对课堂互动的技术支持。例如,课堂互动和参与的方法之一就是增加课堂提问和小组讨论。与传统授课的互动方式不同，循证教学大量采用点击器作为教学互动的辅助技术手段，点击器广泛应用于课堂提问和小组问题反馈的教学活动中，这一技术应用一是提高了学生课堂的参与和投入，二是有效记录课堂教学的行为数据，为教师提供后期反馈形成便利条件。例如，圣路易斯华盛顿大学的变革就将应用点击器开展教学作为制度化举措。从一开始只有 4 名教师应用，到目前已扩大到 34 名教师使用，约有 6000 名本科生使用点击器参与课堂教学活动[128]。此类教学互动不仅会改变教师的教学方式，特别是对大班额的科学入门课程而言，互动方式的改变也有助于教师设计更多的课堂交互活动[129]。总之，信息化工具的运用可以提高数据分析的效率，在为教师与学生提供评价的同时，最大限度为院系决策提供数据支持。

6.4 基于循证教学的组织文化变革

6.4.1 循证教学文化的系统生成

组织文化是组织内部成员间共享的一套基本假设、价值观、规范和信仰模式[130]。文化变迁表现为一种创新的精神气质和价值理念、一种新的知识体系，或是一种新的组织结构，是具有整体性和全面性的创新性变革。由于院校组织本身是一个开放系统，要实现组织文化变革势必需要与之相关的结构系统、个体系统、文化系统共同变革，从而实现在组织和成员间赋予本科 STEM 教育新的基于循证教学的文化内涵，使组织具备持续变革的内驱力(见图 6－4)。

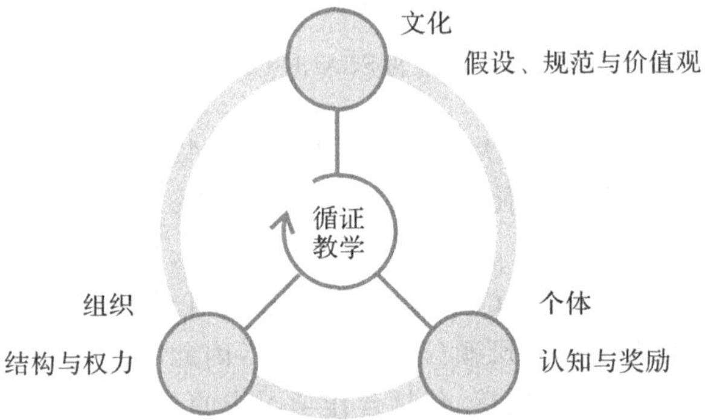

图 6－4 院校系统变革的基本模式关系示意图

1. 以循证教学为中心的变革

教育变革的核心是教学变革，因为人才培养是大学组织的基本功能属性。本科 STEM 教育提出以循证教学提升教育质量，本质上是通过改变教学方式、教学内容与教育技术改进教育教学环境要素,进而实现 STEM 教育的教学提升。循证教学与能动学习是一对具有主体间性的相对概念,分别对应教师的教和学生的学。首先,能动学习是"让学生通过课堂上的活动和/或讨论参与到学习过程中,而不是被动地听取专家的意见。它强调高层次的思考,以及经常涉及团队合作"[131]。因此,循证的本质是一种研究,是将科学实证的探究运用于教学学术,再通过研究性学习、合作学习、反思性学习的学习方式实现以学生为中心的教学范式的转换,使 STEM 学科知识的学习更有趣味性、情境性、体验性、挑战性,使不同学生(个体与性别差异)的学业成绩获得实质性的提高,从而进一步影响教师的教的变革。其次,STEM 学科教学涉及知识的整合,知识整合以学科核心概念为基础,以跨学科概念为指引,以解决实际问题为目标。科学、技术、工程、数学学科之间存在一些知识共核,需要开发彼此关联的认知过程,从而形成一种有效衔接的思维和科学素养。与简单的科学学科知识传授不同,STEM 教育尤其重视对空间想象力的培养,以及数学教育中的计算思维(逻辑与推理)、工程教育中的设计思维(创造力与想象力)的养成,这些都是 STEM 教育特别强调的内容。尽管批判性思维与创新思维也具有广泛适用性,但 STEM 科学素养与通用素养的区别体现在具体的教育内容之中。再次,循证教学依赖教育信息化技术的升级与支持,信息化技术从教育的工具和媒介转变为教学评价的组成部分。传统上,教学评价一直是教学质量监控的盲点和难点,因为教学过程难以实现量化考核和数据追踪。本科 STEM 教育大量课堂观察工具的应用实践经验表明,信息技术手段的应用一方面有利于提高循证教学的效果,另一方面也有利于诊断教学、监控教学和反馈教学,使教学从主观的经验主义理性转向客观的实证主义理性。

2. 结构重组与权力分享的变革

院校系统变革需要一套高度参与性的组织架构,能对权力分配和信息传递进行有效的制度安排,使自上而下与自下而上的变革协调配合。由于大学组织的专业性源于学术系统的松散性,很难保证计划变革的有效实施,因此需要设计一套使参与变革的利益相关主体积极互动的组织结构,平衡组织内部官僚权力与学术权力割裂的关系。首先是试点院校都应成立或指定专门的机构负责本科 STEM 教育的改革,这些机构的职能涵盖教师发展、教学评估、教学资源开发、教改资金分配,以及与院系和职能部门的合作等。试点院校通过向教务长、副教务长、教务部门和具体的 STEM 研究员(中心)等进行纵向分权加强对变革计划的干预,这种组织干预借助科层体系的权责、角色和目标期望形成自上而下的变革预期。此时系统变革围绕 STEM 教育变革的部门展开变革的部署与安排,通过相关职能部门实现组织的工具性表达,即追求组织系统变革的技术性目标。其次是试点院校通过与 STEM 院系、文理学院、STEM 教育研究院(中心)等学术部门合作,扩大系统变革的变革管理和共同领导,基于横向的学术权力共治实现组织的象征性表达,通过自下而上的变革参与满足组织成员对动机、态度和组织效能的需要。系统变革的结构性创新提供了一种广泛应用的混合组织工具性表达与象征性表达的解决方案，通过 STEM 变革部门协调院系跨部门合作，在院系变革中嵌入学科教学专家和教育研究者，共同提供基于循证教学的专业知识和教育研究的信息反馈。可见，参与变革决策与问题解决满足利益相关者主体的期望和诉求，有利于将变革重心向院系基层学术组织汇聚，能激励一线教师、学科专家、院系领导和学校管理者协调一致，共同致力于变革行动。

3. 组织学习与制度激励的变革

系统变革的持续创新与传播需要改变组织成员的个体知识结构，通过组织学习使个体行为的选择遵循共同的认知基础和知识储备。其中，组织学习是一种改变个体认知的自组织结构，强调成员间出于共同的兴趣形成社群，彼此自发地分享观点、知识、技能，并形成对组织变革的新的信念。首先，8 所试点院校都具备一定的 STEM 教育学习和教学研究基础。其次，教师学习共同体、院系行动小组，以及教师教学指导都是组织学习的具体方式，其共同特征是：①重视围绕循证教学和教学学术的学习目标，指向教师个体自愿的参与，关注对循证教学的知识和技能的学习；②教师学习共同体具有自组织的倾向，参与系统变革的教师具有自发性和主动性，都具有致力于通过研究本科 STEM 教育提升教学质量的主观能动性；③学习共同体注重成员间正式与非正式的深度交流，通过工作坊、培训、研讨会、兴趣组、合作教学建构对有效开展循证教学的集体感受和共同立场；④将教师个体发展与组织变革衔接一致，通过制定教师专业发展规划，与院校提高本科 STEM 教育质量的愿景和变革战略对接。总之，教师知识的更新与替换，是决定是否能实现由重视教学学术的理念向实践教学学术行为转换的重要步骤。

制度激励是实现由个体转变向组织变革的重要手段，组织制度变迁的结果是实现制度创新的制度化。首先，基于承诺一致性的变革强调个体与组织间的忠诚原则，通过承诺递增的回报机制增加组织成员对变革的忠诚度和动机目的性。STEM 教育的系统变革在不同的行动者中(个体与集体)反复强调教学学术对研究型大学 STEM 人才培养的重要性，并通过鼓励教学参与实践循证教学的变革赋予教师研究教学学术的合法性身份，使教师逐渐对循证教学及其倡导的 STEM 学科教学研究产生嵌入性规范，从而实现制度化过程。其次，基于回报递增的制度化是通过奖励对的行为刺激组织成员的个体选择，从而形成制度的正反馈机制。其中，院校和院系对循证教学评价的考核纳入薪酬体系和职称晋升，包括学生评教与学业成绩等在内的多种激励机制共同作用，势必使教学的重要性不断提升。资料表明，AAU 院校正逐步将循证教学的考评纳入教师终身教职和非终身教职的考核中，截至 2016 年，已经有试点院校的 12 所院系采纳新的教学评价举措作为激励机制[132]。

6.4.2　组织文化变革的反思

文化、制度与组织具有内在的一致性,组织文化变革需要在思想意识和行为规范两方面持续建构,使文化建设与组织制度建设有效衔接。美国大学协会(AAU)长期以来支持科学研究,围绕研究制定政策和提供资金,而新的制度逻辑主张研究型大学不仅要拥有一流的研究学术,也同样应该具有一流的教学学术。科教融合的难题在于如何解决教学学术的"漂移"问题,开展以循证教学为核心内容,追求卓越教学学术的系统变革。从组织转型变革的角度分析,只有通过塑造新的组织文化,才能产生推动组织持续转型的凝聚力。

1. 循证教学为实现科教真正融合创造条件

高等教育的绩效评价与大学排名使大学越来越重视科研学术,而忽视对教学这一大学核心任务的关注。教学评价困难首先是因为对教学没有统一评价的标准,对教学过程更是难以通过定量研究确定教学与学习之间排他性的因果关系,这些都导致学界、政府和学生只能通过评价科研衡量大学的教学,一所大学的科研学术的成败决定大学教学学术的好坏成为评判大学的一种刻板印象的假设。循证教学有可能真正实现从教学过程、教学效果到教学反馈的客观评价,正如上文所述,循证教学是运用验证有效的教学方法实时教学,并通过信息技术手段实现教学过程评价的教学。一是循证教学倡导对 STEM 学科教学的研究,美国国家科学基金会将运用循证教学的创新研究纳入科学研究的范畴,有望真正整合科学领域的教学-学习-科研的连续体。二是循证教学自身遵循科学研究的探究过程,通过假设验证和运用大规模的实验研究验证具体的教学方式有效性,与科研学术具有内在逻辑的一致性。三是美国大学协会积极倡导循证教学,在系统变革中鼓励教师尝试和实践循证教学,并鼓励联盟的研究型大学共同致力于建立更广泛的数据库和量规评价循证教学的实践,这些都为教师开展以循证教学为中心内容的教学学术研究,实现研究型大学的科教融合创造了可能。

2. 系统变革为实现循证教学文化塑造创造条件

精英研究型大学重科研、轻教学源于在人才培养过程中不重视学科教学,因为学术人才培养本质上是一种科研学术的训练,不是教学学术的训练。不重视学科教学并不影响大学的科研绩效产出,甚至还有利于强化科研导向的学术声望。为此,改变院校的文化需要摆脱束缚组织结构与个人认知转变的限制因素,一是重塑研究型大学对学术价值的定位导向,提倡一流的学术创新与高水平的人才培养并重,而不是片面强调科研绩效。二是注重培育教师教学文化与教学文化环境,教师教学文化旨在改变教师的知识结构和教学技能,使教师熟悉循证教学的方法;教学文化环境旨在培养教师利用信息技术分析教学和反馈教学的意识和规范,使其成为组织不言而喻的行为期望。三是从制度机制入手培育组织文化，通过物质激励与承诺递增的制度化举措，将对本科 STEM 人才培养的质量提升和对循证教学的重视转化为制度惯习，并最终形成制度化体系。

系统变革的深入发展和变革行动的实施将逐渐引导研究型大学重视人才培养和对教学学术的探究。AAU 的变革框架和院校的变革实践验证了基于教学学术文化变革的可能性。首先，组织结构调整是引领变革的关键环节，建立具有教学与研究，以及拓展业务能力的独立的 STEM 部门对整合变革力量和资源具有重大意义。其次，权力运行的实践更倾向于进行集权与分权相结合的变革，因为学术共同体和院系，以及 STEM 部门的协调优化能发挥变革的最大效益。再次，教学文化变革的重要表现是承诺与实践的一致性，教学奖励作为体现教学学术价值的人造物具有显性特征。最后，教学实践是通过潜移默化的循证教学实践的工作方式改变教师信念的嵌入过程，这种变革力量并不需要科层权力，也不依靠外部激励，而是在以学科为单位的院系内部，通过学科群落逐渐创新和传播变革的过程实现。

第7章 系统变革的案例：科罗拉多大学的实践

美国大学协会(AAU)本科 STEM 教育系统变革的核心目标是转变研究型大学以科研学术为中心的价值导向，并围绕循证教学建构以研究性教学为内涵的教学学术与科研学术并举的组织文化。为实现这一目标，AAU 发布了系统变革的框架，与院校合作开展系统变革的实践和研究。所谓系统变革的方法，是院校对接受本科一、二年级 STEM 入门课程学习的学生进行人才培养质量优化的方式，涉及课程与教学改革、教师专业发展与教学硬件改善，以及组织管理与激励机制的调整。整体上，本科 STEM 教育的系统变革研究分为三个层次，其一是研究组织外部系统的环境变化对大学组织群落的影响和干预，由于大学组织及其群落是开放系统，故组织变革必然受到外部制度环境和制度逻辑变化的影响；其二是研究 AAU 在系统变革中对院校群落发挥的作用和产生的影响，由于 AAU 是系统变革组织场域以及院校群落的关键行动者，故其对变革的创新和传播发挥积极建构作用；其三是研究院校组织在大学系统内部的变革模式和行动策略，特别是院校如何将 AAU 系统变革方案具体化为实现组织文化转型变迁的行动。

7.1 本科 STEM 教育变革的设计与实施

7.1.1 系统变革的预设方案

尽管复杂系统理论、制度理论和组织理论对大学组织开展系统变革存在各种理论假设，但归结起来大致可以总结为三点：其一，大学组织是复杂系统组织，学术权力与官僚权力冲突，政府、市场与院校的利益相关者代理关系重叠，学科文化与院校文化的价值诉求共生都导致了大学组织的复杂性，因此要实现组织转型而缺乏整体的系统谋划必然导致系统崩溃，这是系统复杂性导致的涌现性变化不可避免的。其二，系统变革既是个体变化，也是集体变化。个体强调认知与思维的转变，集体强调价值观转变，这就涉及组织文化的变迁，而组织文化变迁与制度创新、制度化具有一致性，因为正式的制度强调外显的规则作用，非正式的制度强调内隐的信念和假设。对大学组织而言，研究型大学的组织文化是创造一流的学术成果，教师的绩效和升迁也都围绕这一核心假设开展，因此要改变这一观念就需要聚焦组织文化的变革。其三，系统变革被认为是一种组织转型或计划主导的变革，转型不会一蹴而就，需要依托自下而上的组织发展过程循序渐进地实现变革目标。组织发展也被看作是一种问题解决模式的行动研究，需要学习体验子系统、教学实施子系统、行政管理子系统和学校治理子系统协调一致，需要通过不断评估、反馈、调整变革的实施，以及组织成员间的动员、参与和学习不断塑造变革行为，并最终实现组织的转型。

基于这些理论假设，包括美国大学协会（AAU）、美国学院与大学联合会（AAC&U），以及美国公立及赠地大学协会（APLU）在内的院校联盟组织均对本科 STEM 教育开展了组织系统变革的实践。组织变革是一种实践行动研究，旨在解决院校系统变革中面临的实际问题，目前尚没有公认的成熟变革方案。从美国 STEM 教育系统变革的实践分析，三大院校联合会分别采取了三种方案设计：一是 AAU 提出的以文化变革为聚焦点的系统变革模式，其主要应用对象是精英研究型大学；二是 AAC&U 提出的以行动调查为特征的系统变革模式，主要针对公立和私立学院、社区学院、研究型大学以及各种类型和规模的综合型大学；三是 APLU 提出的以建设 STEM 教育中心为特征的系统变革模式，主要面对州立大学系统的公立高校，以及传统上专门针对黑人和西班牙人后裔的学院和大学。根据卡耐基高等教育机构分类，美国高等教育的院校组织分为博士型院校、硕士型院校、学士型院校、学士与副学士型院校、专科院校和部落院校六大类[133]。三大院校联合会基本覆盖美国所有类别的院校，尽管其变革方案在变革方式、变革重点及资助上各有侧重（见表 7－1），但不同方案也具有广泛的院校代表性和目标共性特征。

表 7－1　美国高等教育三大院校联合会本科 STEM 教育系统变革的方案比较

变革倡导者	美国大学协会(AAU)	美国学院与大学联合会(AAC&U)	美国公立及增地大学协会(APLU)
变革目标	大规模提升本科 STEM 教育的教学质量、搭建院校合作网络、促进院校系统变革		
院校特征	精英研究型大学	社区学院、州立大学、研究型大学	研究型大学、黑人和西班牙人后裔的大学
变革方案	变革共同框架	变革行动指导	建设倡议
变革重点	强调教学文化的关键作用	重视院校数据的整合与利用	强调 STEM 教育中心的集聚效应
资助方式	国家科学基金(NSF)等*	波长计凯克基金 (W. M. Keck Foundation)	阿尔弗德·斯隆基金 (Alfred Sloan Foundation)
试点院校	8 所研究型大学	加州 11 所院校	45 所院校的 STEM 教育中心

*AAU 系统变革的资金主要来源于六家机构：分别是国家科学基金（National Science Foundation，NSF），诺斯罗普·格鲁曼基金（Northrop Grumman Foundation），Leona M. 和 Harry B. Helmsley 慈善信托基金（Leona M. and Harry B. Helmsley Charitable Trust），科学促进研究公司（Research Corporation for Science Advancement，RCSA），博勒斯维尔康基金（Burroughs Wellcome Fund），爱思唯尔（Elsevier B. V）等。

7.1.2　系统变革的行动策略

系统变革的模式为院校变革提供整体方案的设计参考,而变革实施需要将具体的行动付诸实践。亨德森(Henderson)等学者通过文献研究指出,根据计划变革与自发变革两种形态,以及组织结构与个体参与的维度进行坐标象限划分,在院校层面的变革可以分为课程与教学传播策略、变革举措颁布与实施策略、教师专业发展与教学反思策略、共享组织愿景与战略转型策略[134]。

博雷戈(Borrego)和亨德森(Henderson)在理论分析的基础上又对变革策略进行了深入探讨,其中每一种变革策略又被划分为彼此关联的子策略,具体包括:课程与教学——教学传播与实施策略、教学反思——研究性教学与学习共同体策略、组织变革——质量保障与组织发展策略、共享愿景——学习型组织与复杂领导策略等[135]。

美国大学协会对试点院校发布的指导手册提出了一系列院校行动策略,旨在帮助院校在变革中设定情景、开展大规模实践和凝练变革经验,具体包括[136]:①评估组织的优势与劣势——对组织的优势资产和局限性进行全面评估;②确保分布式的领导力——官僚权力与学术权力共同参与系统变革的讨论与决策;③评估变革的框架和语言——评估变革的利益相关者对变革的核心价值的理解;④利用基于理论的策略——实施基于制度变迁、组织学习、网络建构的系统变革;⑤创建和评估系统方法——协调一致发挥组织系统的合力;⑥发挥利用影响力策略——鼓励广泛参与和扩大变革影响力;⑦建立和支持网络——搭建多层次合作网络;⑧创建反馈回路——收集变革数据与提供纠错反馈。

总之,系统变革的突出特征之一是具有规模效益。规模通常被定义为不仅仅影响一小部分学生的变革,也涉及组织系统多个部门、单位和机构的变革。因此,变革目标可能由不同院校或利益相关者承担,不同院校的策略选择也会考虑院校的特点和优势,并非所有变革策略都会得到应用,而是针对某些策略的重点实施。

美国大学协会(AAU)本科 STEM 教育系统变革选择 8 所试点院校进行实验,这些院校都针对本科前两年学制的大班额 STEM 入门课程进行了不同程度的教学改革,并采取了与之配套的系统变革策略,具体如下:①布朗大学围绕教学、反思和组织发展策略开展变革,包括大力推广小组合作学习,鼓励教师、研究生与博士后研究人员组成学习共同体,定期召开由系部主任、教师和 AAU 行动小组参加的例会,分享变革经验与感受等。②密歇根州立大学将变革重点聚焦在 STEM 学科核心素养的学习和跨学科教师学习共同体的建构上。③亚利桑那大学将教师专业发展、学习共同体建构、教学硬件改善作为系统变革的关键策略。④加利福尼亚大学戴维斯分校主要进行数据评估工具的开发与应用、教学学术会议的召开以及院校数据评估方法的推广。⑤科罗拉多大学博尔德分校采取行政管理与学术治理共同倡导循证教学，院系组织文化变革和院系行动小组共同作用的机制促进变革持续推进。⑥北卡罗来纳大学教堂山分校运用师徒制和教学学术共同体，以及学生数据反馈的评估等策略指导系统变革。⑦宾夕法尼亚大学采取教师主导的课程与教学再设计，要求学生课下准备，并在课堂上完成对知识的应用。同时宾夕法尼亚大学也关注硬件建设与教师的反思实践，该校教学中心成为助教参与院系教学变革和形成变革网络的节点。⑧圣路易斯华盛顿大学通过促进教师专业发展和学习共同体建构，形成对教学的评价反馈机制，以此对课程与教学进行再设计，对教师的支持和该校对变革的持续投入是确保变革持续发展的关键。综上所述，试点院校都尝试运用系统变革的框架进行变革，在具体的变革实施阶段也因校制宜地采取对应策略。

7.2 科罗拉多大学博尔德分校的变革计划

案例研究的设计一般需要考虑三个步骤：第一步是界定案例选择的范围和标准；第二步是决定案例研究的类型，比如是整体式案例还是嵌入式案例；第三步是案例研究的逻辑起点和具体研究工具选择，是归纳或是演绎，是收集资料或是访谈等[137]。因此，本案例选择科罗拉多大学博尔德分校主要有以下三项参照标准：

其一，科罗拉多大学博尔德分校是参与 AAU 本科 STEM 教育系统变革的 8 所案例院校之一，该校在促进院校合作、推动个体参与和组织文化转变三个方面被公认为是研究型 1 类(R1)大学 STEM 教育系统变革实践的典范[138]。

其二，现有文献表明，科罗拉多大学博尔德分校的系统变革具有对前期 STEM 教育系统变革的历史继承性，同时在学校和院系层次都进行了卓有成效的变革实施，属于单个案例的多个分析单位的嵌入，具有从院校情景、组织管理和院系实施过程进行深入描述的可行性。

其三，AAU 系统变革通过发布变革共同框架指导院校变革实施，强调形成循证教学的组织文化，并以此为基础运用课程与教学、教学反思、组织变革和共享愿景的策略实现系统变革。因此，AAU 的变革框架为案例分析提供了一定的理论依据。本案例研究试图通过大量文件、网页、新闻、报告等文献资料，以及对部分访谈内容进行分析和归纳，全面梳理系统变革的实施策略，为进一步揭示院校变革行动的策略提供实证依据。

科罗拉多大学博尔德分校是 AAU 系统变革的试点院校之一，其法定使命是一所公立研究型大学，其办学宗旨是为接受高等教育的公众获得最大的公共利益。在科罗拉多州法律中，该大学被定义为“具有选择性录取标准的综合性研究型大学”。作为科罗拉多州立大学系统的旗舰学校，其研究型大学的角色为本科教育带来了独特优势和特色，对科学研究的重视也为人才培养带来了特殊机遇[139]。

7.2.1　前变革项目:科学教育计划(SEI)

科学教育计划(science education initiative,SEI)是美国科罗拉多大学博尔德分校(University of Colorado Boulder,UCB)和加拿大英属哥伦比亚大学(University of British Columbia,UBC)分别于 2006 年、2007 年开展的一项旨在改变院系教学实践和文化,并让大多数教师使用和维持基于研究的教学实践。科罗拉多大学博尔德分校实施科学教育计划的概况如表 7-2 所示。

表 7-2　科罗拉多大学博尔德分校实施科学教育计划的概况

科罗拉多大学博尔德分校实施科学教育计划的概况	
实施年限	2006—2014 年
院校资金投入/美元	530 万
院系分配金额/美元	平均 65 万(介于 15 万至 86 万之间不等)
院系参与数量	6+1(小规模)院系
科学学科教学专家参与	24 名科学学科教学专家参与协助

1. SEI 的目标

SEI 倡导通过循证教学提高科学教育或 STEM 学科的教学效果,其具体目标如下[140]:

(1)确定学生应该学什么。

(2)科学地衡量学生实际学习到的内容。

(3)调整教学方法和课程,并有效利用技术和教学研究,以达到预期的学习效果。

(4)传播并采用有效的变革方法。

2. SEI 实施的策略

(1)领导组织建构:学校设立专门的 SEI 部门,负责项目的经费、人员与日常管理。SEI 部门的具体职责包括[141]:

①征求和审查提案;

②资金和预算的管理和监督;

③就科学学科教师助教(science teaching fellows,STFs)的聘用提供建议;

④STFs 的培训;

⑤科学学科教师助教学习共同体的支持;

⑥与 STFs 和部门主管的月度会议;

⑦征求各部门对年度报告的意见并提供反馈;

⑧通过演讲和海报协调年度 SEI 分享活动；

⑨网站维护，包括教学资源和课程存档；

⑩与其他机构合作。

(2)院系合作参与：院校在组织内部对变革方案公开招标，以竞争和优选方式确定院系试点，并提供变革经费和院系配套经费支持，同时，院系负责招募科学学科教师助教(主要是博士后研究人员)。

(3)科学学科教师助教辅助：与学院参与项目的教师一起组成学习共同体，通过学习、交流辅助教学变革。其具体的职责是：

①促进教师的沟通和建立共识；

②通过收集、提取交流数据，支持和指导教师改进的工作；

③与教师合作开发课程教材和改进教学方法；

④作为学院教育研究的资源，开展循证教学方法的探索；

⑤通过建立归档材料和传播经验促进变革可持续发展。

3. SEI 实施的效果

(1)教学实践的广泛变化。

①UBC 有 120 门课程，UCB 有 50 门课程发生显著的变化；

②教师的自我反馈报告和课堂观察也有效验证了实际教学的改变。

(2)教学文化的变化。

有 SEI 介入的院系，学生会认为主动学习是合理的。通过院系影响量规的测量表明(包括跨院系影响、个案研究和调研)，变革实施对院系文化产生了不同程度的影响。

(3)学生学习成绩的提升。

基于学习评估、学生自我评估和学生反馈表明，学生的学习成绩明显提高。

(4)学科教学专家的成功经历。

基于对大多数教学岗位的教师、在教学中心工作的教师以及以学科教育研究为主的教师的调研表明，科学教育计划对学科教学专家来说是成功的。

(5)对教学学术的贡献。

基于收集的超过 120 份同行评议期刊文章、海报、实施指南，以及视频和其他推荐阅读材料的分析表明，SEI 对教学学术发展起到了推动作用。

7.2.2 变革项目：STEM 院校转型行动研究(SITAR)项目

STEM 院校转型行动研究(the STEM institutional transformation action research，SITAR)项目是 AAU 本科 STEM 教育计划在科罗拉多大学博尔德分校的具体实践，该项目旨在通过测量、评估和文化改变等专业化实践行动改进本科 STEM 教育。所谓专业化是指参与实践，建立社区，练习判断/思维习惯，具体化工作，从以前的工作中汲取经验，并继续发展/学习成为专业人士，以提高学生的学习效果[142]。为此，科罗拉多大学博尔德分校采用了四个层次的方法，即教员实践（自下而上）、部门文化（中间向外）、行政支持（自上而下）、背景技术和基础设施[143]。同时，为更好地利用现有的学生数据，STEM 学习中心与信息技术办公室合作开发和引进技术，通过与美国大学协会提供的基础设施支持共同干预这四个层次的变革。

1. 第一层次：与教师一起工作

首先在物理、综合生理学和机械工程 3 个院系开展教师合作，教授大量的入门课程。通过院系领导的推荐，将对教学变革持开放态度的教师确定为合作对象。在确定了潜在的教师合作伙伴和关注的问题之后，变革的目标是创建和支持教师共同体来解决这些问题，而超越解决单一问题的学习共同体才是终极的发展目标。在第一年，有 12 名教师参与，并在 5 门课程中通过实施前/后概念清单确定课程的学习目标。未来上述计划还将在这 3 个系中使更多的教师参与，并扩大到 7～10 个系。

2. 第二层次：院系文化变迁

在校园内至少有一个试点院系实施全院系的文化变革，目标是使该院系全面整合以证据为基础、以学习为中心的教育，并不断鼓励持续改进变革的过程。第一层次、第二层次工作的目标是两种不同的变革假设（基于个人规模的渐进和实践，以及基于院系规模的系统和文化实践）。院系变革需要确定对关键行动、量规和结果的行动策略。

3. 第三层次：院校管理支持

在这一层次，要与院校的高级管理层进行协调，形成教育实践的卓越文化。STEM 教育被校长确定为校园战略重点。同样，信息技术办公室也已经将 STEM 教育作为一个重点领域。教务委员会已将循证教育实践作为优先事项，并号召将循证教育实践作为全校范围内的教学奖励，鼓励教师转向以证据为基础的实践，以及关注其他衡量学生学习效果的措施。同时，建立专门的教师工作组，创建被院系采用和情景化的卓越教学框架，用于教师的晋升和终身教职的评价指导。

4. 第四层次：技术支持变革

在两个明确的技术线路上支持组织变革，包括从加利福尼亚大学戴维斯分校引进分析工具和创建基于部门的工具包来实现报告和测量分析。在第一个领域，与加利福尼亚大学戴维斯分校合作，组建校园领导团队（学术技术副总监和数据库负责人）。通过大量买进技术，研究如何积累和运用相关的数据。在第二个领域，需要院系应用基于学科的常用评估工具评估教学，如由威斯康星大学的 Matthew Hora 开发的教学维度观察协议（teaching dimensions observation protocol，TDOP），并组织全校范围的 TDOP 培训。

7.2.3 院校STEM教育变革行动升级

与SEI相比，SITAR项目在借鉴的基础上侧重对组织系统变革的影响，试图构建影响组织转型的长效机制。两次变革的假设如表7-3所示。

表7-3 SEI与SITAR项目的核心假设对比

科学教育计划(SEI)	STEM院校转型行动研究(SITAR)项目
• 变革的逻辑单位是院系； • 需要更多时间和人力资本来支持变革； • 教师专业知识的开发最好是通过知识应用，因此需要专注于对特定课程的转换； • 教学的证据是说服和指导改进的重要工具	• 变革既是计划性的，也是自发性的； • 关注持续性变革，关注持续性改进； • 承认现有的组织文化和局限性，关注激励机制变革对组织转型的持续性影响； • 院系变革的关键是不同层次的院校生态系统的建构

首先，SITAR项目吸取SEI的变革经验，更加关注变革的系统性。尽管SEI也意识到外部网络和院校支持的重要性，但由于SEI是以院系为单位开展变革，主要注重对课程与教学的改进，因此依然属于教学改革的范畴。而SITAR项目的变革明确包括教师、院系和院校管理三个层次，更加强调系统内部的协同与合作，更容易发挥变革的整体优化的效果。

其次，SEI强调博士后学科专家发挥指导和引领教师专业发展与提升教师的专业知识和教学技能的作用，而SITAR项目更加注重改变院系的文化。为此，系统变革提出针对院系文化转变的6项承诺，使变革行动与承诺相互匹配，具体包括：①学生被视为教育过程中的合作伙伴；②教育经验围绕明确的学习成果进行设计；③基于循证的教育决策；④院系内部和外部利益相关者之间存在积极的协作和沟通；⑤院系是一个专注于持续改进的“学习型组织”；⑥院系重视包容性、多样性和差异性发展[144]。这些对院系文化变革的承诺被院系行动小组分解为院系的具体行动目标和方案，并付诸实施。

再次，尽管SEI也提出对教学评价的具体方案，但由于其重点关注具体课程和教学改进，尚未形成对教学质量的整体控制，导致其对教学学术塑造的影响力有限。而SITAR项目变革提出教学质量的框架结构，以这一概念为基础，进一步提出具体的描述教学评价标准和手段，包括院校整体上对教学质量及其评价工具的界定，并允许院系根据学科差异和院系具体情况对指标进行本地化设定[145]，从而形成院系和学校对教学学术的特征描述和对循证教学数据的收集，旨在鼓励教师的循证教学和塑造学校整体的循证教学文化。

7.3　科罗拉多大学博尔德分校的变革分析

从 SEI 到 SITAR 项目,科罗拉多大学博尔德分校一直在尝试如何规模化运用有效的循证教学方式,使其成为大型公立研究型大学科学教育的典范,并探究影响教学学术文化生成的积极和消极因素。通过 SEI 改进教学的实践总结,该校认为系统变革的关键是教学学术文化的生成,因为文化具有内聚力和持续性,可以最大限度实现由计划变革向自发变革,由教学变革向组织变革的转型。为此,系统变革需要面对的最大威胁是组织人员更迭和经费保障流失,当部门领导更替和经费短缺的情况发生时,任何教学变革或是系统变革就会出现所谓的"滑脱"现象。为此,该校本科 STEM 教育的系统变革主要采取以下行动策略实施变革。

7.3.1　自上而下的变革:质量保障与组织发展策略

系统变革是依托变革设计的计划与组织,并逐步实施的组织转型变革。变革需要解决 STEM 教学质量提升的问题,更需要完善组织的发展以实现变革目标。

1. 教学质量框架

SITAR 项目在管理上建立了覆盖全校的关键利益相关者特别工作组①,该工作组由被公认为校园领袖的教师,具备教育、评估和熟悉院系文化方面知识的教师,以及得到全校教师信任的教师共同组成。同时,对变革感兴趣的系部领导、院长(或他们的代表)、教职工代表大会的领导,以及与变革密切相关的关键部门的领导组成顾问委员会(比如来自 IT、数据分析、本科教育和教师服务部门等的管理者)。特别工作组与顾问委员会实行例会沟通机制,其目的是支持全校采用通过认可的教学质量框架(teaching quality framework,TQF),协调组织管理问题,以及确保变革共同体对变革行动的整体投入度。

制定教学质量框架(TQF)的初衷是为全校的教学卓越性提供可资借鉴的参照。为此,TQF 对教学学术评价提出 7 项构成要件,即:①教学目标与内容的一致性;②适当的教学准备;③灵活的教学方法;④明显的学习成效;⑤有效的教学展示;⑥师徒教学与反馈;⑦反思性批判与回顾[146-147]。对院系教师的具体评价将根据院系实际对教学质量框架进行细化分解,通过收集学生反馈数据、教师教学档案袋数据、同伴教师听课反馈数据,共同开展对教学学术的形成性和终结性评价,其结果将直接与终身轨教职考核和年度绩效奖励挂钩。目前,科罗拉多大学对终身轨教职的晋升考核包括教学(40%)、科研(40%)、服务(20%)三项内容。其中,对

---

① 特别工作组:该工作组的核心成员包括 5 名 STEM 学习中心的助理研究员,圣地亚哥州立大学数学与统计学系的助理教授,信息中心的学习发展与设计部主管,学校物理系的知名教授(教学名师)。

教学的评价旨在提供可以提高教学质量的证据，并促进对大学本科生和研究生课程的教学进行公正和全面的评价，具体的评价工具包括学生评价以及其他多元化教学评价工具，诸如学生成绩、教学学术的研究及其发表、教学创新的尝试、新技术运用与网络环境建设等[148]。

由于美国大学协会（AAU）系统变革方案特别强调对教师改进教学的实证评价，这客观上对基于证据的形成性教学评价提出了更高的要求。2014 年，科罗拉多大学博尔德分校加入跨湾区大学联盟（Bayview Alliance，BVA），该联盟旨在促进教师使用学习分析工具和技术，以最大限度地提高学生的学习收益。其中，教师的同行评议是教学评价的重要手段之一，包括诸多用于记录课堂活动和教学行为的课堂观察记录标准（如 teaching dimensions observation protocol，TDOP），教师也会选择使用有效的观察协议来进行同行评审，并利用这些数据来提高教学效率。为此，隶属于信息技术办公室的学术技术设计小组（academic technology design team，ATDT）与 STEM 学习中心合作，于 2015 年在 8 个不同学科的课程中进行课堂观察协议应用试点，旨在为后续教师大规模地运用课堂观察协议积累经验[149]。对于教师而言，课堂观察数据展示了教师对获取有价值反馈的承诺，使数据驱动的教学实践成为教学评价的一部分，也为其成为教学评价的常态创造了有利条件。

2. STEM 学习中心

STEM 学习中心（STEM Learning Center，CSL）的设立得益于国家科学基金会（NSF）的资助（2009—2014 年资助 100 万美元），中心的设立旨在实现三个目标：一是变革本科和研究生 STEM 学科课程；二是培养本科和研究生的 STEM 师资；三是开展基于 STEM 学科教学的研究。该中心设立执行委员会，由科罗拉多大学博尔德分校的校长、教务长和战略关系副校长，以及研究生院、教育学院、人文与科学学院、工程与应用科学学院的院长组成，或者由任命的代理人担任执行委员会的成员。执行委员会是 STEM 学习中心的主要决策机构。STEM 学习中心每年召开两次会议，审查资助项目、活动和财务报告，并提供反馈。其中，2016—2020 年，STEM 学习中心对 SITAR 项目的资助经费为 398946 美元[150]。STEM 学习中心不仅全面负责校园范围内与 STEM 相关的教学和科研事项，也是 STEM 教育交流、政策发布和身份建构的核心部门。STEM 学习中心通过与其他大学 STEM 中心建立紧密的联系，形成关联网络，不断引进和输出相关的教育创新和研究。

7.3.2 中层连接的变革：院系行动与组织学习策略

大学是行政权力与学术权力分布不对称的组织，越是基层的学术部门，学术权力的自治就越发明显，因为技术理性的权威在组织运行的底层远大于科层权力的合法性。因此，组织变革需要将重点放在以院系为单位的基层结构，从而实现对变革实施承上启下的作用。

1. 院系变革行动小组

院系变革行动小组（departmental action team，DAT）是通过提升院系教师的专业发展和促进文化转变而开展持续变革的一种变革工作方式。科罗拉多大学认为组织变革的关键是院系，而不是个人，变革必须从一开始就关注可持续改进和文化变迁等问题。DAT 由 4～8 名具有变革意愿的教师、学生或职员组成，理想情况下应代表院系内的不同界别（包括终身轨教授及非终身轨教授、本科生及研究生），并包括 2 名外联协调员（他们熟悉关于教育研究和组织变革的专业知识，支持团队合作的机制建设）[151]。DAT 开展工作的核心原则是：①学生是伙伴——学生有权参与院系的教育决策，并影响有关本科教育的相关议题。②重视集体成果——DAT 成员通过形成院系共享愿景实现对组织文化变革的长期影响。③持续的数据收集、分析和解释——DAT 通过持续收集有关本科教育的多种形式的证据，为院系决策提供支持（如院校数据、研究文献等）。④积极的小组合作——平等参与决策和有成效的协作关系。⑤不断坚持改进——将渐进的成就纳入变革进程，提升内部变革的动力，并通过有效沟通保持院系外部的支持。⑥关注多样性和包容性——DAT 注重成员的多样化（例如，关注性别身份、种族和民族）[152]。可见，DAT 在院系中可以发挥三方面的作用，一是影响院系的课程与教学变革决策进程，以及对教师的教学行为和学生的学习体验产生积极影响（例如，促进教师之间的交流，整合教学计划中的课程变革，制定共同的学习目标，并分享学生的体验）；二是具体化院系的教学学术评价标准，与院系的利益相关者（院系领导和学术委员会）沟通协商，并收集教学学术评价的证据；三是开展基于数据的系统变革的研究，使院系形成一种持续研究变革的机制（例如，通过变革过程，提出潜在的研究问题和发现新领域，评估 DAT 促进变革的有效性）。

2. 教学学术共同体

SEI 的基本假设是院系是大学的文化单位，教师是学科领域的专家。当院系大多数教师参与循证教学改进的实践，其所在院系的教学就会发生实质性变革。为此，作为在科学学科教学方面经过专门培训的专家——学科教学专家①（discipline-based education specialists，DBESs）将进入具体院系，负责指导院系开展 STEM 学科的循证教学和引领教师专业发展。他们的主要职责包括：①促进本系的教学改革，包括支持课程改革的活动；②作为连接有关教学学术信息的院系资源；③指导教师，提供教学反馈；④促进教师之间的沟通和共识的建立；⑤收集、提炼和传递数据，以指导教师的工作。同时，院校设立 SEI 中心组，负责定期提供对学科教学专家（DBESs 或 STFs）教师专业发展的活动、社交活动、中心会议和年终活动等，这些内容不仅集中展示当年的工作成果，也促进专业发展，分享最佳实践，

① 学科教学专家（DBESs），指在 STEM 相关学科领域具备专门学科教学知识和研究经验的博士后研究人员。在院系受聘后，即成为所在院系的临时科学教育教师（temporary science teaching fellows，STFs），部分无研究经验的 STEM 学科硕士毕业生也可成为 STFs。

提升跨院系间的协作关系和学习共同体的意识。与DAT不同，教学学术共同体的建构以凝练课程学习目标、推动循证教学和促进教师个体专业发展为核心宗旨，聚焦对教学学术的反思，鼓励跨院系教师的合作参与。

7.3.3 自下而上的变革：教学创新与教学学术提升策略

复杂系统理论和制度理论都强调组织环境与个体创新的互动生成机制。一方面，组织愿景与文化塑造为教师的个体教学实践创造有利的外部环境；另一方面，教师的个体参与和首创精神又为组织文化转型提供典型模板。

1. 校长STEM教育卓越奖①

校长STEM教育卓越奖设立于2009年，旨在资助参与STEM教育关于学生学习创新的研究，以及实施基于STEM教育教学研究的教师或研究生。该奖励面向在职教师和研究生开放申请，并向教师提供最高10000美元研究资助或其他助学奖励，截至2016年，共有72位教师和38位研究生获得奖励[153]。该奖励每年优选和资助6～8项本科STEM教学变革研究项目，分别由学科教师或STEM学习中心的教研人员与学科教师合作完成，其中2016—2017年资助的项目见表7-4。

表7-4 2016—2017年接受校长STEM教育卓越奖资助的本科教学研究项目

STEM院系部（学科）	获资助教学学术研究项目
化学和生物化学	以合作与分享途径学习化学
分子、细胞和发育生物学	基于发现的研究课程和科学实验素养评估工具
天体物理与行星科学	以菲斯克天文馆实施有效教学研究
生理学	关于学生对生理学专业核心概念的思维
地质科学	创建本科地球科学研究协同社区
心理学和神经科学	通过减少对STEM的刻板印象来提高学生的成绩

普洛曼（Plowman）等学者认为，复杂适应组织在变革中应破除现有的思维模式，鼓励创新和意义建构，从而营造有利于组织自发变革的氛围和环境[154]。因此，校长STEM教育卓越奖赋予教学学术鲜明的标签含义，即STEM教学研究是校长聚焦和关注的重要事项，教师个体的积极响应、主动参与、追求创新也就成为教师自我实现的理性选择。例如，在"以合作与分享途径学习化学"的教改立项中，化学和生物化学专业受资助教师帕尔默（Palmer）说："我们开设这门新课程的核心目标之一是实施有效的教学实践，让学生成为主动学习者，并在化学和生物化学专

① 科罗拉多大学博尔德分校为支持个人参与STEM教育的变革所进行的部分资助和奖励包括：校长奖——每年一次，最高10000美元；技术支持艺术和科学教育发展奖——每学期一次，最高5000美元；转变教育与支持卓越教学奖——每年一次，最高可达9000美元；助教计划申请——每学期一次，资助下一学期成为助教；创新种子奖助金计划——最高可达50000美元；校长教学合作奖——最高1550美元。

业学生中促进认同感。”[155]为此，她通过课堂与课后的合作与协同实现上述目标，具体包括：①生成一系列以学生为中心的课堂协作活动；②开展贯穿整个学期的学生研究项目海报演讲；③强调化学和生物化学专业学生多样化的职业发展通道；④创造学术、学生与社会的垂直协同关系以及合作育人机会[156]。她认为，在学生之间、学生与教授之间、研究生助教之间、本科生助教之间建立联系，将会对学生的化学学习态度产生积极的影响，更普遍的是，对学习和从事科研的态度也会产生积极的影响。帕尔默相信让学生参与有趣的、相关的、协作的活动，不仅能促进学习，还能加强学生与学科从业者的联系，并强调学科学习对明确未来职业目标的重要性。总之，组织的复杂性和适应性强调一种有利于个体创新和组织自发变革的内在驱动力，一种将制度和组织环境中的“使能”条件转换为个体与社群的“能动”结果的变化过程。对变革行动者而言，自发变革强调教师、学生和教研人员都主动破除束缚组织变革的观念，尝试用主动学习或循证教学的理念引领；开拓新的教学实践手段和工具，包括课程与教学再设计、建立学习社区和数字化教学工具运用等方式；并最终以合作学习与协同育人的教学创新实现教学传播的意义建构。

2. 教学研讨会

STEM 学习中心还通过设立教学研讨会的交流形式促进教学学术的研究，包括每年举办的 STEM 学术年会和每月的学术论坛交流会等。作为融入工作的活动，基于学科的教育研究研讨会多以多学科的 STEM 教育教学学术研究为交流议题，所有对 STEM 教育研究和课程改革有兴趣的教师、员工、研究人员、博士后、研究生和本科生都有机会参与学科的教育研究研讨会，他们在这一论坛分享自己的创新想法和对工作经验的反馈。2009 年以来，参与研讨会的研讨者来自 4 所学院的 45 个不同专业，平均每周出席人数超过 20 人。这些小规模的会议和研讨极大地促进了校园内众多 STEM 教育研究人员创建一个广泛的学习共同体[157]。例如，2018 年 3 月至 5 月开展的研讨如表 7－5 所示。

表 7－5　2018 年春季部分学科教育研究研讨会的主题及举办时间[160]

日期	研讨主题
2018.05.02	“化学基础”课程设计、学生参与和社区建设
2018.04.25	“机械工程顶点设计”课程中领导行为的演变
2018.04.18	研讨：STEM 学科基础教育研究的结构和重点
2018.04.11	“生物进化”课程中生物启发设计思维的整合
2018.04.04	基于证据的课程开发和评估方法
2018.03.21	谈话事项：调查非内容课堂语言的本质——教师谈话调节学生的融入、参与和学习
2018.03.14	研讨如何支持数学学习助教
2018.03.07	跨越专业的边界：为非正式 STEM 教育者提供在线协作学习的机会

学习型组织理论认为STEM教学的创新通过正式组织中的非正式社群实现，在这些实践社区中，个人可以通过分享隐性的教学知识发展新的组织知识。例如，化学和生物化学专业教师帕尔默(Palmer)对其分享讨论的主题有如下描述，她说："我很乐意分享我的经验，并从中获得反馈。我很清楚——我并没有做基于学科教学的研究！我所做的是，我开发了一门新课。但在这一过程中我学到了很多可能对其他人有价值的东西。我甚至怀疑我自己怎么可能从社群中学到那么多关于如何继续开发课程，以及将所学到的内容扩展到其他课程的想法。"另一位演讲者表示："我与这篇论文初稿的合著者将于6月在美国工程教育学会上发表这篇论文，我想请各位找出在我的论文中数据呈现与表述不一致或混乱的地方。"[158] 显然，教学研讨与院系的教师学习共同体都具有组织学习的特征，都是通过组织正式嵌入的结构推动个体、局部或边缘渗透的学习形式，组织学习理论将其定义为深度会谈——参与成员彼此间暂时忘记假设和成见，进入真正的共同思考的过程[159]。这种基于组织学习的变革将外生变革转为内生变革，将个体学习上升为团队学习，从而提升组织学习能力，实现组织共享的目标和愿景。

7.4 院系变革行动的尝试

7.4.1 院系变革行动小组的实例

院系变革行动小组(DAT)起源于科罗拉多大学博尔德分校，是美国大学协会(AAU)资助的STEM院校转型行动研究(SITAR)项目的一个重要成果。AAU和试点院校都认为，变革的重点是院系层面的改革，因为只有院系的变更才能将计划变革与自发变革有效衔接。SITAR项目在2014—2015和2015—2016学年期间分别在文理学院①的物理系、心理系和工程学科的相关院系开展试点。DAT的主要目标是：其一，围绕与本科生相关的广泛问题，通过转变院系架构和文化创造可持续的变化。其二，通过促进变革领导力发展，协助DAT参与者成为变革的主要推动者。

DAT发挥作用的关键是整合DAT变革团队的外部支持(具有组织变革专业知识和教育研究经验的博士后研究人员作为协调员)和院系管理者的内部支持(见图7-1)，并以此为基础开展自下而上的变革。与学习社群的深度会谈方式不同，DAT主张发挥小组的集体力量开展变革实施行动，而组织学习社群主要开展教师

① 文理学院(College of Arts and Sciences)：科罗拉多大学博尔德分校的文理学院类似于本科生院，包含文、理、工科等50多个专业，学生需要完成基于一般技能、广泛性和多样性三个方面的课程后，才能转入正式专业学习。

个体的学习活动。具体而言，DAT 对院系组织的变革发挥以下作用：①DAT的主动性。DAT 参与院系变革的主动性源于其选择解决的问题是院系最关心和最棘手的变革问题，并针对这样的问题提出愿景和开发行动方案。②DAT 的支撑性。DAT 不是为问题解决而建立的临时性工作组，而是旨在解决与院系教学相关的组织和制度问题，因此 DAT 开展院系变革的结果是建立新的院系专门委员会、评价标准等客观化制度机制，从而确保变革的持续性。③DAT 的传播性。DAT 通过收集院系变革数据，向院系管理层、专门委员会和院系全体教工分享信息反馈，并为院系提供决策参考和政策建议。

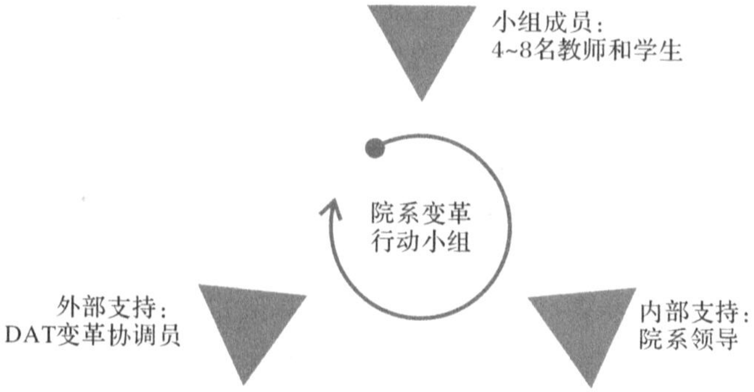

图 7-1　院系变革行动小组(DAT)构成示意图

为进一步梳理 DAT 在院系变革行动中的实施过程，在此以地质科学系的 DAT 创建为案例，通过分析 DAT 开发院系学习成果评估方案的报告，在文本分析和归纳的基础上，对 DAT 的具体行动策略进行分析。

1. 变革背景

历史上，地质科学系一直避免对其本科课程的内容和目标进行建设性的讨论。在过去的 30 年里，尽管该系进行了 3 次关于学习要求的修订，但是讨论从来没有超出课程的标题。地质科学系没有深入研究和探索本科学习的传统，对于在不同专业之间应该教什么，实际上在教什么，以及是否与学生的学习成果有关都从未探讨。

2. 变革行动

DAT 的建立和工作开展是一个循序渐进的过程，具体如下[161]：

2017 年 8 月——由 DAT 发起人游说院系教师参与 DAT。

2017 年 10 月——8 名成员(从助教到教授)就行动主题展开研讨，并确定将学习技能和成果评估作为院系变革的主要行动方向。

2017 年 11—12 月——商定具体行动，包括讨论院系变革的限制条件，评估同类院系在学习成果评估方面所做的工作，以及评估现有经验证的评估工具的类型。

2018年1月——人员调整后，有一名学科教学研究人员、一名研究生和一名本科生加入，院系变革行动小组分为专门搜集课程学习技能和制定评估方案两个小组开展工作。

2018年2—4月——根据DAT调研结果，确定了整个课程体系中最重要的6项技能，并发现17项技能在必修课、高级选修课和核心课程的技能要求上侧重不同。

2018年5月——通过对教师的调研，最终确定17项技能中的5项为重点技能。通过对学生的调研，确定2项新的技能为重点内容（软件编程和计算机语言）。

2018年5月——向学院反馈技能报告的调研结果，并向学院提交如何改进学习成果评估的相关建议，并跟进后续的变革研讨和新的实践活动。

3. 变革体验

（1）积极因素：游说参与过程中教师表现出参与意愿（"individuals willing to take on the project"），DAT协助者起到建议、协调和沟通的作用（"the facilitators helped keep all on board and avoid any potential conflict over differences in opinion"），良好的团队协作（"efforts to train us on how to get along got tiresome as it was a solution to a problem that did not exist"），DAT发起人的领导力（"I also played a significant leadership role... I think helped insure success"）。

（2）消极因素：未实现所有预期目标（预期目标中有一项是对技能在课程体系中的进展情况进行评估）（"we just did not get as far as some hoped when we started"），工作量任务重（"documenting the current state of the curriculum consumed our time"）。

总之，DAT的变革需要院系外部与内部的共同支持。DAT协助者与STEM学习中心和教育技术中心关联密切，外部协助者可以向院系成员提供行动的指引和组织建构的方法，并向学生参与者提供一定的奖励津贴；对DAT的内部院系支持是在院系管理者的认同下开展工作，院系会对参与DAT的教师提供服务积分(credit service)，作为其参与考核的一种认定。

7.4.2 教学学术共同体的实例

科罗拉多大学本科STEM教育的系统变革也注重在院系层面进行课程与教学改革，通过建立以院系为单位的学科教学共同体，旨在理清课程学习的目标，并运用有效的教学方法和教学材料，以及开发有效的评价工具。其中，院系教学学术共同体的组建以学科教学专家为主体，并按课程需要，由课程教师、助教和学科教学专家共同组成。学科教学专家主要由具有STEM学科背景的博士后研究人员构成，与院系教师不同，学科教学专家不仅具有学科背景，也接受相关的教学培训，熟悉如何将学科与教学整合和开展学科教学研究，因此学科教学专家将与院系教师共同开展为期两年(三学期)的教学学术研究。SEI 为参与项目的相关院系配备 2～3名学科教学专家,并为其提供经费资助。学科教学专家的具体任务是:①协助院系教师明确和改进课程目标;②与任课教师开展关于课程目标与评价的有效沟通与协商;③收集学生学习现状与过程的素材与数据;④与院系教师开展教学合作(开发教学素材、进行教学设计、开发评价工具);⑤开展课堂观察与提供反馈;⑥从事教学学术研究与研讨活动。上述任务是对学科教学专家的期望,由于院系变革的情况都有其独有的特点,因此上述任务不可能都实现。在任何情况下,学科教学专家的重要作用是推动全体教师都致力于改进教学工作,并对变革产生主动性。

基于对文理学院物理系的 SEI 申请实例,可以进一步了解教学学术共同体在院系中的实践[162]。

1. 变革背景

物理系的教师有着悠久的教学创新传统,教师编写的教科书、本科教学实验室、教学示范课等教学改革内容屡次获得校级、国家级教学奖励。该系一直致力于开发基于课堂概念问题(应答器问题)的实时互动响应系统,在线作业系统,在线学生反馈系统,在线模拟和演示系统,以及开发和使用工具评估学生的表现和态度等。同时,物理系教师开发了大量的基于物理入门课程的资料(尤其是基于概念性问题)。

2. 变革原则

(1)重新确定课程的教学目标。

(2)通过测量学生的学习和教学内容难易程度反馈教学。

(3)鼓励教师申请具体课程的教学改革。

(4)组建院系教学创新委员会用以奖励教学创新。

(5)开发用于反馈课程与教学的学习评估问卷。

(6)重点关注基础课和大班额课程。

3. 变革行动

(1)预期的课程改革会跨越三个学期,也可能是四个学期,从而为开展一个完整的周期性评估、修改和重新评估预留了充分的时间。

(2)课程与教学变革应有两名正式教师参与,课程变革围绕主要教学任务展开。在项目进行过程中,不同的教师可能承担不同的授课角色,以评估课程材料的可复制性。

(3)博士后学科教学专家会协助教师开发课程评估工具或课程材料。

(4)如有需要,课题可要求额外的教学助理或学习助理人员(学生)参加。

(5)可以聘请物理系以外或科罗拉多大学博尔德分校校外的专家提供咨询建议。

4. 变革支持

物理系计划为变革的课程项目提供为期四年的资助，每年资助70000美元，其中50000美元用于支付学科教学专家的费用，10000美元用于支付教员夏季工资和团队教学花费，10000美元用于支付额外的学习助教的费用。

通过上述分析发现，院系的STEM教育变革实践聚焦于课程与教学的变革，是围绕循证教学学术的实践和研究进行，并基于教师教学学术共同体的建构，在实践、反思、研究、再实践的基础上不断推进变革的组织学习过程。然而，通过对DAT的研究者的访谈发现①，在院系层面的变革同样面临挑战：一是受制于院系领导层对变革的支持，缺少支持将导致变革目标的偏离或实施受阻；二是DAT的变革需要考虑契合院系的基层学术文化，在二者冲突的情况下，院系行动小组的变革将不是一个有效的机制。

7.5 院校系统变革的策略选择

科罗拉多大学经过两轮STEM教育变革方案的实践，已经形成了一套上、中、下兼顾的系统变革策略体系。然而，许多变革的实践表明，可持续性是阻碍变革成功的最大障碍，而“滑脱现象”只是阻碍变革的众多不利因素之一。由于组织是开放系统，外部环境的变化和自身的复杂性都需要组织不断调适和优化状态，从而保持运行效率和创新优势。因此，尽管AAU提出循证教学文化的变革模式，但维持系统变革的动力依然是需要深入探讨的问题。伯顿·克拉克通过研究创业型大学的转型路径，提出大学组织转型需要“一个强有力的驾驭核心；一个拓展的发展外围；一个多元化的资助基地；一个激活的学术心脏地带；一个一体化的创业文化”[163]。借鉴这一思路，笔者认为科罗拉多大学博尔德分校的系统变革具有类似的行动策略轨迹，具体如下：

1. 专家治学的领导核心

变革领导力在变革过程中的作用直接决定变革的有效实施，STEM教育的系统变革同样关注变革的领导权问题。科罗拉多大学博尔德分校的系统变革始终将STEM学习中心作为变革的核心领导机构。作为STEM学习中心执行委员会的重要管理成员，史蒂文·R.利(Steven R. Leigh)也是科罗拉多大学博尔德分校文理学院院长，其对该校STEM变革的领导力有如下评价：“科罗拉多大学博尔德分校的STEM教育取得的重大进展，是由我们两位最有成就的教授——诺贝尔奖得主卡尔·威曼(物理学)和托马斯·切赫(化学与生物化学)促成的。他们的领导激

① 对该校Gina Quan助理教授的邮件访谈，其是DAT研究项目的研究员之一。

发了整个校园推进 STEM 教育的广泛努力。”[164]其中,卡尔·威曼是科学教育的领导者,他全面负责设计并指导了 SEI 项目。另一位备受关注的是物理学科教育专家挪亚·芬克尔斯坦(Noah Finkelstein),他是多个 STEM 研究项目和 SITAR 项目的牵头人,并身兼物理系教研组组长和 STEM 教育中心主任以及信息技术办公室顾问,曾代表该校出席国会 STEM 教育现状的听证会,且是校长 STEM 教育卓越奖和提曼霍斯教学大使的首位获奖者,他在 STEM 教育领域的领导地位具有国家影响力。由于两位专家型学者是 STEM 教育系统变革的实际主持者和倡导者,其对项目的设计、实施、评价工作的开展都发挥着重要的领导、组织协调作用,这些都充分发挥了以学术权威为主导的专家治学的领导力作用。

2. 组织变革的院系衔接

系统变革的提出主要有两点原因:一是自上而下的变革容易导致理想建构与变革实践的脱节,最终难以实现预期目标;二是自下而上的变革由于缺少外部刺激和领导核心也难以实现转型变革。组织系统变革的实践聚焦院系的中层变革,通过搭建变革行动小组和教师教学学术学习共同体衔接组织领导与基层变革的力量。其中,变革行动小组围绕变革展开工作,将管理决策聚力转化为变革实施和评价,发挥促进院系文化变革的关键作用。教师教学学术学习共同体聚焦课程与教学改革和教师专业发展,实施基于学科和跨学科的辅助教学指导。克拉克指出,高等教育系统是由学科和事业单位(院系)构成的总体矩阵,其特征是以基层为主和多方协调,因此高教系统上层机构发起的改革,通常需要得到下层利益集团的支持,这种现象在大学组织中尤为突出[165]。系统变革在组织内部需要平衡官僚的科层权力与学术领袖的学术权力,发起变革需要更多的领导力和决策能力,而实现变革需要更多教职员工的个体参与,因为变革需要以院系为核心单位,将重大的决策安排转变为符合院系实际的制度,并通过潜移默化的文化变迁过程建构新的以教学学术为重的价值认同,这些工作都需要发挥院系的主体能动性。因此,基于院系的变革行动小组和教师教学学术学习共同体组织结构嵌入是实现院系与管理层,以及一线教师开展系统变革的有益尝试。

3. 最大化利用外部资源

克拉克指出,“一所大学,为了形成革新定位的新特性,一般要求比较大的财政资源,特别需要能够特别处理的资金”[166]。系统变革的资助来源主要有两个渠道:一是利用外部的资助,如 SITAR 项目由美国大学协会提供前期资助 50 万美元,2016—2020 年 STEM 学习中心提供约 40 万美元经费;二是美国公立及增地大学协会、国家科学基金会、跨湾区大学联盟等组织机构对 STEM 学习中心开展的其他项目提供资金。2014—2016 年,STEM 学习中心的外部项目资金供给稳步提升(见表 7-6)。

表 7-6 2014—2016 年 STEM 学习中心预算情况简表[167]

资金来源	2014 年	2015 年	2016 年
一般预算/美元	255034.00	442127.00	290700.00
辅助资金/美元	6059.00	130457.29	10000.00
项目资助/美元	884396.69	806459.02	1188235.85
捐助资金/美元	178734.19	134440.87	173237.90
总计/美元	1324223.88	1513484.18	1662173.75

注：一般预算为学校投入资金，辅助资金为预算外资金。

外来项目资金的大量涌入反映了在奥巴马执政期间，联邦政府对 STEM 教育公共财政的巨大投入。其中，通过资助校长 STEM 教育卓越奖，科罗拉多大学催化了 11 项国家科学基金会（NSF）的项目基金，合计约 500 万美元。这些资助通过 STEM 中心孵化，直接支持工程与应用科学学院、文理学院和教育学院的 STEM 相关变革举措。除了上述奖项外，还有超过 800 万美元的校外资金通过中心运营。总之，充分利用利益相关者网络聚拢外部资金，并广泛参与 STEM 相关的资助项目合作，尽量为 STEM 中心运营争取物质资源和影响力，这些举措都使科罗拉多大学博尔德分校的 STEM 教育变革进入了良性发展阶段。

4. 学习型组织建构

科罗拉多大学博尔德分校在 2018 年新制定的学术规划中将“以学生为中心的教学方式”作为指导未来学术发展的第一要务，其核心理念是“通过批判固有的教育教学理念，检验以学生为中心的教育实践”，主要目标是使本科教学形成整体性和协作性，包括让学生拥有共同的学习体验、建设创新的教学中心，以及提供标准化的育人辅导方式”[168]。以学习者为中心的教育范式是相对于以教师为中心的范式而言的，其最大的不同在于关注“学习者的个性化和学习过程”，具体包括：①以目标达成作为基础的教育原则，以目标达成的学习情况、形成性评价和学习进展数据作为学习成果。②以任务为中心的教学原则，帮助学习者增强内在动机，提供跨情境学习体验，并尝试探索新的任务[169]。系统变革主张的循证教学本质上就是通过改变课堂教学的方法，在问题解决、探究质疑、合作分析的过程中为学生提供更多的参与体验，并将学情分析与目标达成挂钩，从而形成一种基于循证教学的教学学术文化，这与关注学习者的个性和体验的目标导向是一致的。由于学习是一种知识迁移能力，故个体学习者的需求满足和参与体验理应成为集体努力改变、实现组织再造和保持竞争优势的能力迁移过程。为此，当教学学术文化的定义聚焦于“学习者”，组织变革也需要更加关注组织学习和学习型组织的建构，因为学习者的自我发展必然需要依托大学组织的教职员工个体需求的满足和自我完善，个体自我超越的内驱力和组织共享愿景的凝聚力促使变革动力机制的形成，其结果是组织的持续变革。正如博尔德分校进行变革尝试时提出的承诺所描述的那样，明确的目标、循证决策、合作交流、组织学习是保持持续变革的关键要素，这些要素会激发动机、促进反思性交流和复杂性系统思考的学习能力提升，是保持变革持续的关键所在。

5. 塑造教学学术文化

组织文化是无形的变革，文化识别包含组织的核心假设、价值观和人造物[170]。科罗拉多大学博尔德分校的与众不同在于其对教学学术长期的关注和投入，学校分别于 1989 年和 1996 年提出战略规划，强调“学生参与学习的价值观是博尔德校区一直以来的首要任务，如果博尔德校区要实现成为全美 AAU 前十的公立大学之一的目标，就必须提供一种与众不同的本科教育体验”。自 1989 年以来，该校就设立了教师卓越教学计划(faculty teaching excellence program)，该计划的核心假设是“没有一种最优的教学方法，教学是相互的过程，这一过程因学科的认识论和教师与学生互动的方式不同而不同”[171]。

目前，教师卓越教学计划包括“新助理教授计划”(new assistant professor program)、“早期职业教师项目：教师学习社区计划”(early career faculty program：faculty learning communities)、“教学有所见计划”(making teaching and learning visible)，以及“校长教学名师计划”(president’s teaching scholars)等 4 个子项目。其中，校长教学名师计划是创设于 1989 年的跨校区项目，旨在倡导和表彰在教学、教学学术、创新性和研究方面表现优秀的教师，截至 2018 年，该计划共评选出不同学科的近百位教学名师。作为服务全校的教学中心的一部分，教师卓越教学计划为所有科罗拉多大学博尔德分校的教师和博士后学者提供研讨会、短期课程和一对一咨询服务，并与 STEM 学习中心、信息技术办公室等部门密切协作，共同构筑教学学术的文化和教学学术质量保障体系。科罗拉多大学博尔德分校 2030 战略规划提出该校在未来将通过对传统高等教育教学理念的批判，检验以学生为中心的校园价值，并将跨学科性作为教学、研究和创造性工作的关键价值。可见，对教学学术的关注是科罗拉多大学博尔德分校长期的组织文化惯习，关注本科教学、关注教师的专业发展、关注教学技术应用对循证教学的反馈将始终是其组织战略的重要组成部分。

大学作为知识生产的专门场所，在知识经济时代面临三重转型挑战：其一是知识生产Ⅰ模式向Ⅱ模式的转变，需要大学由学科主导向跨学科主导转变，由单一学术共同体主导向多元利益共同体参与转变，由同行评价向社会问责转变；其二是工业社会向信息化社会转型，需要大学改变知识的传播方式、组织管理方式和绩效评估方式，实现共享、共治、共建的信息化媒介创新与传播；其三是高等教育大众化向普及化的过渡使受教育对象发生变化，学生在文化背景、种族、年龄与性别分布的差异上更具多样化。尽管这些组织外部环境变化都迫使高校产生适应性变革，但适应性变革终将面临增长乏力的变革瓶颈，正如只有更注重学习者的个体需求和体验，才能由内而外激发学习动机一样，只有更为注重基于组织愿景的创生性变革，即一种主动学习的变革，才能超越变革本身的局限性。总之，科罗拉多大学博尔德分校的 STEM 教育系统变革很好地诠释了大学应对变革挑战的举措。

第 8 章 系统变革的案例：亚利桑那大学的实践

美国研究型大学以其世界级的研究和教育质量而闻名。AAU 的院校机构每年教育近 120 万名本科生。尽管 AAU 中的院校以研究著称，但促进 STEM 人才培养的使命促使 AAU 有责任推动循证教学的开展，并为教师提供培训、支持和鼓励，从而使教师掌握和有效利用循证教学方法和教学资源。正如原 AAU 主席玛丽·苏·科尔曼(Mary Sue Coleman)所述："本科系统变革既是一项改革实践，也是一项倡议，旨在帮助研究型大学在院校层面进行改革，以改善本科 STEM 教育。"[172]

组织系统变革既不是孤立的教学变革，也不是单向的自上而下的计划变革，而是以循证教学为中心展开，围绕计划与自发双向互动的变革。AAU 系统变革框架的核心仍然是指向教学实践与教学学术的制度化，这需要嵌入文化生成的机制，最终在研究型大学的组织文化中实现其合法性的价值诉求。如何开展循证教学、专业发展与制度激励实施本科 STEM 教育系统变革，且试点院校在变革策略、变革路径与变革模式的选择上又不尽相同，案例研究为进一步探索组织系统变革的实施提供了更多解释与借鉴。

8.1 本科 STEM 教育的范式转变

教育变革的范式转变意味着对教育价值的核心假设、主要观点、基本理念、实践方式等内涵要素的重新定义。研究型大学的组织变革需要平衡管理的绩效主义和学术卓越性之间相互对立的制度逻辑张力，不断适应日益强化的外部问责、国际竞争和技术创新的外部环境变化。为此，本科 STEM 教育系统变革需要做出对组织变革的回应[173]：①更好地适应和满足以学生为中心的教和学；②做好组织整体变革的规划和准备以适应外部变化；③范式变革意味着思维模式的转变和打破传统；④组织变革需要利益相关者的全员参与和领导的支持；⑤系统变革需要对行动者的能力建构和经验更新；⑥范式变革是新的组织认同建立的演进过程。

理解本科 STEM 教育系统变革的范式转变涉及外部因素与内部因素两个层面，前者是指研究型大学如何应对外部环境的变化，对 AAU 的系统变革框架做出改革承诺，以及其他试点院校如何开展系统变革，属于组织宏观和中观层面的变革。院校内部变革涉及改革的时间区间、完善程度、举措和效果等，是微观层面的变革。鉴于美国大学组织分权治理和学术权力底部沉重的特点，博雷戈和亨德森提出 STEM 教育的组织系统变革是基于课程与教学、教学反思、组织变革、共享愿景四个维度实施变革策略。其中，不同的变革策略基于不同的变革假设[174]。

1. 课程与教学策略

（1）通过对个体教师的行为改变转变本科 STEM 教学。改变教师行为的最大影响在于优化创新特征，发挥个体特征和网络传播的作用。

（2）通过发展以教学研究为基础的“最佳实践”并开展教师培训，教师必须使用这些标准进行实践，这些努力将改变 STEM 本科教学。

2. 教学反思策略

（1）当更多的教师意识到教学的学术研究属性，本科 STEM 教学将会发生改变。

（2）当教师彼此支持和维持对教学的兴趣，并学习和反思教学时，本科 STEM 教学将会发生改变。

3. 组织变革策略

（1）高等院校要收集在本科教学成功的证据，并利用经过测量的结果不断改进变革的成效。

（2）具有远见卓识的管理者，能够激励教师采用改进的教学方法开展教学实践。

4. 共享愿景策略

（1）在正式组织内建立非正式的教学共同体开展实践，个人在其中发展新的组织知识，并通过分享隐性知识进行教学。

（2）自组织的主动创新是激发系统变革的内生动力，而不是管理控制的外生动力。

科罗拉多大学系统变革的经验表明，美国大学协会倡导的基于循证教学理念的本科 STEM 教育系统变革正在逐步转变精英研究型大学重科研、轻教学的学术“漂移”现象，这种理念的转变不是仅停留于大学的规划和对人才培养的政治承诺上，而是通过教学实践、组织发展和制度建构的具体举措形成院校变革的文化转变。

院系是大学组织的基本单位，本科 STEM 教育系统变革是基于学科教学的范式变革，而学科教学变革的关键在于形成教师自组织体系，打破固有的教学传统，更新教育观念，改变教学行为。对于美国高等教育高度分权的院校治理结构而言，系统变革也绝非一蹴而就。因此，案例研究将尝试分析院系层面的变革，并对院系与大学组织间系统变革的整体举措进行综合分析，以进一步解释变革的本质与内涵。

8.2　亚利桑那大学的变革实施

亚利桑那大学(University of Arizona,UA)本科 STEM 教育项目激发了许多令人兴奋的校园创新。首先,该项目的核心是重新设计了五门 STEM 入门课程。其次,项目领导团队建立了教师学习社区,以促进教师文化的变革,并纳入循证教学实践。评估工具被用来评估创新的有效性与学生参与和学习的质量。创新教学奖授予五名表现出对提高教学效率有强烈责任感,并付出努力实现承诺的教师。最后,开展基于系统变革的调查研究,以调查在协作、主动学习的课堂空间中教授本科 STEM 课程的优势和面对的挑战。亚利桑那大学是入选 AAU 本科 STEM 教育系统变革计划的院校之一,这所大学在促进 STEM 教育受众的多样性,以及通过创造支持性的环境,让 STEM 教师参与到循证教学实践中,从而进行深刻文化变革的努力方面得到了 AAU 的认可。

亚利桑那大学将 AAU 本科 STEM 教育系统变革转化为支持院校变革的"转变本科 STEM 教育计划",该计划由副教务长直接负责,旨在通过聚焦 STEM 入门课程的再设计和将循证教学引入实践,并在发展教师共同体、教学工作坊、协作学习空间、院校支持的基础上,实现组织文化转变。

1. STEM 课程再设计

亚利桑那大学为数千名学生开设 STEM 学科核心课程。2010 年,亚利桑那大学开始实施以 STEM 入门课程教学改革为核心内容的本科 STEM 教育计划改革项目,该项目开始重新设计三门基础科学课程(一般化学、生物学导论和物理学/力学导论)和两门工程导论课程(化学工程元素Ⅱ和工程应用计算机编程)。课程的重新设计需要使用以学生为中心和能动学习的教学法来加强学科知识和概念理解。课程重新设计的工作包括三个主题:提升信息和数理素养,在问题解决中尝试融入现实生活应用,使用模型来发展概念理解。

整体上,课程强调核心学科理念、解决问题的能力、批判性思维和团队合作,以确保学生获得扎实的知识基础。其中,2014 年秋季化学与生物化学系在所有工程专业全面实施创新的"化学思维"课程。这个新课程的设计旨在让学生积极参与到富有成效的教学方式中,并能够学会用化学思维解决问题。课程的核心主张不是简单地将知识主题化,而是让大一的新生领悟化学科学家的思维过程,即通过认识、讨论、练习和思考分析不同环境中的化学物质,特别是在能源和材料的设计等领域,以此训练和发展学生的 6 项关键性学科思维能力[175]:①一种化学物质的性质是由它的亚微观的结构性质决定的;②亚微观结构化学物质的结构决定了其相互作用的性质;③探索和模拟物质的性质如何与微观结构、相互作用和动力学关联;④设计分离、检测、鉴定和量化物质的方法;⑤探索和模拟影响不同类型物质的亚微观结构的相互作用机制；⑥识别被合成和转化的物质内部结合和外部变化因素。

教师在课程中提问学生在小组学习中的步骤，包括分析数据、确定趋势，并建立模型来描述、解释和预测不同系统的行为，从而使学习主题与现实生活关联。由于大量化学科学课程过去只关注理论概念对现象的解释，忽视对学生自身经验和学习观察的重视，缺少通过参与体验对化学概念的理解，因此课程再设计将以发现和讨论为基础实现探究式教学。

2. 循证教学实践

亚利桑那大学鼓励教师开展以学生为中心的循证教学实践，并实施以转变教学实践为目标的亚利桑那大学学习提升计划（the UA learning initiative）。该计划旨在教和学两方面开展教师和学生的发展和培训活动，促进循证教学实践和主动学习策略的运用。对于教师，重点是开展研讨会和建设教师学习共同体，关注最佳教学实践，并对教学进行形成性和总结性评估以及开展同行评价，协助教师不断改善教学。对于学生，通过学业辅导为学生提供课程学习的借鉴，并为在学业上有困难的新生提供建议，重点是加大对学生学习质量的关注。为此，STEM 变革倡导循证教学实践围绕教师学习共同体、学生学习改进计划两项内容展开。

（1）教师学习共同体。在亚利桑那大学，由 80 名教师组成的小组汇聚在一起，组成教师学习共同体，旨在改革本科生 STEM 课程的教学实践，研究表明，这些实践能够提高学生的学习。教师学习共同体会组织一系列的小组讨论，并展示教学实践和评估教学效果。教师学习共同体将教师、顾问、学科专家、研究生和本科生等有意愿参与的人集合起来，通过参与共同讨论改善学习，再通过验证最佳实践，将这些想法应用到课堂上。教师在探讨“微教学”中的关键概念包括主动学习、小组作业、检索练习、小测验、概念之间的联系、形成性评价、学生即时反馈等。

（2）学生学习改进计划。亚利桑那大学的在校生都需要参与经过教师委员会批准的课程活动、实习或志愿者服务，这些活动需要在学生的成绩单上标注，并且必须至少完成 45 小时的活动，才能获得一个学分。学生学习改进计划将从学生中挑选自愿参与的学生作为教学研究员，教学研究员与教师和其他学术专家一起参加会议，是学生学习知识以及概念理解的最佳实践。在为期四周的学习科学讨论之后（一学分课程），教学研究员们将与校园内的本科生小组联系，讨论学习问题，并将与专家讨论过的学习策略应用到指导学生解决学习障碍和促进学习问题解决的活动中。教学研究员们学习的策略有自我测试、课堂参与、与同伴合作、向学习同伴解释、留出学习时间、不要死记硬背等。

3. 教师学习共同体

教师学习共同体以每学期举办会议的方式邀请有兴趣的教师参与,最初由来自 15 个不同部门的 34 名教师开始,每 2～3 周与领导小组的一名成员进行一次 6～10人的小组会议。在春季,教师学习共同体将重点放在学习周期上,并让成员制订计划,用于教师学习共同体成员讲授春季课程。教师学习共同体详细的讨论议题如下[176]:① Fall 2017 focused on diversity(教学多样性);② Spring 2018 focused on assessment(教学评估);③ Fall 2018 focused on the scholarship of teaching(教学学术);④Spring 2019 focused on creating dynamic discussions(创造多样性的探讨);⑤Fall 2019 focused on best teaching practices(教学经典案例)。

此外,STEM 教师就下列主题不定期进行非正式工作坊讨论(一小时),开展教学对话,就教学实践问题开展交流:

(1)什么是循证教学?

(2)学生误解;

(3)课堂评估策略;

(4)课程前后的学习评估;

(5)学生合作学习的有效实践;

(6)学生预测在科学学习中的作用;

(7)加强学生的日常课堂反思。

教师、学科专家与教学管理者共同参与对话和讨论,推动循证教学变革和教师专业发展持续改进。

4. 协作学习空间

协作学习空间项目是本科生 STEM 教育项目的延伸,已经成为亚利桑那大学的一个全校项目,旨在开发比传统课堂更适合主动学习方法的课堂环境。协作学习空间旨在通过批判性思维、建模和团队合作,让学习者实时解决问题。为此,协作学习空间配备了协作工具,如圆桌/移动桌子、白板和信息技术设备等。经过近 2 年的先期实践,亚利桑那大学提出了两个关键主张:①建立一个亚利桑那大学协作学习空间联合体,致力于在校园内创造促进写作学习的空间和场地;②将科学工程图书馆的空间转换成一个永久性的协作学习空间,为大班额教学提供协作和主动学习的教学空间。

协作学习空间建设涉及硬件建设和软件建设,硬件建设包括圆桌和多点投屏设置、电源和移动设备(投影、话筒、视频跟踪等)等,软件建设主要是主动学习的教学方法在协作学习空间中的应用和示例。针对在协作学习空间进行教学的教师,亚利桑那大学也提出量身定制的协作教学评价量规,包括参与专业发展的机会、开发高质量的课程资源、使用循证教学策略开展教学、使用有效的课堂管理技巧、课内外活动有效衔接、对高质量教学的支持等[177]。

5. 院校支持举措

亚利桑那大学修改了晋升和终身教职的评价程序，在终身教职评价中包括教学资料和同行对教学的观察。考虑到同行观察教学的形成性或总结性评估会增加院系的工作负担，有效的解决办法是将同行评价的课堂观察作为教师对院系服务的组成部分，并给参与其中的教师予以积分奖励用于年终考核。

亚利桑那大学开发了一种在线同行教学听课协议，可用于形成性和终结性评估。在教师准备晋升为教授时，需要同行对教学进行评议。此外，所有初级岗位教师每年都要向系主任报告他们的教学情况。对亚利桑那大学而言，同行评议的文化正在缓慢改变，参加教学学术共同体的教师，也对同伴教师进行同行评议，并提供反馈。与过去相比，教学质量成为在晋升和终身教职评价过程中一个更重要的参考因素。

截至 2017 年，亚利桑那大学收到的与 AAU 本科 STEM 教育计划有关的奖助金和捐赠如下[178]：

(1)国家科学基金会(NSF-IUSE)用于资助在协作学习环境中建立基于证据的教学，资助金额 275 万美元。

(2)NSF-IUSE 项目用于在课堂上开展真实的科学实践：入门生物学实验室基于模型的探究课程，资助金额 598690 美元(包括直接和间接费用)。

(3)合作学习空间主动学习基金，资助金额 50000 美元。

(4)大学教育中心奖学金捐赠基金，资助金额总数 400 万美元。

8.3 关注教学要素的变革

正如 AAU 本科 STEM 教育系统变革方案设计的初衷，研究型大学的系统变革需要依托教学实践和教师发展搭建组织变革的内部环境，组织文化和共享愿景的转变需要以教学要素的转变为前提，教师、学生与教学内容的变化有助于推动研究型大学更关注教学学术和教学质量的内涵建设。

8.3.1 课程内容设计

以亚利桑那大学基础化学课为例，该课程旨在帮助新生理解化学的基本概念和原理，然而传统的大班额授课不仅缺少课堂互动，也导致大量学生课堂缺勤，学生不理解化学的本质，许多学生仅通过死记硬背应付学习。从根本上说，化学是关于在原子和分子水平上，物质如何与能量和其他类型的物质相互作用的研究。化学家们正在帮助学生寻找答案，比如为什么水这样的非生命化合物可以创造复杂的生命形式，为什么抗组胺药可以帮助过敏患者，以及如何完美地煮鸡蛋……这些都是化学家们开始带到课堂上的真实应用[179]。为此,化学入门课程的设计主要实现以下三个目标:①认识现代化学能够回答的基本问题、知识和实践;②探索和理解理论,以及掌握发现真理的实践工具;③应用这些思想和技术在相关领域解决问题。

具体而言,课程的目标被描述为以下内容[180]:①把化学作为一种强大的思维方式,而不是作为一种静态的知识;②遵循学科基本问题,指导有关内容的陈述和讨论;③注重对化学核心概念和思想的理解;④通过对现有化学教育研究的进展精心设计构建学生的学习;⑤为学生提供机会,通过活动参与,让他们分析数据、模拟化学反应,并产生以证据为基础的解释;⑥通过应用他们的知识和技能来解决相关的综合问题,为学生创造机会展示自我;⑦在 21 世纪的科学和技术的四个关键领域,让学生们思考重要的问题:能源来源、环境问题、生命和医学,以及设计材料;⑧利用多样化的教育工具,允许学生以互动的方式探索化学思想和现象。

相较于传统的大课教学,重新设计后的化学课教学不再关注枯燥的公式和概念讲解,而是将个体经验和现实问题相联系,其中心思想是使学生在分析、综合、转化和建模中理解和认同化学学科的基本思想。此类教学的参与性更强,学生的思维更为主动活跃。2012 年,美国国家科学委员会关于学科教学的报告也指出,STEM 课程的再设计需要与之匹配的教学方法。这些方法包括从人们如何学习的证据中得出的特征[181]:在课堂上花更多的时间让学生积极学习;经常对学生的概念理解水平进行形成性评估;关注学生的元认知策略。

事实上,主动学习也是研究性教学策略的关键元素,而研究性教学也是循证教学方式的一种。这种主动学习要求学生回答和提出问题,思考和解决问题,解释和反思他们正在学习的东西,而不是只坐着听。

8.3.2 循证教学的实践

主动学习是被实证研究验证的学习策略,是能使学习者产生高阶思维的教学活动。在传统的课堂上,只有一部分学生参与回答问题,这是不充分的主动学习。成功的主动学习课堂为每位学生提供参与机会,让他们在课堂上思考并对课程材料和技能练习以及学习内容进行互动、应用、综合和总结。主动学习的课堂讲解和内容讲授时间大大压缩,更多的是以学生为中心的参与式的教学体验活动,让学生积极参与的课堂方法已经被证明可以增加对信息的保留,建立批判性思维能力,对 STEM 学科学习产生更积极的态度[182]。

亚利桑那大学经过多年在科学教育领域的教学实践,总结了一套行之有效的教学和学习策略,包括教师促进学生主动学习的教学策略和训练学生改进主动学习的策略(见表 8-1)。

表 8-1 亚利桑那大学 STEM 有效教学与学习策略[183]

教学策略	学习策略
小组活动、间隔练习、小测验、概念图、形成性评价与反馈	自我测试、概念图、主动课堂参与、解释概念、间隔练习

改造后的 STEM 入门课程的课堂教学活动围绕主动学习策略展开,比如化学入门课程"化学思维"在每个单元中,都包括两个综合评价任务,要求学生解释说明知识点和推理,期望学生在本单元结束前整合所学内容,以分析相关的化学系统和现象。

此外,循证教学的基本理念是用产出导向的方式证明学习成果的有效性,对学习者进行阶段性的测量和评估也是循证教学的基本操作。其中,亚利桑那大学一门本科 STEM 生物学入门课程也有类似的主动学习活动和学习成果评估活动[184]。例如,其第一年活动为:制定学习目标、评估主动学习活动;确定评估质量(访谈和统计分析);博士后助教参与设计的以学生为中心的教学文档(视频/现场笔记);调查学生在遗传学上对概率学习的困难。

8.3.3 教学创新的传播

罗杰斯的创新扩散理论认为,只有当行动者具有创新的知识或意识时,个体才会选择开始采用并维持一项创新。个体对创新的评价体验,是一个受到亲密同行观点影响和劝服的过程[185]。教师个体教学信念的转变直接影响课堂教学决策与教学实施,因此亚利桑那大学的本科 STEM 教育系统变革着力提升教师的专业认知与实践能力。亚利桑那大学教师学习共同体旨在使不同身份的教师受益,其教师专业发展目标涵盖以下内容[186]:

(1)增加对学生如何学习的理解,并促进学生学习。

(2)增加在课程设计中以证据为基础的知识、开发和应用。

(3)通过参与同伴观察、反思和后续讨论来获得新技能。

(4)在校园内建立一个以证据为基础的教学网络。

(5)提高对多样性和包容性的认识和重视。

(6)增加或加强学生对循证教学的兴趣和热情。

为帮助感兴趣的教师选择合适的小组,教师学习共同体的组织者建议小组讨论主题包括小班授课的学生学习、大班授课的学生学习、如何评估学生学习等。根据共同的兴趣和可用性,6～10 名参与者组成讨论小组。教师学习共同体成员开展的专业发展活动包括教学学术探究组研讨活动、学科间建设性合作活动、课堂观察活动、教学技能展示活动、教学反思活动(日志)、领导力开发活动等。

除教师专业发展共同体外,亚利桑那大学还注重发展学生助教项目,通过招募研究生和博士后研究人员参与辅助教学实践和教学学术研究工作,弥补教学助教人员的不足,并完善对博士和博士后研究人员的教学能力培养。其中,在第一学期,博士后研究人员将学习如何成为一名优秀教师的基本理论和技能,并与团队一起寻找合适的教学导师和合作伙伴。一般而言,教学合作导师是在校园内从事类似或相关专业领域工作的教授。在第二学期,博士后研究人员与一名教师参加短期密集的教学合作(一个单元或模块),并与其他博士后研究员参加教学会议。在参与教学实践的过程中,博士后研究人员可得到两方面的提升,一是在主动学习和体验的过程中学习到如何实践循证教学的应用策略,并在开发教学大纲、备课和授课准备,以及与导师合作教学和与学生互动等方面得到技能锻炼;二是在教学实践结束后可以获得正式的教学观察(听课)信用证明,并在参与的过程中提升实践能力、沟通能力和专业发展能力。

8.4　院校系统变革的策略选择

AAU 本科 STEM 教育系统变革倡导研究型大学重视本科人才培养,在制度逻辑上提倡研究导向的教学和循证教学,明确提出组织文化变革的目标,这些都体现出变革的长期性、持续性和深刻性,具有典型的组织转型变革特征。同时,组织系统变革是组织创新传播的过程。大学组织中的变革需要兼顾单循环与双循环组织学习,理论研究表明,组织转型的变革必然引起组织目标、战略、机构、规则、价值等在内的组织结构变化,必然引起超越问题解决的单循环学习,也必然向反思和建构新的理念和实践的方式全面调整[187]。亚利桑那大学的组织变革在兼顾组织系统整体变革的同时,更加强调基于教师专业发展、硬件改善和学生学习策略提升,具有鲜明的组织学习活动特征。

8.4.1　主动学习的教学理念

亚利桑那大学 2013—2018 年战略规划的主要目标之一是“培养大学的毕业生成为代表州、国家和全球的领导者,通过量身定制的学习经验,他们将有能力把知识应用于面对社会和世界的挑战”[188]。为此,亚利桑那大学提出的人才培养目标是:

(1)为多元化的学生群体提供有效的支持,促进新的思维模式、教学和学习;

(2)为每位学生量身定制一套容易获得的和卓越的学习体验;

(3)为每位学生提供前所未有的机会,通过实际经验应用知识。

为实现上述目标,亚利桑那大学大胆尝试循证教学理念,从教学环境创设、教学经验建构和评估教学有效性等各方面提升教学质量。一是对大班额传统教学空间进行提升改造，满足主动学习对学生参与和互动的更高要求，更适合教师开展基于合作、探究和自主学习的主动教学策略实施。电子设备、在线教学、模拟仿真、听课协议等硬件和软件设施的应用为教师开展循证教学和问题解决提供了大量课堂实证分析数据，提高了学生参与课堂活动和互动环节的积极性和学习体验。二是鼓励教师采用主动学习的方法开展教学。首先是基于建构主义理念为学生提供将原有知识储备与生活经验和学习任务对接的机会，尤其是要通过前测确定学生的学习起点，从而了解学生的固有思维方式。其次是高阶思维的激发，主要是以批判性思维为特征的比较、应用、评价、分析、总结、综合、建构、创造等具体思维活动过程。再次是鼓励教师运用以学生为中心的主动学习的教学策略，以学生的兴趣需求为课程设计的起点，以互动参与为课堂教学的主要活动形式，以研究问题解决和探究科学主题为教学内容，以多模态教学为教学媒介。三是动态开展教学有效性评估。将形成性评估嵌入学习过程，针对学习问题和目标提供及时的学习反馈，且通过开展教学研究发现教学问题，反馈教学改进，不断提高教学指导的科学性和有效性。比如，参与教师专业发展共同体的教师都会积极开展同行评价，通过运用课堂观察协议完善对教学的反馈与评估，此类听课不具有评价性质，而是以促进教师专业发展为目的。

8.4.2 教学学术的制度体系

研究型大学固有的学术逻辑是科研学术，当 AAU 本科 STEM 教育系统变革提出以教学学术为导向的新逻辑时，就需要试点大学对教学学术的实践做出理性回应。组织内部的制度体系大致可以分为三个彼此相互关联的形态，一是涉及明文规定的正式制度，二是与传统和创新相关联的惯习，三是在背景图示和认知模式上具有同质性。

亚利桑那大学成立了专门的教学学术中心，该中心的核心目标是：培养大学教育的创新意识和学术意识、建立教师共同体并联系不同的利益相关者、通过资助和认可来支持杰出的教师[189]。大学每年都通过评选杰出的教师鼓励教学创新，在实施本科 STEM 教育教学中积极运用主动学习的教学策略且受到好评的教师将被授予教学优秀奖。更为重要的是，亚利桑那大学通过开展课程评估、教学观察、问卷调查和对教学档案袋的数据收集，将研究生助教和院系专业教学质量评估量规等举措串联起来，这些举措和制度建设进一步明晰了研究型大学对教学质量管理的目标，在制度上逐渐形成组织对教师教学行为的正向反馈机制，使重视教学质量建设的教学学术逻辑得以不断强化。

教学是不同类型教师都需要参与的人才培养工作，院系在人才培养工作中的关键是设法激发所有教师参与教学实践创新的热情，将循证教学理念和主动学习的教学策略应用于教学实践。亚利桑那大学教师教学共同体和学生学习共同体的建设是促进教学变革的经典案例，通过对教师群体和学生群体的沟通互动，使创新变革的理念和方法在同质群体和异质网络间传播，扩大了系统变革传播和转化的可能性。有证据表明，参与教师发展共同体的教师中有 43％是终身轨教师，47％是非终身轨教师，10％是其他教师和工作人员[190]，可见，在同质化群体内部的异质网络传播对教学学术研究的探讨和专业发展的制度化也具规范作用，即参与分享和讨论为新的教学实践提供一种合法性的沟通过程，使循证教学的创新成为组织成员新的默认实践方式。

个体认知与组织文化变革是组织变革可持续发生的前提和结果，正如上文所言，个体认知转变既是理解与模仿，也是组织制度化形成的变化过程。亚利桑那大学认同将新的教学学术作为组织标签的身份，即精英研究型大学应具备一流的科研学术和一流的教学学术，这种表述也体现在大学组织创新扩散的语言表述中，比如亚利桑那大学的学习计划中就有如下表述："学习计划的目标是改进教学实践，在本科生中培养有益的学习行为，从而使学习更加深入和持久。"[191] 这一内容与大学促进学生学习的使命愿景完全一致。然而，制度化与组织学习需要相对长期的变革过程，需要教职员工个体持续的学习投入，以及组织中的学习投入。组织学习的发生取决于组织作为整体的学习能力的提升，包括创新变革的期望、反思性交谈以及基于系统的复杂性理解。显然，亚利桑那大学的变革很好地整合了上述内容。

8.4.3　组织学习的深层变革

对 AAU 本科 STEM 教育系统变革的描述是基于复杂系统理论的假设，然而比预测系统变革的结果更为重要的是理解组织变革的过程，即不同的大学组织如何实现从技术创新向制度创新的转变，并将制度创新在组织内部扩散和传播，最终实现组织转型的变革。要理解组织深层变革就需要探讨组织创新制度化过程的正反馈机制，即基于回报递增、承诺递增和基于组织制度的客观化实现的制度合法化过程。

1. 基于个体回报递增的制度化

组织是由个体行动者构成的具有社会制度合法性的社会单元，大学组织底部承重的特点决定了组织的学术属性，个体行动者出于理性选择和兴趣愿望对教学学术的追寻促使其学习新的教学方法，而当这种行动受到外部组织激励的作用被强化时，个体对成就的追逐自然会增加变革的创新与传播。例如，参与亚利桑那大学教师专业发展共同体的一位教师表示："教学是我为亚利桑那大学学生提供的最重要的服务。在这个领域，我的愿望是帮助学生在一个技术进步快速，以及不断出现新问题和伦理挑战的社会中获得知识和发挥教育作用。"[192] 同时，任何在整个学期定期参加教师专业发展共同体活动的教师都将被纳入大学学习记录，负责学术事务的高级副教务长也会向为教师专业发展共同体提供便利的学院主任们发出官方确认信函。总之，教师的个体选择与组织激励行为共同构成组织学习过程的第一层次变革。

2. 基于群体网络承诺递增的制度化

组织是社会化网络的节点，个体行动者的转变往往受到身边熟人同质化网络和关系不紧密的陌生人异质化网络的影响。亚利桑那大学教师发展共同体构成的组织内部相互关联的网络，不仅具有 STEM 教育教师专业发展的同质化属性，在内部也具有异质性特征。一是教师的职业身份异质性，包括终身轨和非终身轨教师都参与其中；二是教师的学科背景差异的异质性，STEM 学科和非 STEM 学科的教师共同参与；三是新手教师和专家教师共同参与，新入职的教师与教学专家一起在做中学和进行研讨。同质化网络有利于降低沟通成本，而异质化网络有利于创新传播。显然，对于教师专业发展共同体的多元建构有利于新制度的创生。

3. 基于组织制度环境客观化的制度化

制度环境中创新的传递者与制度机制的作用决定制度的客观化进程。制度创新在组织中的传播需要符号系统、关系系统、组织惯习、人工器物共同作用。

(1)符号系统。符号系统是基于语言表述和传递的规则体系、价值观念和思维模式。符号系统将本科 STEM 教育系统变革的思想观念和理论模型在组织内传播。比如，将 AAU 的变革计划纳入大学的重要发展计划，通过网站和新闻推送宣传系统变革的理念和实践，与大学教学的变革举措整体衔接，在教学、教师专业发展和学校整体文化建设上推进变革。具体而言，亚利桑那大学推出本科 STEM 教育系统变革计划的方案、不定期推送改革计划的新闻、发布质量改进计划的举措、改革对教学的评价和加大对教师职称评审中教学评价的审核……一系列的举措强调对组织符号系统的重新编码、认知框架的重组，并在实践中通过抽象转化为组织的思想观念。

(2)关系系统。关系系统是组织与内外部制度环境运行的权利和组织架构，以及进行治理的交互网络。亚利桑那大学开展本科 STEM 教育系统变革需要整合两个组织内部的关系传递系统。一是项目计划的管理团队，包括学术事务高级副教务长和相关专业特聘教授等在内的由一批学术管理者和学科专家构成的中心化的创新推广人员。二是以一线教师、学生助教共同组成的教师和学生专业发展共同体，发挥非中心化的创新推广人员的作用。在亚利桑那大学的实践中，人们可能会认为非终身轨教职的教师会比终身轨教职的教师更认真地对待他们的教学，也更有兴趣尝试新的教学方法。然而，实践表明，两者之间并没有太大差别，在尝试运用能动学习教学策略的教师中，41%的教师来自非终身轨教职的教师队伍，40%的教师来自终身轨教职的教师队伍。

(3)组织惯习。惯习是组织运行的实践方式、操作流程和所应遵循的规范和脚本。亚利桑那大学对开展有效的循证教学发布可供遵循的基本原则、教师专业发展所应体现的基本活动流程、教师评价的程序和标准,以及合作教学空间建设的基本要求等,这些内容对教师开展能动学习的教学提供了根本遵循,从实践中将以授课为主进行的教学和以主动学习为主的循证教学区别开来。

(4)人工器物。人工器物是通过组织成员有意识地生产和传播所产生的物质客体。亚利桑那大学系统变革的典型特征是根据循证教学和主动学习的理念开发和改造传统教室,形成具备开展小组合作活动条件的多媒体教学空间。其中,亚利桑那大学合作学习教学空间的建设初期完成了两项成就,一是大学建立了一个校内教学合作学习空间联盟,致力于在校园内创造促进合作学习空间的建设和使用;二是将科学工程图书馆转换成一个永久性的协作学习空间,为大班额教学提供协作、积极学习和教学的环境[193]。

亚利桑那大学的系统变革基本套用 AAU 本科 STEM 教育系统变革的计划,即系统变革不是单一的教学层面的小修小补,而是组织整体性的转型变革。要实现组织文化的变革,需要激发组织持续变革的热望,不仅要解决具体问题,更重要的是使组织具备学习能力,在探求为何而变的过程中转变组织的思维方式,并将创新变革的举措制度化。

然而,与科罗拉多大学的变革选择不同,亚利桑那大学变革的重点放在课程教学与教学反思的变革策略实施上。除了探究和描述这些变革举措的内容,更值得思考的问题是:为什么两所大学会采取不同的变革策略?导致它们策略实施差异的深层原因是什么?要回答这些问题,有待于进一步研究和思考。

第9章 系统变革：组织转型变革的经验与反思

2013年，奥巴马政府制定的《联邦政府 STEM 教育五年战略计划》指出，STEM 教育对促进劳动人口的未来就业，对促进知识创新的重要性，以及对促进社会公平和更包容的社会价值都具有重大战略意义[194]。2018年，特朗普政府发布的《制定成功路线：美国的 STEM 教育战略》再次强调，美国的国家愿景是为公民提供高质量的、可获得的 STEM 终身教育，使其具备 STEM 素养，成为创新和就业方面的全球领导者[195]。国家科学基金会(NSF)是为 STEM 教育提供众多项目资助的主要资助承担者之一，通过推进旨在支持主动学习与院校变革实践的"改进本科 STEM 教育(IUSE)计划"，其在2015—2017财年先后投入1.03亿美元、1.05亿美元和1.09亿美元，资助各项本科 STEM 教育改革和研究项目[196]。截至2017年，美国大学协会(AAU)本科 STEM 教育系统变革共计接收各类基金资助800万美元，并对试点的8所院校给予每所院校50万美元作为变革的启动资金[197]。自2011年变革启动以来，截至2017年，8所试点院校的变革项目"共有39个部门参与，改革162门课程，涉及230名教师和1676名教学或学习助手……服务13.8万学生"[198]。尽管联邦政府和美国大学协会都对系统变革投入巨大，但系统变革是否产生了相应的预期效果，其对本科生前两年的 STEM 入门课程的学习是否有所改善，院校的变革承诺是否兑现，以及院校系统变革的内在机理是什么等，这些问题都需要进一步解释。

9.1 美国本科 STEM 教育变革的成就

奥巴马政府执政期间，通过制定 STEM 教育变革的三项目标强调 STEM 教育的重要性：一是增加本科 STEM 专业的毕业生，通过毕业生人口数量增加改善人才供给，从而优化提升整体就业结构；二是加强对 STEM 教育 K-12 阶段师资的培养，试图通过高质量的师资队伍建设扭转美国基础教育 STEM 学习成就偏低的劣势；三是拓展少数族裔和代表性不足的弱势群体的 STEM 技能，从而促进其就业增收。通过一段时间的努力，当前美国 STEM 人才供给情况整体有所改善。

9.1.1　本科 STEM 人才培养的变化情况

本科 STEM 人才培养的变化体现在数量和质量两个方面。首先,2008 年金融危机后,STEM 专业本科毕业生的数量增长迅速,从 2008—2009 年度的 24.3 万名毕业生到 2016—2017 年度的 37.7 万名,增长了 55%(见表 9-1)。STEM 教育变革的举措之一是加强对少数族裔人群的支持,但从变革的效果看,三大族裔(黑人、西班牙人后裔和亚裔)在毕业生中所占比重未发生明显变化。

表 9-1　2008—2017 年本科 STEM 学士学位毕业人数变化情况

年度	总数/人	白人/人	黑人/人	西班牙人后裔/人	亚裔/人
2008—2009	243031	166477	17621	16206	30763
2009—2010	253650	172853	18101	17730	32185
2010—2011	267480	177894	18686	19757	33046
2011—2012	286788	187978	20208	22313	34932
2012—2013	302340	194333	21511	25310	37177
2013—2014	318612	201578	21595	28655	38607
2014—2015	335849	207850	22537	32264	40685
2015—2016	354794	214144	23046	36025	44039
2016—2017	376825	221607	24428	40387	47377

相较于其他专业领域,STEM 领域毕业生人数呈上升趋势。其中,生物和生物医学、计算机科学与信息技术、工程与工程技术等方向的毕业生人数都有显著增长(见图 9-1)。具体而言,2017 年美国生物和生物医学、工程与工程技术的毕业生都超过 10 万人,毕业生人数相较于 2007 年分别增长 52%和 63%。

其次,STEM 学科学习的效果反映了人才培养的质量,由于各院校的学术层次和培养规格差异,故很难用具体的课程与教学质量标准衡量本科 STEM 教育的质量水平。为此,本研究借助美国研究生招生考试 GRE 成绩以间接判断美国本科 STEM 教育近年来的改进状况(见表 9-2)。以美国教育年鉴 2003—2016 年数据为例,参加考试的本科生在生物化学和化学科目中的成绩略有下滑,分别由 100 分降至 92 分、125 分降至 115 分,在数学和物理学的测试中,考生成绩分别由 131 分和 151 分提升至 140 分和 157 分,生物学考生的标准分差异不大。

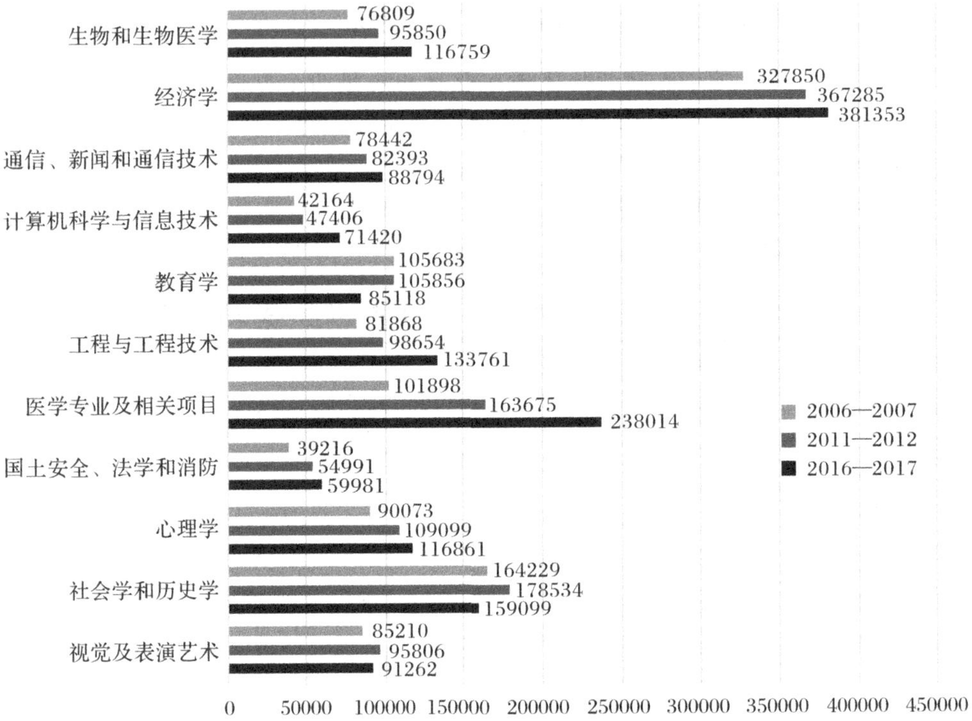

图 9－1　2006—2017 年本科 STEM 领域不同专业学位获得者的人数变化情况

表 9－2　2003—2016 年研究生入学 GRE 考试 STEM 学科标准分差异①

考试年份	STEM 考生占总体本科生比重/%	STEM 领域考试科目				
		生物化学	生物学	化学	数学	物理学
2003	32.7	[100]	[114]	[125]	[131]	[151]
2004	31.9	[101]	[115]	[120]	[130]	[148]
2005	33.0	[100]	[117]	[117]	[130]	[151]
2006	34.2	[99]	[118]	[116]	[129]	[153]
2007	36.8	[97]	[120]	[115]	[130]	[155]
2008	34.9	[97]	[120]	[116]	[131]	[156]
2009	37.5	[97]	[120]	[115]	[134]	[156]
2010	38.2	[97]	[121]	[115]	[134]	[157]

① 表格数据源于美国研究生入学考试委员会、美国教育部、美国国家教育统计中心、美国高等教育综合数据系统。

续表

考试年份	STEM 考生占总体本科生比重/%	STEM 领域考试科目				
		生物化学	生物学	化学	数学	物理学
2011	40.8	[97]	[122]	[114]	[135]	[156]
2012	32.7	[95]	[123]	[115]	[136]	[158]
2013	36.0	[94]	[121]	[114]	[136]	[156]
2014	36.6	[92]	[121]	[113]	[137]	[156]
2015	29.1	[†]	[119]	[112]	[136]	[156]
2016	28.5	[92]	[118]	[115]	[140]	[157]

注:表中"[]"内为考生测试分数平均分的标准分换算值,"†"号为数据缺省。

总之,近年来美国本科 STEM 教育在规模效益上提升较为显著(见图 9-1、图 9-2)。最直接的变化是 STEM 相关专业本科学位的授予情况在 2011 至 2017 年间都显著增加,其中计算机科学与信息技术的学位授予情况从 2005—2006 年负增长-11.8%上升为 2016—2017 年的正增长 10.9%。2017 年,本科毕业生年薪薪酬中排名前 5 位的就业专业分别是电气工程(72000 美元)、机械工程(71000 美元)、其他工科(69000 美元)、计算机科学与信息系统(65000 美元)、经济学(65000 美元)。由于 STEM 学科毕业生薪酬普遍高于平均薪酬(55000 美元),客观上也激励更多的学生选择 STEM 相关专业。例如,2017 年学生对工程学科专业的总体初次注册率约为 85%,后续注册率为 8%,整体达到 92%的注册率,远高于其他专业[199]。随着 STEM

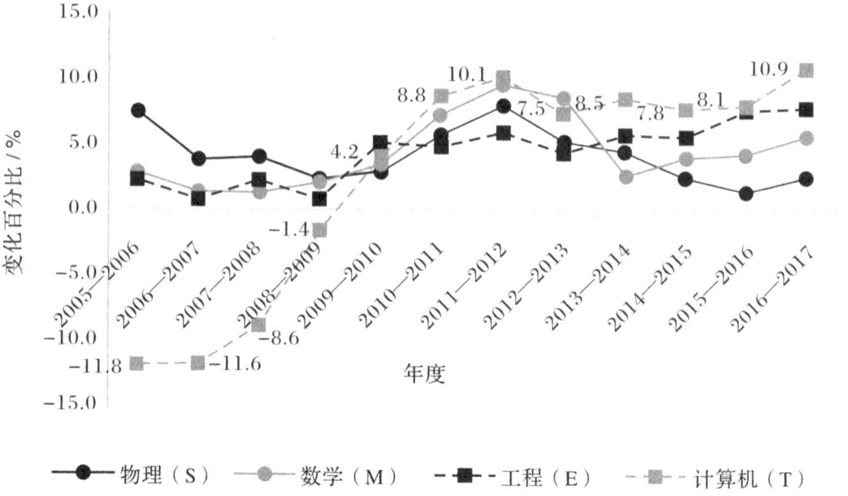

图 9-2　2005—2017 年 STEM 学科专业本科生授予学位数变化情况①

① 图表数据源于美国教育部、美国国家教育统计中心、美国高等教育综合数据系统。

教育系统变革的深入发展，2018 年美国国家科学院尝试主导建立针对 STEM 教育系统变革的监控体系框架，该体系框架包括：信息输入——确保对 STEM 教育公平进入的监控系统，教育环境——涵盖教学、教师、文化、院系建设方面的相关数据，教学过程——循证教学、持续改进、学习准备方面的数据，结果输出——学历学位、知识技能等长效性跟踪数据等[200]。因此，STEM 教育系统变革作为联邦教育战略，势必需要建构覆盖全面的数据跟踪体系，为变革提供精准的施策依据。

9.1.2 AAU 本科 STEM 教育系统变革的进展

AAU 本科 STEM 教育系统变革对全美本科 STEM 教育的整体变革具有重大示范意义[201]。AAU 本科 STEM 教育系统变革于 2011 年启动，并于 2013 年遴选 8 所试点院校开展先期试点。为记录跨院校的变革实践，AAU 在 3 年半时间内收集了所有试点院校的变革数据，包括收集一份院系教师参与变革的问卷调查、系主任对在职称晋级中评估教学的政策和实践的自述，以及大学和院系对学习环境方面的评估等内容。其中，问卷数据采集使用李克特量表，选项设置从“非常不同意”到“非常同意”，调查的重点是：①课堂实践——对自己的教学实践进行评分；②对教学的态度——对教学实践和技巧运用的一致性程度评分；③与教学相关的专业发展——对校内外教师专业发展活动的提供程度和参与程度评分；④教学的制度环境——其他教师、系主任和管理人员对教学的认同程度评分，以及他们对教学在年度和工资审查、晋升和任期考评中的重要性程度评分。

1. 教师教学实践情况

参与问卷调查的教师超过 60% 为教授本科低年级 STEM 课程的终身轨教师，2014—2016 年，教师对自身教学实践和教学态度的评价分别从 2.76、3.37（总体均值）提升至 2.89、3.42（总体均值）。

2. 教师参与变革情况

教师参与变革的情况是指教师参与院系和课程的变革活动，包括院系变革计划的准备与实施，以及课程的设计、数据的收集和评价方案的研讨等。AAU 报告指出，尽管不同院校的变革有各自的具体方案指导，但总体上参与人数的变化反映出系统变革在高校内部的传播和扩散程度。统计显示，教师参与系统变革的总人数由 2014 年的 107 人上升为 2016 年的 230 人（其中全职轨教师 99 人）。

3. 教师专业发展情况

AAU 调研结果表明，试点院校的教师专业发展情况总体呈上升趋势，其中讲座、工作坊与师徒教学是校内教师专业发展机会增加较多的项目（见表 9-3）。同时，校外的教师专业发展机会也明显增长，包括参与校外教学学者的社群和利用校外改进教学方法的资源等。

表 9-3　2014—2016 年试点院校校内教师专业发展情况[202]

校内教师专业发展	2014 年	2016 年
教师发展活动(讲座、工作坊)	40.70%	55.70%
新教师教学发展的机会和资源	23.00%	27.10%
同伴教学与教学反馈	41.60%	48.90%
师徒教学	45.20%	54.00%
院系教学辅导	21.70%	29.90%
学校教学中心	26.80%	37.70%
教学方法改进的资源	27.70%	43.30%

4. 教学评价的制度变化情况

AAU 的调研数据显示,调研对象认为院系和学校管理人员对教学重要性的认识(>3.0)与教师对有效教学在年度考核和工资中所起作用的认识不一致(≈2.5)。大多数人认为用于教学的证据质量较低(约 33%)或中等(大约 50%),只有 15%的人认为质量高。换言之,这反映出中层和高层管理者与一线教师在对教学重要性的认识上存在误差,或者从管理者的角度,在变革中期望将教学作为评价和奖励的一部分,而在实践中尚无法完全兑现承诺或变革过程尚不能满足预期。

总之,AAU 本科 STEM 教育系统变革所倡导的通过教学学术促进学生学习和教学文化的转变已经转化为试点院校持续不断的变革行动,即便目前院校循证教学文化的生态系统尚未完全建立,但近年来的变革实践表明,重视以学生为中心的循证教学及其基于证据的教学评价正在改变精英研究型大学片面重视研究学术的价值导向,越来越多的教师和学生愿意接受系统变革的理念,并参与变革行动的创新与传播。

9.2　AAU 系统变革的基本经验

美国大学协会系统变革的实践为形成院校组织系统变革的理性认识升华提供了案例和素材。AAU 作为精英研究型大学联盟,承担大规模以教学文化转变为核心内涵的组织变革,并在变革中发挥组织领导、协调沟通和研究推广的作用。

9.2.1　关于系统变革

经过第一阶段的实践,AAU 系统变革取得了一些实践经验[203]:

(1)将对课程与教学的个体努力转化为集体行动:强化院系对本科前两年 STEM 学科课程与教学的中心作用,加强院系在课程与教学计划中的干预,由学科专家和授课教师共同梳理学生学习的核心知识要点，建立基于院系的以循证教学为特征的教学和学习评价体系。

(2)充分发挥学科教学专家的作用：基于院系布局 STEM 学科课程与教学专家[①]，学科教学专家旨在帮助院系设计课程与教学，参与教学实验与提供教学改进的建议，配合院校变革、分享优秀课例和实践经验。同时，院系应对学科教学学术型专家与科研学术型专家一视同仁。

(3)搭建组织协同机构支持院系变革：院校内部组织部门之间的协调配合工作，必须依托相对独立或具有支持 STEM 教育系统变革功能的组织主体。STEM 院系、教学中心/教师发展中心、行政部门之间需要建立协同机制。

(4)广泛利用数据支持变革：充分利用信息化手段收集学习数据和提供学习反思，利用数据分析指导教师的教学学术评价和专业发展，以及优化组织系统变革的方案。

(5)以追求高质量的教学学术为己任：院校应明确将对高质量教学和科研的追求作为大学的使命和目标，通过建立完善的学校和院系教学学术评价体系实现对教学的全面评估。

(6)充分运用 AAU 院校网络推动系统变革：利用 AAU 的学术声誉积极传播变革的理念和实践，积极争取 AAU 的外部资源和社会网络服务组织变革。

9.2.2 关于 AAU

AUU 在变革中发挥至关重要的作用，包括：

(1)建立有效的系统变革框架来实施和评估基于循证教学的变革，选定试点院校开展试点，发展系统变革的领导力。初步制定的系统变革方案是包括教学、支持与文化转变的三位一体的变革方案，AAU 后续又开发了教学评价方案和变革指导手册等，并遴选试点院校参与，成为系统变革计划的实际开发展和监控者。

(2)搭建院校信息发布平台，定期组织院校领导交流经验，建构系统变革网络。AAU 利用自身的声誉优势，通过分享信息和发布信息扩散系统变革的创新理念和实践行动，建构共同致力于变革的利益共同体和沟通机制。

(3)收集变革进程的数据，开展院校实地调研，与科研机构合作，研究系统变革的规律。AAU 通过调研，大量搜集系统变革的院校数据，掌握变革的第一手资料，并与非利益相关的科研院所合作研究系统变革的过程，为变革提供理论支撑。

(4)提供资金援助和政策支持，拓展系统变革的外部制度环境空间。争取系统变革的外部资金支持，包括联邦政府和私募基金会的持续投入，并通过游说立法机

---

① STEM 学科课程与教学专家(discipline-based expert)，指在 STEM 领域内对相关专业有实际教学经验，也具备教学学术研究经历或能力的特殊人才，一般为终身轨教师中的知名教授或学科博士后研究人员。

构和政府从法律上认可教学学术文化在研究型大学中的合法性。

9.2.3　关于试点院校

试点院校在参与变革的过程中探索系统变革的实施模式与策略,包括:

(1)开展基于院校的变革实施:基于院校 STEM 教育发展的传统,结合系统变革的框架,通过承诺和愿景开发,实施具有院校特色的本科 STEM 教育变革战略。

(2)开展基于循证教学的课程与教学再设计:以循证教学为变革的核心,进行课程单元的改造和教学方法的设计,为教师开展因地制宜的专业发展服务,为变革实施提供行动参与的机会。

(3)拓展院校 STEM 学习的物理环境:大量的软件和硬件投入,配套资金的投入,新的组织部门的设立和人员的招聘,为 STEM 学习提供了必要的物质条件准备。

(4)制定和实施具体的循证教学评价:开发和制定对循证教学的评价,一方面是对教师教学改进的评价和职称晋升的要求,另一方面是对学生参与主动学习的数据收集和学情分析。

9.3　本科 STEM 教育系统变革的机理分析

经过深入的研究,现在必须回应本研究的具体研究问题,即:

①美国开展 STEM 教育变革的动因和组织变革的场域制度逻辑是什么?

②AAU 本科 STEM 教育系统变革的核心主张与本质特征是什么?

③试点院校系统变革实施具有什么模式特征?

④案例院校如何通过变革策略实施完善组织系统变革?

⑤美国本科 STEM 教育系统变革取得了哪些积极的效果与反思启示?

上述问题是按照系统逻辑的思维建构和提出的,其中问题①、②主要分析和探讨“系统变革是什么”,问题③、④分析和解决“系统变革怎么变”,最后一个问题聚焦“经验、启示与反思”。

9.3.1　美国开展 STEM 教育变革的动因是什么?

首先,美国开展 STEM 教育的变革表面上看是为提高 K-12 基础教育阶段学生科学学科素养,提高本科 STEM 教育的人才培养质量和促进大学生就业,以及保障少数族裔和代表性不足的弱势群体进入 STEM 教育的公平性,然而深层的原因在于美国对于保持其战略竞争优势和“世界领袖”地位的深度忧患。由于教育质量和研发投入是国家战略安全和综合国力竞争的重要支点,因此大力发展 STEM 教育实际上反映了美国整体的教育水平不尽如人意的现状。具体来看,美国外交关系委员会发布的一份关于美国国家安全与教育的报告指出，美国有许多优秀的小学和中学，但是总的来说，有太多的学校未能达到基本的人才培养目标[204]：没有为学生成为合格的公民做好充分准备；没能为学生有效参与日益多变的全球社会做好准备；没能让学生掌握足够的技能为参与军队和就业做好准备。

因此，美国STEM教育的问题与美国教育体系的整体现状具有高度一致性，或者说本科STEM教育人才不足的根本原因在于基础教育科学学科素养不高，导致新生对理工科专业普遍兴趣不高，动机不强。非营利性考试组织的一份报告显示，在参与非营利性测试的高中毕业生中，仅有22%的考生在英语、数学、阅读和科学科目上具备大学要求标准。美国教育部的数据表明，有42%的两年制大学学生和39%的四年制大学学生需要参加补习课程，或需要尝试重新学习他们没有掌握的高中知识。更为严峻的是，在本科STEM课程与教学质量参差不齐的情况下，参加补习的大学生更有可能产生厌学和弃学的状况，这也直接影响大学的保留率和毕业率，更直接影响大学生的后续专业学习和就业选择。

其次，横向比较美国近年来的教育水平和研发投入，美国作为超级大国的地位不断受到来自欧盟国家和新兴经济体崛起的挑战，这极大地刺激了美国加强STEM教育的动机。自从1956年苏联发射第一个颗人造卫星后，每当美国面临外部挑战与威胁，其都会对科学技术教育的国家战略做出重大调整。2018年，美国学生在国际学生水平测试中的表现在所有72个国家和地区中排名第11位，其中数学成绩排名低于平均水平[205]。2000—2017年，亚洲国家尤其是中国为全球研发支出的整体增长贡献巨大，中国研发投入增长占全球近三分之一（32%）（见图9-3）。美国和欧盟分别占20%和17%，合占全球研发投入增长的37%[206]。

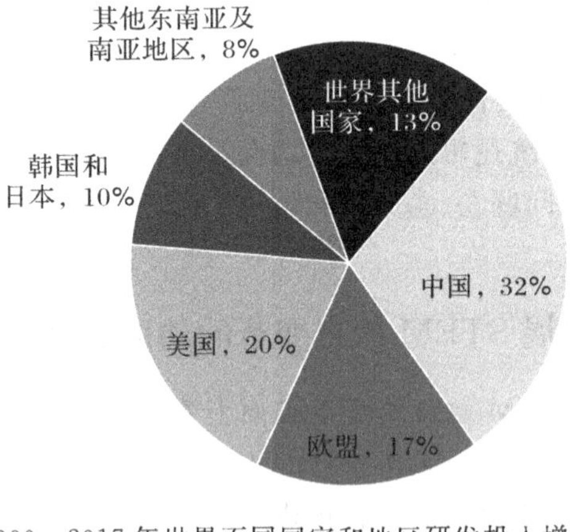

图9-3　2000—2017年世界不同国家和地区研发投入增长所占比重

因此，美国学界、智库和政府都不断强调STEM教育的重要性。随着联邦政府对STEM教育的大力投入和政策激励，STEM教育已经日益成为教育变革的重要举措,美国社会和学界对开展STEM教育变革的认同度也逐步提高。相关调研显示,美国公众对于科学是否会为下一代提供机会,以及政府应该加大基础科学研发投入的认可度最高(见图9-4)。由此可见,无论是政府或是公众,都意识到美国未来科学技术发展和科技人才培养的重要性,这些都为STEM教育系统变革提供了现实动因。

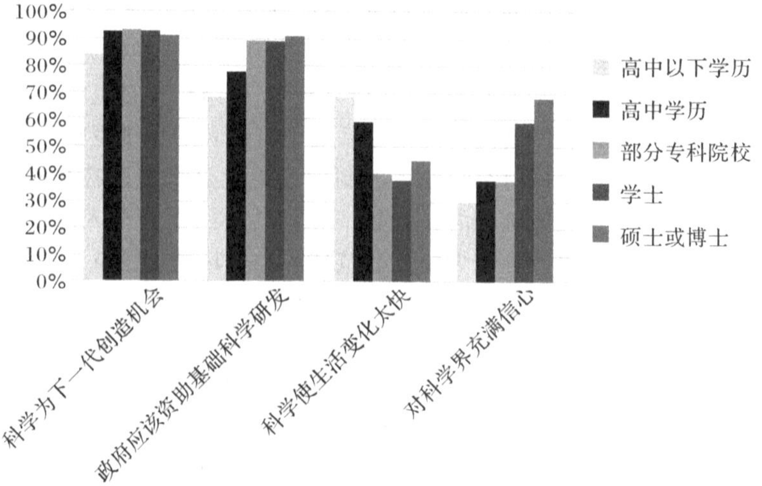

图9-4 不同教育背景的美国公众对科学的态度(2018年)

再次,2019年,全球高端和中高端知识密集型产业①占全球GDP的产值分别是11.1%和7.1%,美国高端产业所占的比重是全球份额的1/3,中国和欧盟占全球份额的1/5。然而,在中高端知识密集型产业中,中国占全球份额的26%,美国和欧盟占23%。其中,从事高端知识密集型产业的职工占美国劳动力比重的16%,从事中高端知识密集型产业的职工占美国劳动力比重的19%[207]。2019年,全美从事科学与工程工作的劳动力(学士或更高学位)近2500万,包括从事科学与工程专业的职业工作者,作为科学与工程学位的持有者,或者作为在工作中使用科学与工程技术专长的人员[208]。特朗普政府一直推动制造业回流美国,主要是指中高端知识密集型产业。2018年,美国国会又一致性通过《加强职业与技术教育21世纪法案》,该法案旨在进一步强化培养具有STEM学科背景的实用技能型人才,由于这也是特朗普政府执政以来通过的第一部重大的教育法案,足见STEM教育变革对促进就业和推动经济发展的重要性。

① 知识密集型产业(knowledge and technology intensive,KIT):高端知识密集型产业包括飞机、计算机、电子和光学产品、药品、科学研发服务和软件发布。中高端知识密集型产业包括化工(不含医药)、电气设备、资讯科技服务、机械设备、医疗及牙科仪器、机动车辆、铁路及其他交通工具和武器。

总之，美国 STEM 教育的变革源于其对基础教育质量的担忧、对国际教育竞争的担忧和对未来经济前景的担忧，这些深层次的原因是推动美国开展 STEM 教育变革的根本原因。

9.3.2 组织变革的场域制度逻辑是什么?

组织系统理论主张系统的开放性和复杂性，所谓开放性就是组织是一个不断输入和输出的交换系统，组织与外界环境的互动是系统变化的动力；复杂性就是指系统变化具有不确定性和不可预测性，计划与自发、他组织与自组织或者多要素协同都可能导致系统变化。制度逻辑是指导系统中行动者的思维逻辑和行动者发挥主观能动性的社会实践。探讨组织变革的制度逻辑就是试图回答政府、大学协会和高校在美国教育公共政策调整的大背景下如何转换组织和个人思维观念，又如何通过行为方式的调整去影响更大的社会范畴和整个场域的变革。

因此，AAU 本科 STEM 教育系统变革提供了一个透视美国高等教育组织场域变革的窗口，这个场域是由美国大学协会发起，由众多精英研究型大学参与的组织系统变革的竞技场。AAU 作为变革的行动者，与其他具有变革意愿的试点院校开展变革，变革的外部利益相关者是联邦政府、国家科学基金会、STEM 教育委员会、科学技术总统咨询委员会和其他大学联盟，由此建构产生美国高等教育场域中的变革框架（见图 9－5）。

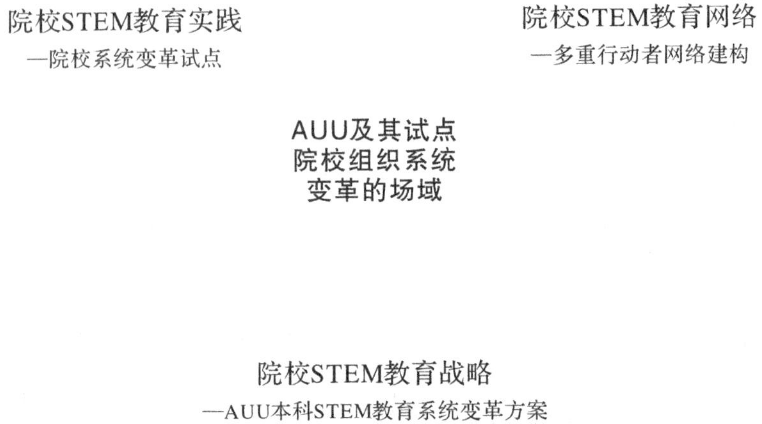

图 9－5 美国高等教育本科 STEM 教育变革的场域

场域是行动者网络的集群构成的一种社会实践，当组织群落面临外部制度环境的压力时，就会产生变革动机，而变革成败更多取决于行动者内在制度逻辑的转变。更重要的是，组织场域为系统变革提供制度合法性，并塑造基于教学学术的组织同型。

在组织场域的内部,系统变革依靠认知模式、政治模式和文化模式发挥作用,分别对应高等教育系统的组织要素——工作方式、价值理念和权力运行。首先,严密的劳动分工、协调一致的专门化,以及学者的定位构成组织和教师之间基本的行为方式和人际关系,这种基本结构决定变革的层次关系和以院系学科为基层的变革形态。对于变革行动者而言,形成变革的网络社群、整合变革的层级关系,以及实施变革的具体行动等是一次认识、学习和领悟变革的认知过程。其次,高等教育系统中始终存在分权与集权、学术权力与官僚权力、科研学术与教学学术之间的对立与冲突。系统变革涉及对组织运行的权力架构和资源配置进行调整,对包括部门设置、人事安排、激励机制、评价考核等在内的事项进行干预,以及充分发挥院系学术共同体的学术权力在变革行动中的作用。再次,组织文化具有显性和隐性特征,历史传统、人造物(物理环境、语言载体、技术环境、行为方式)、内隐的价值观念和核心假设都对变革产生积极或消极的影响。系统变革的关键是改变教师对教学学术的态度,这需要院校持续重视教学学术文化氛围的养成,通过鼓励教师开展循证教学,逐渐引导显性因素影响教师隐性因素的变化,从而最终改变院校和场域的组织文化。

本研究的语料都源于 AAU 网站官方发布的 15 份文件和资料,以及对 8 所案例院校的相关新闻报道资料。本研究基于语料库的分析,筛选出比较重要的关键词、词簇和语义韵,具体如下:

(1)关键性的词汇。关键性的词汇包括教和学(teach & learn)、教师(faculty)、学生(student)、本科(undergraduate)、院校(institution)、校园(campus)、科学(science)、网络(network)和变革(reform)等,这些词汇对于研究 STEM 教育系统变革具有特殊意义。

(2)关键性词簇(短语)。其一,有效教学评价(EFFECTIVE EVALUATION)、教学质量(QUALITY OF STEM)、教学学术(SCHOLARSHIP OF)是本科 STEM 教育系统变革的共同基础,同时教与学又分别强调数据驱动(EVIDENCE BASED)和学习环境改善(ENVIRONMENTS);其二,本科和科学教育分别指向系统变革的实施层次和目标科目,一方面关注有效地持续改进本科教育的质量,另一方面强调改变科学教育的文化。其他词簇信息还显示,STEM 教育系统变革强调对教师进行培训(TRAIN)、认可(RECOGNIZE)和奖励(REWARD);对学生强调融入(ENGAGING)、帮助(HELPING)和提高(IMPROVED);系统变革通过实施网络策略,面向院校和院系开展大规模的改革。这些信息为深入理解系统变革的核心理念提供了有力的支撑。

(3)关键性语义韵(态度价值类型化)。索引行呈现的 STEM 教育系统变革的语言描述从语义倾向上更偏向于积极意义,比如,动词"改善(improve)、分享(share)、取得(achieve)、激发(stimulate)、主持(host)、实施(conduct)",名词"目标

(goal)、协作(collaboration)、承诺(commitment)",形容词"有效的(effective)、重要的(key)、最优的(best)、广泛的(broader)"等;描述性形容词的主要功能是对变革整体和具体事项的限定,包括"本科的(undergraduate)、国家的(national)、系统的(systemic)、长效的(long-term)、大规模的(large-scale)、个体的(individual)、本地的(local)、院校的(institutional)、文化的(cultural)、学科的(disciplinary)、特定的(specific)、专业的(professional)、整体的(overall)等",这些词汇使系统变革成为具有组织属性的严密制度结构。

由于语言是精神世界和物质世界的载体,对语料的分析可以反映制度逻辑的整体性特征。一是反映院校变革的复杂性源于影响高等教育场域的政治逻辑、市场逻辑和学术逻辑的多重干预,其对研究型大学的教学学术文化的转变产生直接影响。由于在组织种群层面的变革需要类似于大学协会的中介组织与外部利益相关者进行集体协商,这更有利于为组织系统变革赢得更大的话语权,同时大学协会也容易发挥其联盟的影响力和说服力,影响精英研究型大学的院校种群实施变革。二是表明美国本科 STEM 教育系统变革具有鲜明的管理逻辑倾向,其本质是强调教学的质量和效率。管理的特征往往表现为"绩效主义"和"科层管理",系统变革通过实施基于卓越教学学术发展的结构变革和质量管理,比如循证教学、教学改进、同行评价等提升教学效率,这些举措与科研学术的逻辑发生矛盾,势必需要通过行之有效的变革策略化解对立冲突。三是体现系统变革尽量避免与研究型大学既有科研学术的逻辑对立,通过塑造教学学术的研究地位,不断巩固和推动变革持续深入发展。由于变革是一种自我实践和再实践的过程,精英研究型大学通过破除科研学术的本位主义,开展重教促学、助教兴学、合作研教的教学实践创生,逐渐建构科教并重、协同发展的理念,推动建构新的制度逻辑。由于场域制度逻辑具有自反性,故新的理念会跨域组织的边界地带,赢得更大的社会认可和合法性。

9.3.3 AAU 本科 STEM 教育系统变革的核心主张与本质特征是什么?

AAU 本科 STEM 教育的系统变革具有鲜明的问题导向,即就是要解决困扰本科生前两年的大班额 STEM 入门课程的教学质量问题,从而为 STEM 人才培养提供生源基础。系统变革的提出也是基于以往改革问题的经验总结,其一,以往的改革聚焦于典型个案,不具有规模效益,仅关注课程与教学变革,缺少变革的持续性。其二,以往的变革更多地关注自上而下的计划性变革,缺少对院系基层和教师个体的思想观念和文化氛围的影响,变革的阻力大于动力,最终导致变革失败。其三,传统教学的弊端在于难于评价,大量研究表明,基于信息技术与教学融合发展的循证教学(主动学习)的方法是提高教学和学习效率的有效途径,其实施效果较传统的授课教学有明显优势,同时也为开展循证教学的评价提供了硬件支持和前提条件。

AAU 的“本科 STEM 教育计划”试图以教学为核心,通过整合教学技术、资源和支持教师专业发展,改革和转型院校的组织文化,进而实现精英研究型大学以教学学术(基于循证教学的人才培养和质量评价)为内涵的新的价值塑造。

AAU 系统变革框架具有明确的理论设计特征,即系统变革的提出具有复杂系统理论、组织发展理论和制度理论的特点,是一种基于理论假设的变革。其一,系统变革具有整体性特征。教育变革不太可能因单一子系统的改变而变化,要形成深刻的教育变革需要对影响教育的子系统也进行调整,子系统与系统之间在场域层面的范式转换才有可能实现系统性的变革。其二,系统变革具有非线性特征。非线性指不是简单的、因果联系的理想建构过程,而是变革行动者发挥主观能动性,不断适应、调整组织学习和问题解决的过程。组织变革强调激发组织成员的能动性,提升其应对环境变化的知识与技能,通过发展学习共同体和共享组织发展的愿景,推动组织持续的变革。其三,系统变革具有制度创新的特征。变革实践的成败取决于组织能否将结构、行为规范和文化模板嵌入制度化过程。成功的组织转型需要对包括愿景、计划、结构、能力在内的组织要素进行组织再造,并通过物质激励、承诺激励与客观化的激励制度实现制度创新与传播。

AAU 系统变革的实施具有独特的转型特征,即系统变革的实践体现为组织文化的转变、组织发展范式的转换和组织模态的超越。其一,系统变革具有塑造科教融合组织文化的特征。科教融合作为大学的理念,在研究型大学中始终面临科教分离的对立与冲突,STEM 教育变革的目标之一就是要平衡科研学术与教学学术的关系,重塑教学学术在高等教育中的本位。美国大学协会提出“让教学与科研同样卓越”的口号,使系统变革始终围绕以教学为中心。同时,美国科学基金会将开展 STEM 教学创新作为对社会具有广泛贡献的参考标准之一,这些组织场域中的价值观导向变化将化解教学学术与科研学术的对立,促使精英研究型大学重新审视教学文化在组织发展中的定位和归属。其二,系统变革具有由组织发展向组织转型变化的特征。组织发展是组织在局部进行的调整优化,其主要作用是查漏补缺;组织转型指整体价值链和生态体系的变迁,其作用是战略重构。以往 STEM 教育的教学改革难以奏效的原因在于,以解决具体教学问题为导向的变革不能影响与教学关联的其他子系统参与变革,当与教学相关的管理系统,包括人事制度、奖励制度、组织领导和教师发展等都不能与之衔接形成协同作用时,组织的局部变革就难以发挥作用。AAU 的系统变革框架和变革实施建立在联邦政府、大学协会和院校三个层面,涉及政府意志、行业利益、外部基金运行和院校自身发展战略的多元利益博弈,必须充分发挥技术子系统、管理子系统、人员子系统的协调优化作用,因此系统变革具有组织发展战略调整的转型意义。其三,系统变革具有由小范围组织个体阶段性变革向大规模群体持续性变革转变的特征。模态是一个描述事物发展状态和特质的概念，对于组织变革而言，其特指组织变革的规模和质量等与变革相关的属性。AAU 系统变革强调变革的规模化、广泛性和参与性（英文称为“scale”或“scale up/scaling”），本意是指行动者（个体、组织、群体）参与的一项具有长期性和广泛性的变革实践。其中，STEM 教育系统变革将有效的规模效应定义为三个要素，即系统变革的程度、广度和可持续性。变革的程度是指课堂教学创新产生的实际效果，对教师的教和学生的学，以及教师的教学理念都产生深刻影响；变革的广度指创新在系统中的传播和认同的程度；变革的可持续性是建立在前两种要素转变基础上的组织文化认同的变迁，是组织成员的观念、行为和组织愿景在组织发展中长期变化的结果。简言之，系统变革就是针对精英研究型大学的群落，开展基于证据的教学理念、实践与评价改革，并将这一过程通过文化嵌入持续性推进。

9.3.4 试点院校的本科 STEM 教育系统变革具有什么典型特征？

对变革特征的分析主要从变革的情景、变革的假设、变革的内容、变革的动力以及变革的方式五个维度进行探讨。

（1）变革的情境。美国 STEM 教育的变革源于其对基础教育质量的担忧、对国际教育竞争的担忧和对未来经济前景的担忧，这是推动美国 STEM 教育变革国家战略实施的根本原因。就变革的逻辑而言，既有促使变革的外部社会逻辑，包括影响高等教育场域的政治逻辑、市场逻辑和学术逻辑的多重干预，也包括高等教育组织场域内部的管理逻辑和学术治理逻辑的冲突。

（2）变革的假设。大学组织变革无疑需要整合各个子系统，形成组织的系统合力。大学组织系统由文化、工作方式与权力三个要素构成，系统变革具有文化模式、认知模式、政治模式的显著特征。其中，认知模式强调组织学习与意义建构，文化模式主张价值理念与信仰假设的深刻变革，政治模式重视利益与权力关系的博弈。AAU 系统变革就是具有多理论属性的变革假设。

（3）变革的内容。系统变革本质上是转型变革，需要研究型大学由科教分离转向科教融合，具体的方式就是将管理的绩效主义也应用于教学，通过循证的教学手段、教学评价和教师专业发展建构教学在研究型大学中与科研等同的学术地位，进而重塑研究型大学的学术文化。因此，文化变革的关键是转变教师的认知、价值观和信念，而要转变文化就势必要转变工作方式和权力架构，以及与之对应的学科、院系和院校的对应层次关系。

（4）变革的动力。自上而下的变革由于缺乏基层的参与往往会导致失败，而自下而上的变革由于缺乏资源配置也难以实现。系统变革具有两种领导力，一种是基于组织场域的变革力量，AAU 作为变革的核心行动者，联络外部利益相关者和试点院校，建构变革行动的外部网络，形成一种基于 AAU 项目领导和院校管理层参与的集体领导。一种是在大学组织内部,院系和 STEM 变革领导机构作为变革的中介,衔接院校管理层和基层教师,形成一种基于学术与行政兼备的变革共享管理和领导,对变革过渡发挥承上启下的作用。

(5)变革的方式。变革的方式不同于变革的策略,方式也可以理解为路径和选择,而策略更贴近于具体的实践操作。制度理论将变革解释为制度的创新与变迁,组织发展理论将变革解释为战略转型,系统理论将变革解释为协调优化。尽管其理论视角不同,但对院校组织的系统变革路径具有相似的解释:①基于循证教学的本科 STEM 教育教学改革,在教学方式和教学技术上进行改进。②转变教师个体对教学学术的价值审视,并提供对教师专业发展的充分支持。③转变院校内部的组织架构,通过制度激励机制和组织学习重构组织文化。

首先,关于本科 STEM 教育循证教学的实践(evidence-based teaching)。

文献中对循证教学的定义是经过实证证明有效的教学方式或通过元研究评估有效的各种教学方式在教学环境中的实施[209]。循证教学促进学生的能动学习,能动学习是使学生参与课堂上的活动和/或讨论,而不是被动听讲,更强调高阶思维,经常涉及小组活动。与之对应的授课教学主要是教师讲解的授课形式,学习活动仅限于记笔记和回答教师的提问[210]。现有研究基本认同循证教学优于授课教学,能动学习优于被动听讲。因此,如何在本科 STEM 教育中推动循证教学是实施系统变革的关键(见表 9－4)。

表 9－4　开展本科 STEM 教育循证教学的建议[211]

开展反思性教学:经常性反思教学过程,成为教学反思和教学学术的研究者。 开展研究性教学:尝试运用已有的研究性学习的教学方法,为学生创造启发认知、深度思考、批判反思的问题解决过程。 将教学实验融入教学:将前测与后测融入课程,衡量学生的学习结果,唤醒教师对学生学习过程的认识。 运用多种教学评价工具:学生学习参与度评估问卷、学生教学反馈评估问卷、学生学习成果评估问卷、同行教师听课等评价工具的应用将有效地促进 STEM 教学。 开展学生学习达成度评估:由学生自己根据课程目标评估自身的学习程度。 开展长期的学生学情分析:通过数据收集和评估积累,为制定学院或学校教学规划提供合理依据。

尽管专业众多,但本科 STEM 教育属于理工科,与理工科在专业人才培养的目标上具有许多相似性[212]:深入掌握专业核心概念;长期习得所学内容;为未来学习打下坚实的专业基础;培养视觉传达能力,包括批判、解释、构建并连接物理系统等;培养使用科学信息所需的技能,做出明智的决定(分析和批判性判断);理解科学的本质;在参与解决现实世界问题中通过运用科学知识寻找满足感。

结合现有案例院校的教学实践和STEM本科专业的人才培养目标，系统变革需要在循证教学中努力解决学懂、教好、测评三个问题。一是加强对专业核心概念的理解。学科专业的基本规律是建立在学科关键概念的理解之上的，理工科专业需要在核心概念、基本假设、科学思想和验证方法上加强学习。传统授课的弊端在于不能及时反馈学生的学习问题，大班授课（60人以上）在学习效果上没有有效的评测，对学生的问题解决过程也缺少评估，致使教师很难跟进并调整教学。现代信息技术的应用很大程度上缓解了传统授课教学的不便，比如在SCALE-UP、clicker教学场景中，学生的概念理解不限于单一模态的教师讲授，图形、动画或3D模型展示更容易被学生接受，且即时在线测评使学生在分组环境中通过计算机或计数器交流学习结果，使学生的学习障碍被及时地反馈出来，教师也更容易开展教学评估和对学生进行跟踪反馈。二是促进学生产生专业学习的兴趣。由于美国学生在中学阶段没有良好的数理基础，故其在大学阶段对学习STEM专业有较强的抵触。相较于授课式的学习，具有师生互动、生生互动的课堂更容易促进学生的学习，以及进行真实的研究实践和实验等教学活动更容易激发学生对STEM专业的学习兴趣。三是基于产出导向进行评估。评估需要围绕专业核心概念、学生写作能力、合作学习能力、批判反思能力、学生学习态度以及专业增值评估等。评估的要点是确保专业目标、课程标准和评估方式的一致性，并且这种评估是建立在长效机制上的专业质量保障，比如美国ABET① 工程认证所强调的评估证据与专业评价的关系。

其次，关于本科STEM教育教师专业发展的支持（faculty support）。

组织系统变革的关键要素是人的思想观念和实践方式的转变。实践中，单独改变教师的思维不见得能改变教师的教学行为，因为教师的教学决策受到教师非个体因素的影响和制约，系统变革的解决方案是立体和全面地实施对教师专业发展的支持（见表9－5）。

表9－5 开展本科STEM教育教师专业发展的建议[213]

拓展教师发展中心：将教师发展和教学研究融入STEM教师的课堂。
开展师徒教学：将师徒教学和合作教学纳入教学评价。
提供学习资源：为教师提供多样化的循证教学资源和信息化工具。
组建学习共同体：基于同一院系或学科开展学习共同体建设。
树立教学典型：鼓励教学能手和专家型教师成为变革的示范者。

试点院校对教师专业发展的支持既有依托院校组织的传统继承，也有依托院

① ABET全拼为Accreditation Board for Engineering and Technology，即工程技术评审委员会，是一种社会组织的名称。

校网络的组织学习，还有通过教师发展中心的在职培训等多种方式。教师专业发展主要解决教师的个体认知和教学行为问题、支持教师开展教学研究以及正向反馈教师可持续发展问题。一是教师专业发展具有典型的认知模式取向，教师需要认识和了解在 STEM 教学中如何通过循证教学的方式验证教学研究的假设，通过个体学习和组织学习的方式，教师得益于之后的教师专业发展，并通过改变认知图式更新教学观念。比如，试点院校的教师发展中心和 STEM 中心作为教研、培训和服务推广的机构，大量承担辅助教师提升教学技能以及提供学习观摩机会的任务，为教师面对新的循证教学环境提供理论和实践准备。二是研究型大学的教师群体关注科研多于教学本身，基于学科的教学研究将科研学术与教学学术整合，特别是基于 STEM 学科的教学学术研究迅速发展，形成了各自独立的学术期刊、学术中心和科研合作网络，已经初具学科教学研究领域的雏形。此外，美国国家科学基金会资助的研究、教学和学习一体化中心网络也是支持教师开展教学行动研究的一个例子。通过院校合作网络，该项目招募研究生、博士后和教师一起合作，共同开展教学学术研究，并探索 STEM 本科教学和学习的最佳实践。三是通过正向激励反馈教师持续开展基于本科 STEM 教育的专业发展。正向激励的本质是给予教学学术与科研学术对等的合法性，尤其在精英研究型大学，通过绩效管理和组织再造重塑本科 STEM 教学对人才培养，才能确保教师对教学的投入和产出。正如多数试点院校开展的教师学习共同体建设，若教师 STEM 教学学术专业发展是被组织认可的学术活动，探讨教学技术创新和自组织学习就能在回报递增的过程中自然演进。

最后，关于本科 STEM 教育的制度创新(institutional innovation)。

学者试图从不同的理论视角解释大学组织的变革，将组织变革的程度、速度、过程和结果都作为自变量进行探讨。其中，大学组织变革的基本问题是组织如何适应外部环境的变化，制度主义将大学组织变化的结果定义为组织的趋同性，在不同的场域环境下，为获得组织的合法性和外部利益最大化，组织会通过强制的变迁、竞争的模仿、社会的认同实现制度的变革，因此系统变革不是重装系统，而是对原有的系统进行整合优化(见表 9-6)。

表 9-6　开展本科 STEM 教育系统变革的建议[214]

重视院系 STEM 教学：建立以院系为单位的本科 STEM 教学文化。
加强人才培养绩效考核：将人才培养成效纳入学校年度预算，并和学校收入统筹考虑。
增加教师教学评价考核：奖励优秀教学案例和教师，重新评估终身轨教师的教学权重。
统筹规划本科 STEM 人才培养：制定学校战略发展规划，确保对本科 STEM 人才培养的关注和政策的长期性。
加强利益相关者网络建设：高校、基金会、行业组织、认证机构等不同利益相关者主体应加强沟通合作。

要解决STEM教育的系统变革问题，需要兼顾制度变迁的三种逻辑。一是系统变革的外部强制力问题。STEM教育不仅关乎教育，也关乎经济与国家安全，美国数十年来一直关注理工科教育的根源也在于此。为迎合这一制度环境变化，必须对科学和教育政策做出调整，其中最能影响本科STEM教育发展的政策在于将与STEM相关的教学创新纳入与科学研究相关的"广泛影响"范畴，使STEM教学研究的合法性得以确认，相关学科的教学研究获得资助和认可。二是系统变革的社会认同问题。美国大学协会系统变革的基本假设是STEM课程与教学变革不能改变研究型大学面临的STEM人才供给不足的问题，需要基于教学资源系统、人力资源系统和制度资源系统重新优化人才培养过程，从而实现协同创新。因此，开展STEM教育的系统变革成为解决人才培养数量和质量问题的最优解已经成为学界和政界的广泛共识。三是利益相关者网络合作的问题。美国大学协会(AAU)、美国学院与大学联合会(AAC&U)、美国公立及赠地大学协会(APLU)都提出基于院校行会特色的系统变革方案，争取外部利益的最大化，同时试点院校在变革的目标、技术路线和制度举措上具有趋同性。总之，系统变革是在理论假设的前提下，通过学术行会组织实施的组织变革实践，在技术变革和制度变革中具有典型的系统性特征。

9.3.5 案例院校如何通过变革策略的实施完善组织系统变革?

案例院校科罗拉多大学博尔德分校作为最早开始本科STEM教育变革的公立研究型大学，在美国STEM教育和教学学术研究领域都具有典型示范效应。该校的变革聚焦于系统性特征，包括基于院系的中层行动，鼓励教学学术，提出明确的质量标准，设立教学、研究与教师专业发展于一体的STEM中心等。亚利桑那大学将对教师专业发展的支持和教学硬件条件的改善作为变革的切入点，鼓励教师运用循证教学方法，改造传统教室的教学空间，动态开展教学有效性评估等。案例院校的变革实施策略具有持续性教学学术文化塑造的特征，见表9-7。

表9-7 两所案例院校的变革策略对比

科罗拉多大学博尔德分校	亚利桑那大学
策略一：专家治学的领导核心	策略一：传播主动学习的教学理念
策略二：组织变革的院系衔接	策略二：建立教学学术的制度体系
策略三：外部资源利用最大化	策略三：开展组织学习的深层变革
策略四：学习型组织建构	
策略五：教学学术文化塑造	

归结起来，案例院校的组织系统变革大致可以归纳为两个层面的创新。①教学技术层面的创新：主要解决如何将循证教学实践应用于具体的STEM课堂，包

括教师发展中心提供的研究性教学方法的工作坊，院系支持教师开展的教学研究，通过改造大班额教室实现教学信息化等，技术创新的目标是通过课程与教学实施和教师专业发展使 STEM 学科教师具备开展循证教学的素质和能力。②教学制度层面的创新：主要解决如何将系统变革在院系落地实施，包括设立独立的 STEM 教学研究中心、成立院系变革领导小组、成立教师和研究人员共同参与的教学学术共同体、建立院校的教学荣誉制度（定期评选优秀 STEM 学科教学教师）、在职称晋升和年度评奖中明确 STEM 教学的业绩比重等，这些制度举措进一步将阶段性变革转变为持续性变革。

参与 AAU 系统变革的案例院校都对标变革设计开展针对性的院校变革实践，如科罗拉多大学博尔德分校通过加强对 STEM 教学中心的建设，强化学校变革计划和院系领导，实施一系列自上而下的变革；亚利桑那大学通过加强教学研究和教师专业发展，以及改造教学空间的支持和鼓励措施，引导教师改变教学方式，实施自下而上的变革。当案例试点院校面临相似的外部环境变化，做出类似的变革决策时，也会产生不同的变革实施选择。

（1）院校传统的差异：案例院校都参加了 AAU 本科 STEM 教育系统变革，科罗拉多大学博尔德分校在 2006—2007 年开展的“科学教育计划”旨在改变院系教学实践和文化，并让大多数教师使用和维持基于研究的教学实践，具体包括学习内容的制定、评价和教学方法的有效性等。相较而言，亚利桑那大学在参与 AAU 变革前没有系统的循证教学变革计划作为铺垫，因此其变革侧重课程与教学和教师，而科罗拉多大学更侧重将循证教学的变革推向院系，引向深入。因此，院校的变革选择是基于院校实际因地制宜的决策。

（2）组织战略的差异：组织战略明确大学未来发展的目标定位，直接影响院校发展的行动。科罗拉多大学博尔德分校将 STEM 系统变革纳入全面教学质量管理范畴，全校采用教学质量框架，协调组织管理问题，以及确保变革共同体对变革行动的整体投入度。亚利桑那大学设定全校人才培养的目标是为学生提供有效的支持，促进新的思维模式、教学和学习体验，STEM 循证教学是其中的一个教学体验环节。因此，STEM 系统变革在两所案例院校的战略目标设定不同，前者是教学质量管理，后者是人才培养的组成部分。

（3）院校支持的差异：院校领导和管理层对系统变革的支持和决策直接影响变革的成败。科罗拉多大学博尔德分校的变革由副校长和教务长直接领导，亚利桑那大学的变革由副教务长负责实施。科罗拉多大学博尔德分校的变革在经费支持上主要侧重确保变革长效机制的运行，资源主要应用于专业发展、制度激励的软件建设，而亚利桑那大学则将很大一部分资源用于对教室教学硬件环境的提升方面。因此，案例院校的变革实践是院校在组织外部环境变化中的反应，也是院校根据自身特点做出的实践选择。

9.4 系统变革的本质探寻

9.4.1 系统变革的内在关系

本科 STEM 教育的系统变革是一种组织转型的变革，这种变革的转型特征是强调由科研学术向教学学术转变、由授课教学向循证教学转变、由局部变革向整体变革转变。具体而言，系统变革需要建构组织内部转换与外部环境变革的互动适应。

变革 1：转变系统中教和学的核心工作，以及支持性工作的流程。

大学的核心工作任务是教学、科研和社会服务，随着当前知识经济的发展，知识的生产、传播和消费已经超越原有高深学问的经院模式。以教师授课为中心的知识传播，以学科领域为中心的知识生产，以大学为组织主体的知识服务及其工作机制正在发生转变。以学生需求为中心，以知识应用为中心，以创新创业为载体的知识消费需要大学组织对核心工作任务进行系统性的变革，相应的学术与非学术的支持服务性工作也需要发生根本性的转变。

变革 2：改造系统内部的组织流程和结构。

大学内部的基础设施必须更具协作性和参与性，以促进大学内所有利益相关者的观念转变。所谓内部基础设施就是组织的文化、组织的思维方式、组织结构的设计与组织内部的运行机制等。大学是以学术共同体建构的底部承重的组织，顶层设计的变革并不能使大学具备持续变革的能力，需要系统变革通过利益相关者的共同参与，不断学习，重塑价值观，形成促进系统变革的内部制度环境。

变革 3：转变系统与其外部环境的关系。

大学组织不再将自身看作封闭的象牙塔，而是与超系统的外部环境彼此联系的有机整体。组织不是被动地接受外部环境的输入，而是不断发现机会、寻求合作、自主发展的组织。大学组织需要主动借助外部环境的政治与经济支持，规避组织竞争的风险，通过搭建联盟与合作伙伴关系变被动适应为积极求变。因此，如何适应变革的逻辑是组织生存面临的最大挑战。

变革 4：改变组织的文化内涵。

大学组织变革的终极目的是将特定的文化象征转化为人们理所当然的假设、观念和信仰，从而实现由外而内的变革。然而，这一文化迁移现象需要在变革的时间跨度、变革的程度和变革的行动者三个维度上实现整合。比如，缺少大规模的变革实践，或是短时间的变革尝试，抑或是没有关键的变革行动者推动变革，都难以形成行为-认知-观念的连续体，在个体-组织-场域层面就不能产生建设性互动，组织文化变迁就很难实现。

美国的 STEM 教育作为一种特殊的教育形态，不仅是一种新的教育理念的提出,也是一种具有针对性的基于美国教育问题的教育变革。从高等教育变革的视角分析,本科 STEM 教育的系统变革具有清晰的变革目标、内容和实施举措。

1. 以质量提升为变革目标

联邦政府通过成立 STEM 教育委员会(CoSTEM)和总统科学技术顾问委员会(PCAST)等决策咨询机构直接加强对科学技术和 STEM 教育的指导工作,教育部和国家科学基金以及另外 11 个联邦部门共同负责推动 STEM 教育改革举措的实施。同时,联邦教育主管部门和国家研究委员会还通过与政府关联紧密的机构协作,发布与 K-12 阶段教育紧密相关的学科核心素养和科学标准推动各州改进 STEM 教育。在高等教育领域,通过发布 STEM 教育五年战略规划和培养 100 万 STEM 大学毕业生的报告,明确提出将提升 STEM 人才培养的数量和质量作为变革的目标。

从人才培养的角度分析,美国 STEM 人才培养不足的问题本质上是由于质量问题导致的,因为基础教育 STEM 学科的科学素养不高,导致学生选择 STEM 学科的学习意愿不强,且在大学阶段的学习难度增大,导致保留率和毕业率徘徊不前,而大学前两年的本科教育是影响后续专业选择和职业发展的重要阶段。因此可以认为,美国开展 STEM 教育变革的根本出发点还是要提高整体人口的科学素养,解决这一问题不仅关系到教育本身,也关系美国未来的经济发展和国家安全。从人才培养的梯次关系看,以 AAU 为代表的精英研究型大学培养的本科生占全美 STEM 学科毕业生的 20%,其培养的 STEM 博士毕业生占全部博士毕业生的 50%,而每年毕业的 STEM 学科的博士毕业生中有近 1/3 不是在美国接受本科教育的外国学生,所以,如果不重视本科阶段的 STEM 人才培养,将有可能导致未来美国 STEM 人才储备的短缺甚至供给不足。可见,加强本科 STEM 教育和学科教学的改革,变革研究型大学的 STEM 人才培养模式势在必行。

2. 以循证教学为变革内容

研究型大学 STEM 入门课程的教学质量直接关系到保留率与升学率的提升,因此系统变革需要研究型大学重视本科前两年 STEM 学科教学的改革。系统变革倡导研究型大学改变单一的科研学术评价,由科教分离转向科教融合,具体的实现方式之一就是将管理的绩效主义也应用于教学评价,并通过开展循证教学促进学生的主动学习。基于循证教学的变革具体包括课程与教学目标、教学方法和评价方式的改变。现有研究表明,首先,研究型大学强化对 STEM 入门课程的目标进行再审议,并借鉴美国基础教育应用的新一代科学教育标准(next generation science standards,NGSS)中 STEM 学科素养标准,将学习内容细化为科学与工程实践、学科交叉概念和学科核心概念三大板块。或是将学科具体课程目标与学生学习需求结合,通过与学科教学专家、任课教师研讨后再设计课程目标。与简单的科学学科知识传授不同,STEM 教育尤其重视对空间想象力的培养,比如从二维图形转化为三维图形的翻转的空间思维被认为是对STEM教育和职业具有重要预测作用的变量。同时，数学教育中的计算思维（逻辑与推理）、工程教育中的设计思维（创造力与想象力）都是STEM教育特别强调的内容。其次，循证教学的方法是一种增进互动、合作与探究的教学，旨在提高学生的学习效率和激发学生的学习动机，这与仅限于课堂听讲、做笔记或偶尔主动提问的授课形式有明显区别。对现有循证教学方法的分类也可以进一步探讨，比如按照对学生主动学习的促进和对学生学习动机的激发，以及对学生学习进步效果的提升进一步划分等。再次，循证教学的评价强调与目标的一致性，不仅重视基于学习过程的数据开展形成性评价的标准，也重视基于信息技术开发教学观察的评价工具。现有研究表明，尽管院校和学界都意识到量规在学习评估中的重要性，但对本科STEM教育的评价尚未形成一致性的量规，系统变革中各院校都普遍重视形成性评价数据的收集和具体评价工具的开发。此类评价工具的应用对于教学反馈和教学绩效评价产生积极影响，在教学技术层面有利于促进科教融合的文化变迁。因此，正如循证教学的概念所描述的一样，运用实证检验的教学方法和基于数据的教学评价是本科STEM教育系统变革的重要内容。

3. 以系统优化为变革举措

本科STEM教育的系统变革关键在于变革的系统性，系统性是实现组织变革的整体优化和协同，从而发挥变革的整体性效果。尽管基于循证教学的变革是本科STEM教育变革的核心内容，但缺少组织变革的支持往往不能实现变革的初衷。由于大学组织的复杂性，基层变革依赖于学术组织自下而上的能动性实践，一是对教师专业发展的支持，表现为学习共同体的建构；二是对教学学术的激励机制，表现为学科教学研究和对教学创新的奖励；三是组织结构的优化与改造，成立STEM教育研究院（中心）实现对变革的领导与管理；四是形成重视本科STEM教育质量提升的文化氛围，提升对教学学术研究的重视和绩效评价，树立教学与科研同等重要的价值理念。这些变革举措从组织和制度要素的角度形成一种基于个体、组织和文化相互影响的变革模式，有效印证了大学变革是技术变革、管理变革与体制变革的综合作用的结果。

9.4.2 系统变革的因果解释

实践层面的分析能洞察美国研究型大学开展STEM教育系统变革的总体趋势和发展变化，但社会科学研究要将纷繁的现实世界转化为抽象的理论本质。乔纳森等学者指出，系统性思维是系统变革的理论基础，组织变革源于系统性思维的三个要素，一是组织内部动机的重要性；二是系统相互关联的关系；三是关注组织成员的创新[215]。富兰指出，以往系统变革的经验告诫我们，那些处于组织上层和基层的人都必须彻底改变系统性思维。我们要做的是把努力集中在基层，以便在

“大”系统的非线性条件下有机会实现更大规模的改进[216]。艾莉森归纳的系统变革的主要特征包括:①系统的相关性是系统变革的基础,即系统中部分的改变必然涉及整体的改变。②系统的嵌入性是系统变革的核心概念,即任何系统都是超系统的组成部分。③系统变革牵涉的范围广、规模大,影响超越教育组织本身的社会和政府系统的整体运行。④系统变革认识到社区内的参与和责任的重要性,涉及校园文化和组织学习的变化过程。⑤系统变革是持续变革的渐进过程,教和学是系统变革不可忽视的组成部分。⑥系统变革的落脚点是系统思维软实力的变化,即价值观形成(包括共同体、协商和民主)[217]。

结合大学组织的系统性和系统变革实践的主要内容,从变革的性质、目标、原则、方式、动力等要素综合分析,系统变革的机理具有如下特征:

1. 系统变革是大学组织系统、子系统和超系统协调配合的组织转型过程

大学组织系统的复杂性往往使系统变革聚焦于组织内部变革,忽视大学与外部组织环境中的超系统形成彼此联系的场域关系。一方面,组织的开放性决定其运行依赖外部环境提供资源与制度逻辑合法性,当组织变革与环境相互适应,组织变革就有可能实现。另一方面,子系统的变革与组织的日常工作息息相关,更注重工作结构、执行步骤、个体行为等的不断变化,而组织和场域中群落的系统变革则更关注外部的环境特征,组织的核心任务、目标以及策略的变化。因此,影响系统变革的类属关系和影响变量在不同层次和范围具有差异性。沃森提出系统变革的关注点应聚焦于“结构、过程、态度”,其中结构指组织运行的框架(院系制度、薪酬制度),过程指组织成员与结构产生互动和建立关系的方式(人际关系与角色身份),态度指在组织中个体的情绪和整体的文化氛围[218]。

2. 系统变革是大学组织由阶段性改变向持续性创新的转变过程

改变并不必然产生创新,改变也包括对现有组织的优化调整,而创新更具突破性和颠覆性,强调新的技术和制度生成。富兰认为教育变革的意义取决于三个变量,即信念与价值、知识与技能、教育结果,只有当组织的顶层设计与基层的转变互相协调时,教育的变革才有可能实现[219]。从制度变迁的角度分析,变革是一套旧的信念、规范和制度体系逐渐失去其优势地位和制度合法性,并被新的思想观念和行为准则所取代的过程。制度化不仅仅是一个建立变革计划的过程,也是学术共同体建立关系、尝试实践和遵循程序的过程。为避免阶段性的“运动式”变革,持续性变革需要完成四个步骤:一是在变革准备阶段,通过提升关键利益相关者的动机和能力营造尊重变革的文化;二是在变革实施阶段,通过方案设计引导和支持变革分步实施;三是在制度化阶段,通过政策与实践的经验反馈保持变革的持续性;四是在变革的评价阶段,通过转变角色使利益相关者成为组织学术共同体的学习者。

3. 系统变革是以提升大学教学和学习质量为中心任务的变革过程

系统变革的提出是为改善美国学生 STEM 学科的科学学习素养。然而,现代

大学组织面临的人才培养质量问题并非是美国高等教育的特例，大学对科研学术绩效的评价导致教学在科教关系中的“漂移”。因此，政府和社会对高等教育的问责促使大学教育向以学生为中心的教育转型和重视人才培养质量。其一是以学生为中心的大学教育更关注能力、体验、兴趣、需求，与之相对应的诸如研究性学习、探究学习与合作学习、服务学习等新的教学方式层出不穷。其二是知识生产的应用导向使学科知识的交叉融合愈发迫切，STEM 教育提倡的科学素养成为知识整合与传播的新方式。其三是以信息化为代表的教学技术的迭代更新，为教学媒介综合运用和教学过程评价带来了新的应用前景。以在线学习为代表的混合学习模式正不断改变传统课堂教学和学习的方式，基于数据的学习结果评估使大学对教学评价成为可能。其四是人才培养的质量与人才供给的数量成为大学教学评价的关键指标，大学组织重新反思科教融合的应然关系，重建教学的核心地位成为精英大学和众多研究型大学的共同选择。

4. 系统变革是由领导层推动和向团队变革管理转变的过程

系统变革需要大学组织的领导团队具备系统思维、能提出变革的总体规划和愿景，并具备指导系统变革的关键素质(包括核心业务素质、决策与协调能力、沟通合作能力等)。具体而言，不同层级的领导团队需要四种领导能力的转换：一是能审时度势，统揽全局，并制定变革的核心价值和愿景的战略领导力；二是能因地制宜，协调沟通，使变革举措顺利实施的部门管理能力；三是能以点带面，深入实际，视具体问题具体处理的团队领导能力；四是能与时俱进，虚心求教，专注于学习反思和思维求变的能力。由于影响组织系统变革的因素是非线性的因果关联，改革的初衷并不必然导致积极的结果，也会产生不期而遇的结果、阴差阳错的结果、积重难返的影响以及适得其反的影响等[220]。因此，变革需要向权力共享、主动作为和民主参与的管理范式转型。例如，工业社会与信息社会教育管理的特征如表 9－8 所示。

表 9－8　工业社会与信息社会教育管理的特征[221]

工业社会	信息社会
对立关系	合作关系
集权中心控制	分权自我管理
对立关系	合作关系
独裁	民主
顺从	自发
同质性	多样性
劳动分工	任务整合

5. 系统变革是组织设计与组织学习互动生成的过程

系统变革的组织设计是运用动态、创新和迭代的方式从整体转型设计变革计划,并通过循序渐进的细节和目标的描述使愿景在各子系统的反复实践中呈现。然而,系统变革的实践表明,再完美的组织设计都不能满足现实变革不断变化的需求,因为设计是一个理想建构的过程,而变革实践是一个互动创生的过程。系统设计作为一种系统变革的流程框架,为变革提供了一个理想建构的阶段模型,但正如众多变革理论家所言,系统变革的关键不是愿景和目标的设计,而是具体的执行和实施过程,这才是导致多数系统变革失败的主要原因。因此,为弥补这一变革的缺陷,必然需要转变组织成员的认知和动机,从改变成员间的知识结构和心理需求方面激发组织变革的内驱力。其中,组织学习是实现这一变革过程的有效途径之一。彼得·圣吉将变革看作是组织成员内心改变与外部组织系统改变相互构建的作用,前者是人们的价值观、热望和行为习惯,后者包括程序、战略、实践惯例和体制系统。他提出了组织学习的"五项学习修炼",即通过自我超越、心智模式、共同愿景、团队学习、系统思考实现个体和团队的学习,进而培养组织的学习能力[222]。

6. 系统变革是外部环境干涉与组织文化重塑的建构过程

从组织的外部环境分析,大学是高度信息依赖和资源依赖的开放系统,需要对变化的政府政策、社会问责和市场需求等外部环境因素做出理性的回应。外部环境对系统变革的干涉分为两种情况,一种是外部环境影响组织变革,并且这种影响是不可控制和不可逆的,这种情况被称为组织情景;另一种是外部环境在影响组织变革的过程中也被组织变革本身施加影响,这种情况被看作是任务情景。事实上,系统变革本身是一个"要我变"和"我要变"的被动和使能互构的过程。因此,组织变革必须预测自身组织情景的态势和改善任务情景的关系。从组织转型的内部结构分析,系统变革需要在组织内部重塑制度、行为和价值的预期,使三者协调一致,嵌入系统深层结构并蕴含和维持新的价值观和行为方式,这些要素经过组织历史发展的传统和沉淀会不断支撑组织持续发展和变革,最终形成基于制度规则和权力架构的组织文化。在组织变革的过程中,不同的大学组织由于面临的内外部环境和变革策略的差异,组织文化变革的模式与路径也明显不同,需要针对性地采取变革的模式和策略应对。

9.4.3　AUU 本科 STEM 教育系统变革的启示

AUU 本科 STEM 学科教育面临的问题绝非是个案,事实上这也是美国本科教育面临的问题,"能上大学本科、能上得起大学、能顺利毕业"①即便对于已经普

① 数据显示,2013 年全美大学生入学人口中,二年制和四年制大学的入学比例各占 38%(包括公立和私立,营利与非营利);在 25 岁以上的入学人口中,二年制大学的入学比例(46%)高于四年制大学的入学比例(25%);在 25 岁以下的入学人口中,四年制大学的入学比例(45%)高于二年制大学的入学比例(34%)。

及化高等教育的美国而言也并非易事。美国加强 STEM 教育是出于对教育质量、国家安全和经济发展的宏观考量，而对于中美两国而言，中美贸易战升温则凸显高端装备制造业对国家整体竞争力的战略影响，也凸显以理工科等基础学科为核心要素的“新工科”和 STEM 学科在技术创新中的重要性，也凸显本科教育的质量和规模对国家整体战略发展的重要作用。从现有的研究看，我国理工科教育还面临对大而不强，学生的创新性不足等突出问题。

首先，高等教育本科人才的培养直接为知识创新和科学研究提供人才储备，加强本科教育事关国家科技创新能力以及基础研究能力和水平的提升。2016 年，我国工科本科在校生 538 万人，毕业生 123 万人，专业布点 17037 个。工科在校生占高等教育在校生总数的 1/3。因此，工程教育要实现由大到强的根本性转变，从“跟跑并跑”到“并跑领跑”，实现全面超越，必须站在国际前沿来考量人才培养，建立具有国际竞争力的工程教育体系。其次，本科教育的规模和质量直接影响劳动者就业与增收，也直接关系到中国经济的转型升级。《中国制造 2025》提出大力发展先进制造业，推动中国制造向中高端迈进。先进的产业迫切需要先进的人力资本与之匹配。最后，中国高等教育的普及化即将到来，普及化迫切需要由外延式发展向内涵式发展的转变，迫切需要解决科教融合、产教融合、学科融合的现实问题，需要以超越变革的思维探索人才培养新模式和新策略。因此，美国本科 STEM 教育的系统变革为我国的“新工科”建设和本科人才培养模式变革提供了一定的借鉴和启示。

1. 注重教学方式和方法的改革，科学评估改革的成效

我国的工科人才培养模式需要变革，一是还没有脱离灌输授课的模式，记忆和理解的学习尽管对学生的知识掌握有帮助，但对于知识探索和创新却帮助不大。因此，理工科人才培养模式的变革需要认真总结行之有效的教学方法，并开展循证教学研究，需要将循证教学看作是与组织系统变革相关联的子系统，探讨如何将组织管理与评价要素融入人才培养模式的变革之中。二是没有在教育技术革命性变革的过程中，充分调动广大教师提升媒介素养和加强信息化教学投入的积极性，在技术层面片面强调国家性示范性项目的引领带动作用，不能激发广大教师的充分参与，忽视院校对学习行为和教学信息评估反馈的分析，难以激发教师的反思性实践和教学决策的能动性。因此，需要借助循证教学的理念和实践经验，鼓励理工科教师也通过被实证研究验证有效的方法开展教学，在提高学习动机和参与的过程中将有效的教学转变为能动学习。在学习方面，通过加强教师职后培训，使教师了解能动学习的作用，学会指导学生积极投入学习、掌握学习技能、锻炼高阶思维的方法，并关注自身态度与认知变化过程的表现。三是没有基于人才培养设定科学合理的评价目标和有效的评估方法。我国的理工科人才培养还习惯于大而全的拼盘式课程体系，对于与学科专业密切相关的学科课程反而不够精通，这与美国精英研究型大学强调“少而精”的理念差异很大。由于课程多，学时紧，专业学习浅尝辄

止,反而不利于学生学习兴趣的激发和科学精神底层逻辑的掌握,这片面增加了学习成果评估的难度。因此,需要科学设定理工科人才的培养目标,尤其对涉及专业学习新概念和方法的课程进行质量评估,将学生评教、同行评教、学习投入与过程评价全面纳入本科教学质量评价,对人才培养进行有效的评估和干预。

2. 激发院系活力,关注基层领导力提升

我国人才培养模式变革多为计划变革,依靠行政权力自上而下推动变革,变革在初期阶段往往能收获较大的成效。然而,计划变革的缺陷是变革的持久性动力不足,院校作为高等教育变革的主体,缺少自主变革的行动力。同时,院系变革缺少学术力量的有效参与,教师个体经验和努力多,教学组织和自组织行动少。针对这些问题,作为系统变革的底层参与者,院系变革需要充分发挥管理与治理功能,整合计划变革与自发变革的力量,充分调动学术力量参与基层学术组织的自发变革。科罗拉多大学博尔德分校的案例表明,变革过程存在两种领导力参与机制,一种是由院系集体领导的管理机制,比如 STEM 中心设立的执行委员会由科罗拉多大学博尔德分校的校长、教务长和战略关系副校长,以及研究生院、教育学院、人文与科学学院、工程与应用科学学院的院长组成,执行委员会是 STEM 中心的主要决策机构。变革的集体领导可以提升领导团队分析问题、解决问题的能力,以及提升创造力和组织效率,增加领导团队成员的积极性和奉献精神。另一种是基于院系学术治理的变革参与机制,比如变革行动小组与教师学习共同体通过嵌入院系的学术治理结构开展变革行动。通过教师、助教、学科教学研究人员以及院系管理者的共同参与和协商,可以实现跨组织层级的支持和协作,可以使系统变革的目标更容易实现。我国的院校人才培养模式的变革,在利益相关者的变革参与中缺少基层学术治理结构的组织支撑,尤其是在院系层面缺少类似于变革行动小组和学习共同体的自组织嵌入形式参与变革,缺少基层参与和学术分权治理的机制,导致人才培养模式变革难以产生与时俱进的实际效果。

3. 重视教学学术,改变大学的组织文化

博耶将教学学术归结为与科研学术等同的学术活动。然而,科技创新和创业型大学的发展导致大学越发重视科研和成果转化,科教融合作为一种理念,在研究型大学难以真正实现。长期以来,重视科研学术远高于教学学术成为研究型大学组织文化的代名词。当前,我国正全面开展工科本科专业的认证工作,认证理念所强调的产出导向就是要将人才培养的目标与教学实践贯通,形成完整的循证体系。本研究一直强调的系统变革概念,就是从技术创新和制度创新两方面实现人才培养与科学研究的再整合。基于 STEM 学科的教学研究在研究的内容和方式上与科学研究具有一致性,通过认可学科教学的合法性身份赋予教师参与教学学术的身份认同。这种通过外部的制度逻辑转换,关键变革行动者的积极倡导,以及院校变革对循证教学文化的塑造，从而共同营造研究型大学组织文化变革的氛围和环境的系统变革，有助于推动大学重视教学学术和人才培养。尽管目前尚不能预测美国研究型大学文化变迁的组织变革成效能否最终影响其组织文化，但是试点院校对教学学术的支持已经合法化和程序化了。我国人才培养模式变革对高等教育科教融合的场域支持尚显薄弱。我国采用的是政府主导的高等教育系统，对教学学术的认可依然有赖于行政权力主导的合法性授权。院校组织变革的经验启示我们，只有发挥大学组织的能动性，促使其关注教学学术，营造追求卓越的教学学术文化，才能有利于科教融合的组织文化转型。

4. 依托大学行会（联盟），搭建变革网络

高等教育变革的场域逻辑是效率与创新的博弈。我国的高等教育在高质量发展的背景下，已经从追求规模效益转向追求质量与创新。从政府管理和社会问责的角度看，只有更高质量的人才培养和更全面的社会问责，才能确保高校人才培养的高效率；从高校创新人才培养的角度看，只有加强学术创新，提升教学研究水平，加强院校间的学术交流与合作，才能实现卓越的人才培养。我国的人才培养模式变革和“新工科”建设，依然沿袭政府主导、院校参与的变革思路。政府作为高等教育场域外部的利益相关者，始终处于绝对控制者的地位，这就导致院校联盟和行业协会作为学术力量介入处于失真状态，难以提供推动变革的合作网络，不能形成行之有效、因地制宜的问题解决思路，也无法建构代表不同院校行动者的合作社群网络，其结果是无法形成超越行政主导的创新，也导致人才培养模式变革带有明显的行政化趋向和运动式变革，不利于高等教育持续的高质量发展。美国 STEM 教育系统变革强调构建变革行动者的集体行动和愿景。其中，美国大学协会作为研究型大学联盟以及变革行动的组织者和实施者，提供一种学术行会介入的变革治理的模式。AAU 本科 STEM 教育系统变革将协会的关注点延伸至教学学术，并在变革中发挥引领、传播与网络建构的作用，这是对研究型大学以科研学术为中心的价值立场的一次转型超越。学术行会介入的优势在于可以充分发挥学术力量的整合作用，学术的本质属性在于基于研究兴趣开展学术探究，可以避免行政力量和资源缺失引起的变革动力不足的问题。因此，我国理工科本科人才培养模式变革应充分发挥学术组织在教学学术创新和变革实施中的作用，政府可以借助购买服务和授权试点的方式，通过引入第三方学术专业组织开展新工科建设的实施和评价，从而构建政府、院校和行会共同参与的改革。

综上所述，大学组织的改革和人才培养模式创新具有典型的组织外部环境驱动特征，随着政府外部问责的强化，大学理应承担更多的主体责任，发挥主观能动性，依托学术组织的系统，开展计划与自发互动的变革。当前，世界高等教育和研究型大学都面临管理逻辑和绩效主义对大学学术自由的逻辑进行的干预，如何平衡外部环境变化与组织自我发展的关系，如何平衡科研绩效与人才培养的关系，是研究型大学面临的共同挑战。正如美国人文与科学学院在对美国本科教育未来预期的报告中指出的那样,“虽然有很多例外,但是本科教学普遍被低估。教师培训机会少、对教学的选拔和评价有限,教师教授的有效性难以得到认可或奖励”。因此,美国本科 STEM 教育的系统变革为应对这一挑战付出了努力,这为我国新工科建设和人才培养模式变革提供了一定的借鉴和启示。

9.5　研究的不足之处和局限性

当前对美国高等教育的研究还有待进一步认识,然而开展跨国研究的难点往往在于不能身临其境。笔者在开展相关研究期间,曾于 2018—2019 年在美国某州立大学访学,有幸参与对相关议题的研讨。然而,在异国开展社会科学研究面临的问题远比想象中困难,比如在美国,开展社会科学和行为研究必须通过机构伦理审查委员会(Institutional Review Board,IRB)审查,审核周期往往需要半年以上,加之后续研究数据(问卷或访谈)的收集也并非易事,客观条件的局限性都对研究的开展造成了影响。

1. 研究对象的局限性

本研究旨在探讨美国研究型大学本科 STEM 教育的系统变革。在研究对象的选择过程中,主要关注 AAU 及其联盟的成员院校的系统变革,确定这一研究对象,一是考虑到其对研究型大学整体具有典型的引领示范作用,二是考虑到 AAU 及其试点的研究型大学目前正在开展系统变革,对这些试点院校的研究正好有助于深入发现和回答本研究的问题。然而,这些精英研究型大学尽管有一定的代表性,但作为 CoSTEM 联盟的系统变革而言,其只代表最顶尖的研究型大学,也就是说,对于美国州立研究型大学和专门针对少数族裔招生的研究型大学开展的本科 STEM 教育的系统变革并没有研究,这与研究开始设定的以美国研究型大学为研究对象的研究范围相比,研究范围有所缩小。因此,在研究范围的覆盖层次和对象选择上,本研究还有进一步改进的空间。

2. 研究内容的局限性

本研究在探索的过程中主要关注系统变革变什么和如何变的问题,从研究的整体情况分析,目前研究对于组织系统变革的分析比较深入,但对于系统变革变什么的研究还有待加强,特别是对院校循证教学的具体内容、方法和评价的研究,以及院校在循证教学上的变革特征和总体趋势的探讨还有待进一步深化。鉴于循证教学与本科 STEM 教育变革联系紧密,后期对这一主题的研究还应专门探讨。正如前文所描述的那样,任何教育变革的中心都应聚焦于具体教学的变革,而教学变革应围绕具体教育要素的变革,这些也是需要进一步研究的。

3. 研究方法的局限性

本研究主要采取质性分析的方法论，借助非介入性文本和一部分访谈以及音频和视频资料进行分析，获得对研究问题的初步结论。从研究方法论的角度看，执行研究本身具有主观带入性，在缺少其他论证方法的情况下显得论据不足。此外，受到时间、精力和客观条件的限制，笔者没有对美国的案例院校进行现场实地调研，在很大程度上也限制了研究结论的信度。这些方法论的不足之处都会对本研究产生不利的影响。

综上所述，笔者认为本研究属于探索性的描述性研究，此类研究的关键在于描述和探索未知。由于高等教育领域的STEM教育变革在美国也属于当下研究，也可以被认为是基于变革实践开展的一种行动研究，此类研究尚没有形成稳定成熟的理论积淀和明确的研究方向。因此，本研究在客观反映变革历程的基础上试图探索大学组织系统变革的特征与规律，具有一定的前瞻性和创新性，同时后期的研究也将不断完善现有研究存在的缺陷和不足之处。

参考文献

[1]国务院.国务院关于全面加强基础科学研究的若干意见[Z/OL].(2018-01-31)[2018-11-13]. http://www.gov.cn/zhengce/content/2018-01/31/content_5262539.htm.

[2]张燕军.大国教育战略研究丛书:美国教育战略研究[M].杭州:浙江教育出版社,2015.

[3]The Federal Science, Technology, Engineering, and Mathematics(STEM) Education Portfolio. A report from the federal inventory of STEM education fast-track action committee committee on STEM education national science and technology council [R/OL].[2018-11-13]. https://obamawhitehouse.archives.gov/sites/default/files/microsites/ostp/costem_federal_stem_education_portfolio_report.pdf.

[4]STEM Education Act of 2015[Z/OL].(2015-11-30)[2018-11-13]. https://www.govtrack.us/congress/bills/114/hr1020.

[5]Executive Office of President, President's Council of Advisors on Science and Technology(PCAST). A report to the president engage to excel: Producing one million additional college graduates with degrees in science, technology, engineering, and mathematics[R/OL].[2018-11-13]. https://obamawhitehouse.archives.gov/sites/default/files/microsites/ostp/pcast-engage-to-excel-final_2-25-12.pdf.

[6]Committee on STEM Education, National Science and Technology Council(NSTC). Federal science, technology, engineering, and mathematics(STEM) education 5-year strategic plan[R/OL].[2019-06-23]. https://obamawhitehouse.archives.gov/sites/default/files/microsites/ostp/stem_stratplan_2013.pdf.

[7]FULLAN M. Change theory: A force for school improvement[J]. Centre for Strategic Education, 2006(157):3-14.

[8]AUSTIN A E. Promoting evidence-based change in undergraduate science education. In fourth committee meeting on status, contributions, and future directions of discipline-based education research[EB/OL].(2011-03-20)[2018-11-13]. https://citeseerx.ist.psu.edu/viewdoc/download? doi=10.1.1.675.9703&rep=rep1&type=pdf.

[9]WATSON W R. Exploding the ivory tower: Systemic change for higher education

[J]. Techtrends,2013,57(5):42 - 46.

[10]KEZAR A. Scaling improvement in STEM learning environments: The strategic role of a national organization[R/OL]. [2018 - 11 - 23]. https://www.aau.edu/sites/default/files/AAU-Files/STEM-Education-Initiative/Scaling_Improvement_Final.pdf.

[11]Executive Office of President, President's Council of Advisors on Science and Technology (PCAST). A report to the president engage to excel: Producing one million additional college graduates with degrees in science, technology, engineering, and mathematics[R/OL]. [2018 - 11 - 13]. https://obamawhitehouse.archives.gov/sites/default/files/microsites/ostp/pcast-engage-to-excel-final_2-25-12.pdf.

[12]National Academies of Sciences, Engineering, and Medicine. Indicators for monitoring undergraduate STEM education [M]. Washington: The National Academies Press, 2017.

[13]Committee on Barriers and Opportunities in Completing 2-Year and 4-Year STEM Degrees, AFFAIRS P G, ENGINEERING N A O, et al. Barriers and opportunities for 2-year and 4-year STEM degrees: Systemic change to support students' diverse pathways[M]. Washington: National Academies Press, 2016.

[14]Association of American Universities (AAU). Progress toward achieving systemic change: A five-year status report on the AAU undergraduate STEM education initiative[R/OL]. [2017 - 12 - 25]. https://www.aau.edu/sites/default/files/AAU-Files/STEM-Education-Initiative/STEM-Status-Report.pdf.

[15]KEZAR A. Increasing student success in STEM: A guide to systemic institutional change[Z]. Washington: Association of American Colleges & Universities, 2016.

[16]Network of STEM Education Centers. NSEC annual report 2017 creating and studying a national network of centers of STEM education: Developing foundational infrastructure for educational transformation[R/OL]. [2018 - 11 - 23]. http://www.aplu.org/projects-and-initiatives/stem-education/SMTI_Library/nsec-year-2-report/file.

[17]李春玲,肖远军. 推进美国 STEM 教育改革的政府行动:缘由、目标与措施[J]. 全球教育展望,2018(7):48 - 56.

[18]董宏建,白敏. 中国理工科 STEM 教育发展探究[J]. 现代教育技术,2016(7):12 - 17.

[19]白逸仙,张建良. "双一流"行业高校本科生 STEM 学习意愿影响因素研究[J]. 华北电力大学学报(社会科学版),2019(3):126 - 134.

[20]Executive Office of President. The federal science, technology, engineering, and

mathematics(STEM) education portfolio. A report from the federal inventory of STEM education fast-track action committee committee on STEM education national science and technology council[R/OL]. [2018 - 11 - 13]. https://obamawhitehouse. archives. gov/sites/default/files/microsites/ostp/costem_federal_stem_education_portfolio_report. pdf.

[21] YAKMAN G. What is the point of STEAM? -abrief overview[Z]. Steam: A Framework for Teaching Across the Disciplines. STEAM Education, 2010.

[22] BYBEE R W. The case for STEM education: Challenges and opportunities[M]. Arlington, Virginia: NSTA Press Book, 2013.

[23] National Research Council(NRC). Exploring the intersection of science education and 21st century skills[M]. Washington: National Academies Press, 2010.

[24] SANDERS M. STEM, STEM education, STEM mania[J]. Technology Teacher, 2008, 68(4): 20 - 26.

[25] BREINER J M, HARKNESS S S, JOHNSON C C, et al. What is STEM? adiscussion about conceptions of STEM in education and partnerships[J]. School Science & Mathematics, 2012, 112(1): 3 - 11.

[26] 赵呈领，赵文君. 面向 STEM 教育的 5E 探究式教学模式设计[J]. 现代教育技术，2018(3)：106 - 112.

[27] 余胜泉，胡翔. STEM 教育理念与跨学科整合模式[J]. 开放教育研究，2015(4)：13 - 22.

[28] 董宏建，白敏. 中国理工科 STEM 教育发展探究[J]. 现代教育技术，2016(7)：12 - 17.

[29] 胡天助. STEAM 及其对新工科建设的启示[J]. 高等工程教育研究，2018(1)：118 - 124.

[30] 李杰，陈超美. Citespace：科技文本挖掘及可视化[M]. 北京：首都经济贸易大学出版社，2016.

[31] Executive Office of President, President's Council of Advisors on Science and Technology(PCAST). A report to the president engage to excel: Producing one million additional college graduates with degrees in science, technology, engineering, and mathematics[R/OL]. [2018 - 11 - 13]. https://obamawhitehouse. archives. gov/sites/default/files/microsites/ostp/pcast-engage-to-excel-final_2-25-12. pdf.

[32] GERSTEIN J. The imperative of experiential and hands-on learning. scholarly blog index[EB/OL]. (2016 - 12 - 23)[2018 - 11 - 13]. https://usergeneratededucation. wordpress. com/2016/12/23/the-imperative-of-experiential-and-hands-on-learning/.

[33] PLUTA W J, RICHARDS B F, MUTNICK A. PBL and beyond: Trends in

collaborative learning[J]. Teaching & Learning in Medicine, 2013, 25(supl): S9 - S16.

[34]MEDICINE I O, SCIENCES N A O. Rising above the gathering storm: Energizing and employing America for a brighter economic future[M]. Washington: National Academic Press, 2006.

[35]DOMESTIC P C, Office of Science and Technology Policy. American competitiveness initiative: Learning the world in innovation[EB/OL]. (2006 - 02 - 12)[2018 - 11 - 13]. https://georgewbush-whitehouse.archives.gov/stateoftheunion/2006/aci/aci06-booklet.pdf.

[36]赵中建. 美国 STEM 教育政策进展[M]. 上海:上海科技教育出版社,2015.

[37]American innovation and competitiveness act[EB/OL]. (2017 - 01 - 06)[2018 - 11 - 13]. https://en.wikipedia.org/wiki/American_Innovation_and_Competitiveness_Act.

[38]BROWNELL E S, TANNER D K. Barriers to faculty pedagogical change: Lack of training, time, incentives, and tensions with professional identity? [J]. Life Sciences Education, 2012, 11(4): 339 - 346.

[39]ANDERSON W A, BANERJEE U, DRENNAN G, et al. Changing the culture of science education at research universities[J]. Science, 2011, 331(6014): 152 - 153.

[40]GRAHAM M J, FREDERICK J, BYARS-WINSTON A, et al. Increasing persistence of college students in STEM[J]. Science, 2013, 341(6153): 1455 - 1456.

[41] AUSTIN A E. Promoting evidence-based change in undergraduate science education. In fourth committee meeting on status, contributions, and future directions of discipline-based education research[EB/OL]. (2011 - 03 - 20)[2018 - 11 - 13]. https://citeseerx.ist.psu.edu/viewdoc/download? doi=10.1.1.675.9703&rep=rep1&type=pdf.

[42] HENDERSON C, BEACH A, FINKELSTEIN N. Facilitating change in undergraduate STEM instructional practices: An analytic review of the literature [J]. Journal of Research in Science Teaching, 2011, 48(8): 952 - 984.

[43]SINGER S, SMITH A K. Discipline-based education research: Understanding and improving learning in undergraduate science and engineering [J]. Journal of Engineering Education, 2013, 102(4): 468 - 471.

[44] LINN M C, PALMER E, BARANGER A, et al. Undergraduate research experiences: Impacts and opportunities[J]. Science, 2015, 347(6222): 1261757.

[45]FREEMAN S, EDDY S L, MCDONOUGH M, et al. Active learning increases student performance in science, engineering, and mathematics[J]. Proceedings of the National Academy of Science of USA, 2014, 111(23): 8410 - 8415.

[46]STAINS M, HARSHMAN J, BARKER M K, et al. Anatomy of STEM teaching in north American universities[J]. Science, 2018, 359(6383): 1468 - 1470.

[47]KEZAR A. How colleges change: Understanding leading and enacting change[M]. Oxon: Taylor & Francis, 2014.

[48]FERLIE E, MUSSELIN C, ANDRESANI G. The governance of higher education systems: A public management perspective[M]//PARADEISE C, BLEIKLIE E R I, FERLIE E. University governance Western European comparative perspectives. Dordrecht: Springer Science and Business Media, 2009.

[49]YUKL G. Leadership in organizations[M]. 7th Edition. New York: Pearson Prentice Hall, 2009.

[50]BRYMAN A. Effective leadership in higher education: Aliterature review[J]. Studies in Higher Education, 2007, 32(6): 693 - 710.

[51]BORREGO M, HENDERSON C. Increasing the use of evidence-based teaching in STEM higher education: Acomparison of eight change strategies[J]. Journal of Engineering Education, 2014, 103(2): 220 - 252.

[52]MORPHEW C C. Conceptualizing change in the institutional diversity of U. S. colleges and universities[J]. Journal of Higher Education, 2009, 80(3): 243 - 269.

[53]LOZANO R, CEULEMANS K, ALONSO-ALMEIDA M, et al. A review of commitment and implementation of sustainable development in higher education: Results from a worldwide survey[J]. Journal of Cleaner Production, 2015(108): 1 - 18.

[54]LOZANO R, LUKMAN R, LOZANO F J, et al. Declarations for sustainability in higher education: Becoming better leaders, through addressing the university system[J]. Journal of Cleaner Production, 2013(48): 10 - 19.

[55]CEULEMANS K, MOLDEREZ I, LIEDEKERKE L V. Sustainability reporting in higher education: A comprehensive review of the recent literature and paths for further research[J]. Journal of Cleaner Production, 2014(106): 127 - 143.

[56]郑浩，王者鹤. 美国本科 STEM 教育质量监测：逻辑、标准与启示[J]. 中国高教研究，2019(11)：55 - 59.

[57]李谦，赵中建. 美国《本科 STEM 教育监测指标》述评[J]. 开放教育研究，2019(3)：44 - 52.

[58]周榕，李世瑾. 嬗变之路：美国 STEM 教育政策的历史演进与变迁逻辑：基于支持联盟框架的研究视角[J]. 远程教育杂志，2019(04)：85 - 95.

[59]王志强，李菲，卓泽林. 美国高校创客教育与 STEM 教育的融合：理念、路径、启示[J]. 复旦教育论坛，2016，14(4)：101 - 107.

[60]李碧虹，施融. 美国大学 STEM 人才培养策略解读[J]. 大学教育科学，2013，5(5)：38－44.

[61]董宏建，白敏. 中国理工科 STEM 教育发展探究[J]. 现代教育技术，2016(7)：12－17.

[62]白逸仙，邓艳明. STEM 教育视角下我国工科行业特色型高校人才培养改革：基于 35 所行业高校本科生的实证研究[J]. 中国高教研究，2018(08)：68－73.

[63]刘妍，顾小清，顾晓莉，等. 教育系统变革与以学习者为中心的教育范式：再访国际教学设计专家瑞格鲁斯教授[J]. 现代远程教育研究，2017(1)：13－20.

[64]周光礼，黄容霞，郝瑜. 大学组织变革研究及其新进展[J]. 高等工程教育研究，2012(4)：67－74.

[65]黄彬，陈丁堂. 大学组织变革的困境与出路[J]. 高等教育研究，2011(02)：38－42.

[66]富兰. 变革的力量：透视教育改革[M]. 北京：教育科学出版社，2004.

[67]AUSTIN A E. Promoting evidence-based change in undergraduate science education. In fourth committee meeting on status, contributions, and future directions of discipline-based education research[EB/OL]. (2011－03－20)[2018－11－13]. https://citeseerx. ist. psu. edu/viewdoc/download? doi＝10. 1. 1. 675. 9703&rep＝rep1&type＝pdf.

[68]HESTER P T, ADAMS K M. Systemic thinking: Fundamentals for understanding problems and mess[M]. Berlin: Springer International Publishing, 2014.

[69]金吾伦. 复杂性组织管理的涵义、特点和形式[J]. 系统科学学报，2001，9(4)：24－27.

[70]ANDERSON P. Perspective: Complexity theory and organization science[J]. Organization Science, 1999, 10(3): 216－232.

[71]刘菊，戴军，解月光. 自组织理论及其教育研究应用前景探析[J]. 远程教育杂志，2012，30(1)：37－45.

[72]杨家诚. 自组织管理"互联网＋"时代的组织管理新模式[M]. 北京：人民邮电出版社，2016.

[73]刘洪. 组织变革的复杂适应系统理论[J]. 经济管理，2006(9)：31－35.

[74]斯科特. 制度与组织：思想观念与物质利益[M]. 北京：中国人民大学出版社，2010.

[75]FRIEDLAND R, ROBERT R A. Symbols, practices, and institutional contradictions in the new institutionalism in organizational analysis[M]. Chicago: University of Chicago Press, 1991.

[76]PATRICIA H, THORNTON P H, WILLIAM O. Institutional logics[M]. London: SAGE Publications, 2008.

[77]周雪光,艾云.多重逻辑下的制度变迁:一个分析框架[J].中国社会科学,2010(4):132-150.
[78]张灵芝.话语分析与中国高等教育变迁[M].北京:清华大学出版社,2015.
[79]BURKE W. Organization change: Theory and practice[M]. Thousand Oaks: Sage Pubns,2002.
[80]熊彼特.经济发展理论[M].北京:中国画报出版社,2012.
[81] ROBERTSON P J, ROBERTS D R, PORRAS J I. Dynamics of planned organizational change: Assessing empirical support for a theoretical model[J]. Academy of Management Journal,1993,36(3):619-634.
[82]卡明斯,沃里.组织发展与变革[M].7版.李建峰,等译.北京:清华大学出版社,2003.
[83] HENDERSON C, BEACH A, FINKELSTEIN N. Facilitating change in undergraduate STEM instructional practices: An analytic review of the literature[J]. Journal of Research in Science Teaching,2011,48(8):952-984.
[84]BORREGO M, HENDERSON C. Increasing the use of evidence-based teaching in STEM higher education: Acomparison of eight change strategies[J]. Journal of Engineering Education,2014,103(2):220-252.
[85]O'DAY J A, SMITH M S. Systemic reform and educational opportunity[J]. Designing Coherent Education Policy: Improving the System,1993(7):250-312.
[86]LEPORI B. Universities as hybrids: Applications of institutional logics theory to higher education[M]. London: Emerald Group Publishing Limited,2016.
[87]胡德鑫.我国世界一流大学建设的困境与治理挑战:基于多重分析范式[J].高等工程教育研究,2019(2):134-139.
[88]白逸仙.高水平行业特色高校"产教融合"组织发展困境:基于多重制度逻辑的分析[J].中国高教研究,2019(4):86-91.
[89]SAUDER M. Interlopers and field change: The entry of U.S. news into the field of legal education[J]. Administrative Science Quarterly,2008,53(2):209-234.
[90]Committee on STEM Education, National Science and Technology Council(NSTC). Federal Science, Technology, Engineering, and Mathematics(STEM) education 5-year strategic plan[R/OL]. [2021-06-23]. https://obamawhitehouse.archives.gov/sites/default/files/microsites/ostp/stem_stratplan_2013.pdf.
[91]Committee on STEM Education, National Science and Technology Council(NSTC). Changing a course for success: American's strategy for STEM education[R/OL]. [2021-06-23]. https://www.whitehouse.gov/wp-content/uploads/2018/12/STEM-Education-Strategic-Plan-2018.pdf.

[92]Office of Science and Technology Policy. Summary of the 2018 white house staete-federal STEM education summit[EB/OL]. (2018 - 06 - 28)[2019 - 06 - 23]. https://trumpwhitehouse. archives. gov/wp-content/uploads/2018/06/Summary-of-the-2018-White-House-State-Federal-STEM-Education-Summit. pdf.

[93]Executive Office of the President's Council of Advisors on Science and Technology (PCAST). A report to the president engage to excel: Producing one million additional college graduates with degrees in science, technology, engineering, and mathematics[R/OL]. [2021 - 11 - 13]. https://obamawhitehouse. archives. gov/sites/default/files/microsites/ostp/pcast-engage-to-excel-final_2-25-12. pdf.

[94]National Science Foundation. Chapter II-proposal preparation instructions: Sections of the proposal-b. content[Z/OL]. (2013 - 01 - 23)[2021 - 09 - 12]. https://www. nsf. gov/pubs/policydocs/pappguide/nsf13001/gpg_2. jsp#IIC2d.

[95]PATRICIA H, THORNTON P H, WILLIAM O. Institutional logics[M]. London: SAGE Publications, 2008.

[96]李淑平. 基于语料库的主题图式构建[J]. 情报科学, 2009(3): 402 - 405.

[97]张敏. 基于语料库的主题词分析在国外科技人力资源跟踪中的应用[J]. 科技管理研究, 2013(18): 131 - 136.

[98]钱毓芳. 语料库与批判话语分析[J]. 外语教学与研究, 2010(3): 198 - 202.

[99]梁茂成, 李文中, 许家金. 语料库应用教程[M]. 北京: 外与教学与研究出版社, 2010.

[100]MARTIN R, WHITE P R R. The language of evaluation: Appraisal in English [M]. London: Palgrave Macmillan, 2005.

[101] THORNTON P H, WILLIAM O, MICHAEL L. The institutional logics perspective: A new approach to culture, structure and process [M]. Oxford: Oxford University Press, 2012.

[102]斯劳特, 莱斯利. 大学之道丛书: 学术资本主义[M]. 北京: 北京大学出版社, 2013.

[103]Broader Impact Improving Society. National science foundation[EB/OL]. [2021 - 06 - 23]. https://www. nsf. gov/od/oia/special/broaderimpacts/.

[104]Executive Office of the President's Council of Advisorson Science and Technology (PCAST). A report to the president engage to excel: Producing one million additional college graduates with degrees in science, technology, engineering, and mathematics[R/OL]. [2018 - 11 - 13]. https://obamawhitehouse. archives. gov/sites/default/files/microsites/ostp/pcast-engage-to-excel-final_2-25-12. pdf.

[105]National Science Foundation, National Science Board. Science science &eninееring

indicators:The State of U. S. science &engineering 2018[EB/OL]. (2018 - 11 - 20)[2020 - 02 - 25]. https://www. nsf. gov/statistics/2018/nsb20181/assets/561/tables/tt02-11. pdf.

[106]AFFAIRS P G. Barriers and opportunities for 2-year and 4-year STEM degrees: Systemic change to support students' diverse pathways [M]. Washington: National Academies Press,2016.

[107]Framework for systemic change in undergraduate STEM teaching and learning [EB/OL]. (2011 - 10 - 14)[2018 - 12 - 01]. https://www. aau. edu/sites/default/files/STEM%20Scholarship/AAU_Framework. pdf.

[108]Association of American Universities(AAU). Progress toward achieving systemic change:A five-year status report on the AAU undergraduate STEM education initiative[R/OL]. [2017 - 12 - 25]. https://www. aau. edu/sites/default/files/AAU-Files/STEM-Education-Initiative/STEM-Status-Report. pdf.

[109]Executive Office of the President President's Council of Advisorson Science and Technology (PCAST). A report to the president engage to excel: Producing one million additional college graduates with degrees in science, technology, engineering, and mathematics[R/OL]. [2018 - 11 - 13]. https://obamawhitehouse. archives. gov/sites/default/files/microsites/ostp/pcast-engage-to-excel-final_2-25-12. pdf.

[110] DUFFY F M. Dream! Create! Sustain! Mastering the art and science of transforming school systems[M]. Plymouth:Roman & Littlefield Publishers,2010.

[111]刘妍,顾小清,顾晓莉,等. 教育系统变革与以学习者为中心的教育范式:再访国际教学设计专家瑞格鲁斯教授[J]. 现代远程教育研究,2017(1):13 - 20.

[112]Association of American Universities(AAU). Essential questions &data sources for continuous improvement of undergraduate STEM teaching and learning[R/OL]. [2019 - 05 - 25]. https://www. aau. edu/sites/default/files/AAU-Files/STEM-Education-Initiative/AAU-STEM-Essential_Questions. pdf.

[113]KEZAR A. Scaling improvement in STEM learning environments:The strategic role of a national organization[R/OL]. (2018 - 11 - 23)[2021 - 12 - 23]. https://www. aau. edu/sites/default/files/AAU-Files/STEM-Education Initiative/Scaling_Improvement_Final. pdf.

[114]周光礼,黄容霞,郝瑜. 大学组织变革研究及其新进展[J]. 高等工程教育研究,2012(4):67 - 74.

[115]MILLER R E,KING T. Promoting transformation of undergraduate STEM education workshop summary report[R/OL]. (2019 - 08 - 11)[2019 - 09 - 07]. https://www. aau. edu/sites/default/files/AAU-Files/STEM-Education-

Initiative/Promoting-Transformation-Report. pdf.
[116]FULLAN M. The new meaning of educational change[M]. 4th Edition. New York:Teachers College,Columbia University,2007.
[117]KEZAR J A. Understanding and facilitating organizational change in the 21 century:Recent research in conceptualizations[J]. ASHE-ERIC Higher Education Report,2001,28(4):1 - 162,57.
[118]LATTA G F. A process model of organizational change in cultural context(OC3 Model):The impact of organizational culture on leading change[J]. Journal of Leadership &Organizational Studies,2009,16(1):19 - 37.
[119]伯顿.高等教育新论:多学科的研究[M].杭州:浙江教育出版社,2002.
[120] AUSTIN A E. Promoting evidence-based change in undergraduate science education. In Fourth committee meeting on status, contributions, and future directions of discipline-based education research[EB/OL]. (2011 - 03 - 20)[2018 - 11 - 13]. https://citeseerx. ist. psu. edu/viewdoc/download? doi = 10. 1. 1. 675. 9703&rep=rep1&type=pdf.
[121]REINHOLZ D L, APKARIAN N. Four frames for systemic change in STEM departments[J]. International Journal of STEM Education, 2018,5(3):2 - 10.
[122]余胜泉,吴斓.证据导向的 STEM 教学模式研究[J].现代远程教育研究,2019,31(5):20 - 31.
[123]Office of the Provost Center for Teaching and Learning. What SAIL classes look like[EB/OL]. (2015 - 11 - 22)[2019 - 12 - 13]. https://www. ctl. upenn. edu/what-sail-classes-look.
[124]COOPER M M,CABALLERO M D,EBERT-MAY D,et al. Challenge faculty to transform STEM learning[J]. Science Education, 2015(350):281 - 282.
[125]The University of British Columbia. Carl wieman science education initiative at the university of British Columbia. Classroom observation protocol for undergraduate STEM(COPUS)-COPUS observation protocol[EB/OL]. (2018 - 11 - 13)[2021 - 11 - 13]. https://cwsei. ubc. ca/resources/tools.
[126] BURD G, POLLARD J, HUNTER J. Collaborative learning spaces project (CLSP)classroom redesign for active learning pedagogies[R/OL]. [2019 - 12 - 15]. https://academicaffairs. arizona. edu/sites/default/files/collaborative-learning-spaces-project-pilot-report-february-2015%5B1%5D. pdf.
[127] BEICHNER R. The SCALE-UP project: a student-centered active learning environment for undergraduate programs[EB/OL]. (2014 - 07 - 08)[2019 - 12 - 15]. http://publish. illinois. edu/disruptivespaces/files/2014/07/SCALE-UP-

Paper1. pdf.

[128]Center For Integrative Research on Cognition, Learning, And Education. AAU-iclickers[EB/OL]. (2018 - 08 - 17)[2019 - 12 - 15]. https://circle. wustl. edu/projects/association-of-american-universities-aau-stem-initiative/aau-iclickers/.

[129]SOLOMON E D, REPICE M D, MUTAMBUKI J M, et al. A mixed method investigation of clicker implementation styles in STEM[J]. CBE-Life Sciences Education, 2018, 17(2): 30.

[130]托马斯,克里斯托弗. 组织发展与变革[M]. 李建峰,等译. 北京:清华大学出版社,2003.

[131]FREEMAN S, EDDY S L, MCDONOUGH M, et al. Active learning increases student performance in science, engineering, and mathematics[J]. Proceedings of the National Academy of Science of USA, 2014(111): 8410 - 8415.

[132]Association of American Universities(AAU). Progress toward achieving systemic change: A five-year status report on the AAU undergraduate STEM education initiative[R/OL]. [2017 - 12 - 25]. https://www. aau. edu/sites/default/files/AAU-Files/STEM-Education-Initiative/STEM-Status-Report. pdf.

[133]Indiana University Center for Postsecondary Research. The carnegie classification of institutions of higher education, 2021 edition[R/OL]. [2022 - 05 - 23]. https://carnegieclassifications. acenet. edu/.

[134] HENDERSON C, BEACH A, FINKELSTEIN N. Facilitating change in undergraduate STEM instructional practices: An analytic review of the literature [J]. Journal of Research in Science Teaching, 2011, 48(8): 952 - 984.

[135]BORREGO M, HENDERSON C. Increasing the use of evidence-Based teaching in STEM higher education: Acomparison of eight change strategies[J]. Journal of Engineering Education, 2014, 103(2): 220 - 252.

[136]Association of American Universities(AAU). Progress toward achieving systemic change: A five-year status report on the AAU undergraduate STEM education initiative[R/OL]. [2017 - 12 - 25]. https://www. aau. edu/sites/default/files/AAU-Files/STEM-Education-Initiative/STEM-Status-Report. pdf.

[137]殷. 案例研究方法的应用[M]. 周海涛,等译. 重庆:重庆大学出版社,2014.

[138]REINHOLZ D L, FINKELSTEIN N, PERKINS K. Improving access to STEM: Challenges and commitments[EB/OL]. (2014 - 09 - 22)[2020 - 01 - 02]. https://www. colorado. edu/csl/sites/default/files/attached-files/ostp_executive_summary_0. pdf.

[139]The The University of ColoradoBoulder. Mission: The boulder campus statutory

mission[EB/OL]. (2012 - 10 - 11)[2020 - 01 - 02]. https://www.colorado.edu/about/mission.

[140]CHASETEEN S V, CODE W J. The science education initiative handbook[EB/OL]. (2010 - 09 - 08)[2019 - 12 - 02]. https://pressbooks.bccampus.ca/seihandbook/.

[141]CHASTEEN S V, WIEMAN C E, PERKINS K K, et al. The science education initiative: An experiment in scaling up educational improvements in a research university[M]//. WEAVER C G, BURGESS D W, CHILDRESS L A, et al. Transforming institutions: Undergraduate STEM education for the 21st century. West Lafayette, Indiana: Purdue University Press, 2015.

[142]Association of American Universities (AAU). Undergraduate STEM education initiative: University of Colorado's reform efforts[EB/OL]. (2017 - 12 - 10)[2020 - 01 - 02]. https://stemedhub.org/groups/aau_co_boulder/reform_efforts/#general.

[143]REINHOLZ D L, CORBO J C, DANCY M H, et al. Towards a model of systemic change in university STEM education[M]//WEAVER C G, BURGESS D W, CHILDRESS L A, et al. Transforming institutions: Undergraduate STEM education for the 21st century. West Lafayette, Indiana: Purdue University Press, 2015.

[144]CORBO J C, REINHOLZ D L, DANCY M H, et al. Framework for transforming departmental culture to support educational innovation[J]. Physical Review Physics Education Research, 2016, 12(1): 1 - 15.

[145]REINHOLZ D L, CORBO J C, BERNSTEIN D J, et al. Evaluating scholarly teaching: A model and call for an evidence-based approach[M]// LESTER J, KLEIN C, JOHRI A, et al. Learning analytics in higher education: Current innovations, future potential, and practical applications. New York: Taylor & Francis, 2019.

[146]Center for STEM Learning. Teaching quality framework initiative. Towards a framework for supporting and assessing teaching quality at CU-BOULDER[EB/OL]. (2016 - 01 - 17)[2019 - 12 - 02]. https://www.colorado.edu/teaching-quality-framework/sites/default/files/attached-files/tqf_whitepaper_2016-1-17.pdf.

[147]Center for STEM Learning. Teaching quality framework initiative. (one-page summary)[EB/OL]. (2017 - 12 - 10)[2019 - 12 - 02]. https://www.colorado.edu/teaching-quality-framework/sites/default/files/attached-files/cu_teaching_quality_framework_1pp_v2.05.pdf.

[148] Office of Policy and Efficiency (OPE). Standards, processes and procedures for comprehensive review: Tenure, post-tenure review and promotion[EB/OL]. (2014-07-01)[2019-12-02]. https://www.cu.edu/ope/aps/1022.

[149] Academic Technology Design Team. Observation protocol for learning environments[EB/OL]. (2010-06-21)[2019-12-25]. https://oit.colorado.edu/services/academic-technology/projects/teaching-observation-protocol.

[150] Center for STEM Learning. Center for STEM learning 2017 annual report[R/OL]. [2020-01-05]. https://www.colorado.edu/csl/sites/default/files/attached-files/csl_annual_report_2016.pdf.

[151] Center for STEM Learning. Departmental action team project (DAT): About DAT [EB/OL]. (2017-03-15)[2019-12-22]. https://www.colorado.edu/project/dat/implementation.

[152] Center for STEM Learning. Departmental action team project (DAT): Core principles[EB/OL]. (2017-03-15)[2019-12-22]. https://www.colorado.edu/project/dat/core-principles.

[153] Center for STEM Learning. Chancellor's awards[EB/OL]. (2018-11-13)[2019-12-22]. https://www.colorado.edu/csl/opportunities/chancellors-awards.

[154] PLOWMAN D A, SOLANSKY S, BECK T E, et al. The role of leadership in emergent, self-organization[J]. The Leadership Quarterly, 2007, 18(4): 350-356.

[155] DECAMILLIS A. Chemistry course gets tune-up to boost student learning[EB/OL]. (2016-12-12)[2020-01-22]. https://www.colorado.edu/asmagazine/2016/12/12/chemistry-course-gets-tune-boost-student-learning.

[156] PALMER A, HUNTER A. Transforming chemistry through collaboration and community[EB/OL]. (2017-03-14)[2019-12-22]. https://www.colorado.edu/csl/sites/default/files/attached-files/amy_palmer_and_allie_hunter_chancellors_faculty_award_proposal_2016_2017_0.pdf.

[157] Center for STEM Learning. DBER seminars[EB/OL]. (2017-04-23)[2019-12-22]. https://www.colorado.edu/csl/happenings/dber-seminars.

[158] Center for STEM Learning. DBER archive[EB/OL]. (2014-11-25)[2019-12-22]. https://www.colorado.edu/csl/happenings/weekly-dber-seminars/dber-archive#expand-7472.

[159] 圣吉. 第五项修炼[M]. 张成林,等译. 北京:中信出版集团,2018.

[160] Center for STEM Learning. DBER archive[EB/OL]. (2018-11-31)[2019-12-22]. https://www.colorado.edu/csl/happenings/weekly-dber-seminars/dber-archive#expand-7474.

[161] BUDD D. 2017—2018 faculty fellows. Project: Development of a learning outcomes assessment plan for geological sciences. Arts &sciences support of education through technology office of information technology[R/OL]. (2017-01-23)[2019-12-22]. https://www.colorado.edu/assett/node/1415/attachment.
[162]Department of Physics. Proposal to the science education initiative[EB/OL]. (2017-02-20)[2019-12-22]. https://www.colorado.edu/csl/sites/default/files/attached-files/trestle_rfp-_type2-2017_0.pdf.
[163]克拉克.建立创业型大学:组织上转型的途径[M].王承绪,译.北京:人民教育出版社,2003.
[164]LEIGH R S. How CU helps boost U. S. competitive edge[EB/OL]. (2014-06-30)[2019-01-20]. https://www.colorado.edu/artsandsciences/news-events/message-dean/how-cu-helps-boost-us-competitive-edge.
[165]克拉克.高等教育新论:多学科的研究[M].王承绪,译.杭州:浙江教育出版社,2002.
[166]克拉克.建立创业型大学:组织上转型的途径[M].王承绪,译.北京:人民教育出版社,2003.
[167]Center For STEM learning 2018annual report[R/OL]. [2020-1-5]. https://www.colorado.edu/csl/sites/default/files/attached-files/csl_annual_report_2016.pdf.
[168] The Academic Futures Committee. Academic futures: Report of the academic futures committee[R/OL]. [2019-01-20]. https://www.colorado.edu/academicfutures/.
[169]刘妍,顾小清,顾晓莉,等.教育系统变革与以学习者为中心的教育范式:再访国际教学设计专家瑞格鲁斯教授[J].现代远程教育研究,2017(1):13-20.
[170]ECKEL P, GREEN M, HILL B, et al. OnChangeIII: Taking charge of change—aprimer for colleges and universities[M]. Washington: American Council on Education, 1999.
[171]Faculty Teaching Excellence Program. About: Overview[EB/OL]. (2016-03-12)[2019-01-20]. https://www.colorado.edu/ftep/About.
[172]Association of American Universities(AAU). Progress toward achieving systemic change: A five-year status report on the AAU undergraduate STEM education initiative[R/OL]. [2019-12-25]. https://www.aau.edu/sites/default/files/AAU-Files/STEM-Education-Initiative/STEM-Status-Report.pdf.
[173] DUFFY F M. Dream! create! sustain! mastering the art and science of transforming school systems [M]. Washington: Roman & Littlefield

Publishers,2010.

[174]BORREGO M,HENDERSON C. Increasing the use of evidence - based teaching in STEM higher education:A comparison of eight change strategies[J]. Journal of Engineering Education,2014,103(2):220 - 252.

[175]TALANQUER V,POLLARD J. Let's teach how we think instead of what we know[J]. Chemistry Education Research and Practice,2010,11(2):74 - 83.

[176]Faculty learning communities, facilitators &themes[EB/OL]. (2015 - 10 - 13)[2021 - 01 - 20]. https://academicaffairs. arizona. edu/flc-cohorts.

[177]Faculty learning communities, profile of a successful CLS instructor[EB/OL]. (2016 - 04 - 23)[2021 - 01 - 20]. https://academicaffairs. arizona. edu/cls-course-suitability.

[178]Final report: UA AAU undergraduate STEM education project2017[R/OL]. (2017 - 02 - 08)[2021 - 01 - 20]. https://arizona. app. box. com/s/ujvy8z5x92dj4k9ipoyh17h5oulcl7xk.

[179]Redesigned chemistry course influencing future of STEM education[EB/OL]. (2016 - 05 - 23)[2021 - 01 - 20]. https://news. arizona. edu/story/redesigned-chemistry-course-influencing-future-of-stem-education.

[180]Department of Chemistry and Biochemistry. Chemical thinking[EB/OL]. (2013 - 04 - 30)[2021 - 01 - 20]. https://sites. google. com/site/chemicalthinking/goals.

[181]KOBER N. Reaching students: What research says about effective instruction in undergraduate science and engineering[M]. Washington: National Academies Press,2015.

[182]FREEMAN S,EDDY S L,MCDONOUGH M,et al. Active learning increases student performance in science,engineering,and mathematics[J]. Proceedings of the National Academy of Science of USA,2014(111):8410 - 8415.

[183]Effective strategies[EB/OL]. (2011 - 05 - 11)[2021 - 01 - 20]. https://academicaffairs. arizona. edu/uali-effective-strategies.

[184]Interim report of university of Arizona AAU undergraduate STEM education project,on year 3 activities[EB/OL]. (2017 - 11 - 20)[2021 - 01 - 20]. https://arizona. app. box. com/s/nyyt1zj07mnegekqo0b5maown2cqwn5t.

[185]罗杰斯. 创新的扩散[M]. 北京:电子工业出版社,2002.

[186]Guide to the university of Arizona learning initiative faculty learning communities[EB/OL]. (2016 - 09 - 08)[2021 - 01 - 20]. http://academicaffairs. arizona. edu/flc.

[187]BOYCE M E. Organizational learning is essential to achieving and sustaining change in higher education[J]. Innovative higher education,2003,28(2):119 - 136.

[188]Open pathway quality initiative proposal[R/OL]. (2016 - 06 - 10)[2021 - 01 - 20]. https://academicaffairs. arizona. edu/uali.

[189]Center for Education Scholarship. The CUES Mission[EB/OL]. [2021 - 01 - 20]. https://cues. arizona. edu/about-us.

[190]GAIL D B. Final report of the task force on teaching quality[R/OL]. (2015 - 01 - 13)[2021 - 01 - 20]. https://academicaffairs. arizona. edu/sites/default/files/task_force_teaching_quality_gb_final_1. pdf.

[191]UA AAU STEM project, year 1 report, UA AAU undergraduate STEM education project[R/OL]. (2014 - 07 - 01)[2021 - 01 - 20]. https://arizona. box. com/s/ojlciaptddx57wvhs24z11k140zexvno.

[192]FLC summary report:2017—2018[R/OL]. [2021 - 01 - 20]. https://docs. google. com/document/d/e/2PACX-1vTOQ78SwVKdF7zfksbQbLz9sssN-EmRjgsWu-PonTdzvRoAwu4hzgKmfHCmPnR9z3H-5gaqdEGZNbE/pub#h. 4x8w6to5ipki.

[193]Collaborative learning spaces[EB/OL]. (2016 - 03 - 21)[2021 - 01 - 20]. https://academicaffairs. arizona. edu/cls.

[194]Executive Office Of the President, National Science and Technology Council (NSTC). Federal science, technology, engineeringand mathematics (STEM) education 5-year strategic plan,a report from the committee on STEM education national science and technology council[R/OL](2013 - 08 - 12)[2019 - 06 - 23]. https://obamawhitehouse. archives. gov/sites/default/files/microsites/ostp/stem_stratplan_2013. pdf.

[195]Committee on STEM Education, National Science and Technology Council (NSTC). Charting a course for sucess:America's strategy for STEM education [R/OL]. https://www. whitehouse. gov/wp-content/uploads/2018/12/STEM-Education-Strategic-Plan-2018. pdf.

[196]NSF Budget Requests to Congress and Annual Appropriations. Improving undergraduate STEM education(2017)[EB/OL]. (2017 - 01 - 10)[2020 - 02 - 09]. https://www. nsf. gov/about/budget/fy2017/pdf/43_fy2017. pdf.

[197]WARD D, SORCINELLI D M. AAU official works to change the culture of STEM teaching[EB/OL]. (2017 - 06 - 23)[2020 - 02 - 09]. http://cteblog. ku. edu/aau-official-works-to-change-the-culture-of-stem-teaching.

[198]GREGORY M. AAU releases STEM initiative report[EB/OL]. [2020 - 02 - 09]. https://teachingcenter. wustl. edu/2017/10/aau-releases-five-year-status-report/.

[199]Persistence and retention: Top five popular majors, bachelor's degree level. NSC research center [EB/OL]. (2017 - 09 - 09) [2020 - 02 - 09]. https://nscresearchcenter. org/snapshotreport35-first-year-persistence-and-retention/#Figure4.

[200] National Academies of Sciences, Engineering, and Medicine. Indicators for monitoring undergraduate STEM education [M]. Washington: The National Academies Press, 2018.

[201]AAU By the Numbers: Education at AAU Universities. Association of American universities[EB/OL](2019 - 01 - 12)[2020 - 02 - 09]. https://www. aau. edu/aau-numbers.

[202]Association of American Universities(AAU). Progress toward achieving systemic change: A five-year status report on the AAU undergraduate STEM education initiative[M]. Washington: Association of American Universities, 2017.

[203]KEZAR A. Scaling improvement in STEM learning environments: The strategic role of a national organization[R/OL]. Los Angeles: University of Southern California Pullias Center for Higher Education, Association of American Universities, 2018.

[204]KLEIN J I, RICE C, LEVY C J. U. S. Education reform and national security [M]. Washington: The Council on Foreign Relations Press, 2012.

[205]Organisation for Economic Co-operation and Development, 2019[EB/OL]. [2020 - 02 - 25]. https://www. oecd. org/pisa/Combined_Executive_Summaries_PISA_2018. pdf.

[206]The State of U. S. science & engineering 2018[EB/OL]. (2018 - 11 - 20)[2020 - 02 - 25]. https://ncses. nsf. gov/indicators.

[207]Production and trade of knowledge-and technology Intensive industries2020[EB/OL]. (2020 - 11 - 19)[2020 - 02 - 25]. https://ncses. nsf. gov/pubs/nsb20205/.

[208]BURKE A. Science and engineering indicators: Executive summary 2019[EB/OL]. (2019 - 12 - 06)[2020 - 02 - 25]. https://ncses. nsf. gov/pubs/nsb20198/.

[209]刘宝存,庄腾腾. 美国高等 STEM 教育教学模式与方法改革:动因·策略·启示[J]. 清华大学教育研究, 2021, 42(05): 30 - 39.

[210]FREEMAN S, EDDY S L, MCDONOUGH M, et al. Active learning increases student performance in science, engineering, and mathematics[J]. Proceedings of the National Academy of Sciences, 2014, 111(23): 8410 - 8415.

[211]SHELTON R N, RAWLINGS III H R. Searching for better approaches; effective evaluation of teaching and learning in STEM[M]. Tucson: Research Corporation

for Science Advancement,2015.

[212]KOBER N. Reaching students: What research says about effective instruction in undergraduate science and engineering[M]. Washington: National Academies Press,2015.

[213] EMILY R M, TARA K. Promoting transformation of undergraduate STEM education workshop summary report[R]. Washington: Association of American Universities,2019.

[214]CATHERINE L F. Achieving systemic change: A sourcebook for advancing and funding undergraduate STEM educaiton [M]. Washington: Associatgion of American Colleges and Universities,2014.

[215] JOHANESSEN J A, OLAISEN J, OLSEN B. Systemic thinking as the philosophical foundation for knowledge management and organizational learning [J]. Kybernetes,1999,28(1):24 - 46.

[216]FULLAN M. Turning systemic thinking on its head[J]. Phi Delta Kappan,1996, 77(6):420 - 423.

[217]ALISON A C. Systemic change: Critically reviewing the literature[J]. Educational Research and Evaluation: An International Journal on Theory and Practice,1998, 4(4):369 - 394.

[218]WATSON W. Systemic change and systems design[J]. TechTrends ,2006,50(2): 20 - 26.

[219]FULLAN M. The new meaning of educational change[M]. The Fourth Edition. New York: Teacher College Press,2005.

[220]BURNS D. Systemic action research a strategy for whole system change[M]. Bristol: The Policy Press University of Bristol,2007.

[221]REIGELUTH C M, GARFINKLE R J. Systemic change in education[M]. New Jersey: Educational Technology Publications,1994.

[222]圣吉. 第五项修炼:变革篇[M]. 北京:中信出版社,2011.